金融衍生品系列丛书

中国期货业协会◎编

DERIVATIVES

结构化产品

（第二版）

中国财经出版传媒集团
中国财政经济出版社

图书在版编目（CIP）数据

结构化产品 / 中国期货业协会编. --2版. --北京：中国财政经济出版社，2020.3（2023.1重印）
（金融衍生品系列丛书）
ISBN 978-7-5095-9600-5

Ⅰ.①结… Ⅱ.①中… Ⅲ.①金融衍生产品-基本知识 Ⅳ.①F830.95

中国版本图书馆 CIP 数据核字（2019）第029205号

责任编辑：翁晓红　　责任校对：徐艳丽
封面设计：陈宇琰

中国财政经济出版社 出版
URL：http：//www.cfeph.cn
E-mail：cfeph@cfeph.cn

社址：北京市海淀区阜成路甲28号　邮政编码：100142
营销中心电话：010-88191537
北京时捷印刷有限公司印刷　各地新华书店经销
787×960毫米　16开　14印张　270 000字
2020年4月第2版　2023年1月北京第2次印刷
定价：45.00元
ISBN 978-7-5095-9600-5
（图书出现印装问题，本社负责调换）
本社质量投诉电话：010-88190744
打击盗版举报热线：010-88191661　QQ：2242791300

《金融衍生品系列丛书》
编 委 会

序

20 世纪 70 年代初期，随着布雷顿森林体系解体，汇率、利率等基础金融要素价格的波动加剧，企业与金融机构面临的风险骤然增加，金融市场脆弱性暴露更加明显。为了更充分、更平稳、更持续地发挥金融市场的功能，降低金融脆弱性累积带来的负面影响，外汇期货、国债期货以及股指期货等一系列金融风险管理工具应运而生。

40 多年的发展实践表明，外汇期货、利率期货、股指期货等金融期货产品已经成为管理金融风险最基础、最高效的市场化工具，不仅对化解金融风险、避免市场脆弱性的积累具有重要意义，在全球金融定价体系的重构中也发挥了巨大作用，有效增强了金融服务实体经济的能力和效率。目前，金融衍生品的风险管理功能已得到全球主要经济体的广泛认可，已成为全球多层次资本市场体系中不可缺少的重要组成部分。据统计，2018 年，在全球场内衍生品总成交量中，金融期货与期权成交量占比达到 80%。其中，股票指数类、个股类、利率类、外汇类衍生品分别占 33.67%、19.89%、13.12%、11.24%。

近年来，随着我国资本市场规模不断扩大，基础制度建设稳步推进，各项法律法规日益完善，我国的衍生品市场结合中国实际，借鉴国际成熟市场经验，也在逐步起步发展，并努力做好“一个扩面、两个加深”工作。“一个扩面”，就是扩大期货和衍生品对基础资产的覆盖面，加大产品供给，让资产定价和风险缓释的市场功能惠及更多行业、更广领域。2010 年 4 月，我国坚定推出沪深 300 股指期货，标志着我国资本市场改革发展又迈出了全新的一大步，对完善资本市场体系具有重要而深远的意义。此后，上证 50 股指期货、中证 500 股指期货、5 年期国债期货、10 年期国债期货、2 年期国债期货陆续上市，产品体系不断完善。“两个加深”，一是深化发展产品类型，每一类基础资产，既要有期货，又要有期权，满足不同的投资交易和风险管理需求。2019 年 12 月 23 日，我国第一只股指期权品种——沪深 300 股指期权在中国金融期货交易所上市，这是资本市场供给侧结构性改革的崭新成果，是金融衍生品市场创新发展的全新尝试。二是深化投资者参与。既要培育和发展国内的产业和机构投资者，也要吸引境外投资者广泛参与我国期货市场。2020 年 2 月 14 日，中国证监会与财政部、中国人民银行、中国银保监会联合发布公告，符合条件的试点商业银行和具备投资管理能力的保险机构，可按照依法合规、风险可控、商业可持续的原则，参与中国金融期货交易所国债期货交易。这不仅可以优化投资者结构，完善市场生态，还有利于通过交易者充分博弈完善价格形成机制，提升市场运行质量，促进市场稳定运行。

现阶段，我国衍生品市场运行秩序平稳、风控有效，服务现货市场的各项功能逐步发挥，积极作用日益显现。2019 年，我国金融期货市场总成交量 0.664 亿手，累计成交金额 69.62 万亿元，同比分别增长 144.12% 和 166.54%，成交量和成交额占我国期货市场比重分别为 1.69% 和 24.06%。

人才是行业发展的核心要素。与金融期货的发展前景和市场需求相比，我国急需培养金融衍生品方面的专业人才，也需要普及金融衍生品方面的专业知识。目前，不仅普通投资者对外汇期货、金融期权、场外衍生品、结构化产品这些专业知识比较陌生，期货业内的从业人员也缺少系统和全面的知识储备。同时，金融衍生品是一把“双刃剑”，它能促进国民经济发展，但是如果运用不当，也会反受其害。纵观世界各国，金融衍生品市场的建设与发展都不是一帆风顺的。我国金融衍生品市场应始终将风险防范放在第一位，从全面深化资本市场改革大局出发，扎实做好市场监管和风险防范工作。要大力开展投资者教育和宣传普及工作，帮助实体企业、金融机构以及各类投资者加深对金融期货及衍生品规则和风险的认识，引导他们理性、有序参与和正确利用金融衍生品市场，逐步培育成熟的市场参与者队伍。

基于此，中国期货业协会推出《金融衍生品系列丛书》，一方面为期货从业人员提供了一套成体系的衍生品知识工具书，为我国金融衍生品市场尽一份微薄之力；另一方面帮助广大普通投资者了解金融衍生品的应用，使他们理性参与市场。希望这套丛书在金融衍生品的功能宣传和投资者教育方面发挥积极作用。

中国期货业协会

2020 年 3 月

前言

从全球发展历程来看，金融期货市场是市场经济发展到一定阶段的产物，是现代金融体系不可或缺的重要组成部分。从世界范围看，金融期货在整个期货市场占据重要位置。一般来讲，期货市场中90%都是金融期货，剩下的10%是商品期货。随着我国利率、汇率市场化改革的不断推进，股指期货、国债期货以及股指期货期权陆续推出，以金融期货为代表的金融衍生品市场在整个国民经济发展中的重要性日益凸显，为各类市场参与者提供了基础的风险管理工具，提升了现货市场运行效率和资源配置效率。

2013年，中国期货业协会组织编写了《金融衍生品系列丛书》，旨在普及金融衍生品方面的专业知识，为期货业内及相关领域从业人员提供专业的参考书，帮助中小投资者了解金融衍生品市场，树立风险意识，理性参与期货交易，同时为金融衍生品方面专业人才的培养做出了努力。作为期货市场上第一套全面介绍金融衍生品理论与实操的权威性书籍，《金融衍生品系列丛书》一经面世，便受到了业内的广泛好评。随着国内外金融衍生品市场的不断发展，金融期货期权品种不断丰富，金融法律法规环境发生变化，《金融衍生品系列丛书》的部分理论、实操案例、数据已比较陈旧，故中国期货业协会再次组织了丛书的修订工作，形成了新版丛书。概括起来，本套丛书的特点如下：

一是新版丛书体系更加完整。全套丛书以金融衍生品的产品大类为主线，分为七册，即《股指期货（第二版）》《国债期货（第二版）》《外汇期货（第二版）》《场外衍生品（第二版）》《金融期权（第二版）》《结构化产品（第二版）》和《金融衍生品习题集（第二版）》，基本上包括了当今国际金融衍生品市场的主要品种。为了帮助读者加深理解，学懂弄通，方便自己测试及检验，特更新了配套习题集。

二是通俗易懂，可读性强。新版丛书依然力图通俗易懂，在语言表达上力求清晰、准确、深入浅出，还辅以“小贴士”“延伸阅读”等内容以增加信息量、可读性和阅读趣味性，更利于读者扩展金融衍生品相关内容的知识面。

三是案例丰富，操作性强。新版丛书的编写更强调案例与习题的重要性，要求对基本原理与公式都通过案例加以说明，一些应用公式的推导、使用方法，也要通过对习题讲解和运算来使读者深刻领悟。在实务操作层面，丛书重点讲清楚了各类投资者及相关企业如何利用这些衍生工具，将金融衍生品知识与金融机构或实体企业的投资与经营相结合。与风险管理相结合是新版丛书的一个突出特点。

本次修订工作得益于中国期货业协会“期货投资者教育专项基金”的设立。自2009年这一公益性基金运作以来，中国期货业协会在出版、拍摄制作投资者教育产品和组织投资者教育活动方面得到了该基金的大力支持，一大批投资者教育产品投放市场，获得了业内和广大投资者的高度评价。新版《金融衍生品系列丛书》的修订工作和出版发行同样是在该基金的资助下完成的。在此，我们特别感谢中国证监会有关部门对中国期货业协会投资者教育工作及本套丛书的指导和支持。

最后，衷心希望新版《金融衍生品系列丛书》能够为金融衍生品市场的参与者了解金融衍生品市场、树立风险意识、理性参与交易提供有益帮助，也祝愿中国金融衍生品市场充分发挥功能作用，更好地服务于实体经济。

《金融衍生品系列丛书》编委会

2020年3月

目　录

第一章　概述　/ 1

一、什么是结构化产品？　/ 1
二、结构化产品如何体现？　/ 2
三、结构化产品的一般特征是什么？　/ 5
四、结构化产品包含哪些种类？　/ 7
五、结构化产品为何如此具有吸引力？　/ 12
六、与结构化产品相关的市场参与者有哪些？　/ 15
七、如何设计一个结构化产品？　/ 19
八、结构化产品可以在二级市场买卖吗？　/ 22
九、结构化产品市场具有哪些特征？　/ 23
十、结构化产品市场、基础资本市场、普通衍生工具市场三者之间有什么关系？　/ 24
十一、结构化产品市场是如何发展的？　/ 25
十二、中国的结构化产品市场发展历史和现状是怎样的？　/ 26

第二章　结构化产品中嵌入的奇异期权　/ 28

一、什么是奇异期权？　/ 28
二、结构化产品中嵌入的界限依赖期权有哪些？　/ 31
三、结构化产品中嵌入的路径依赖期权有哪些？　/ 35
四、结构化产品中嵌入的多因素期权有哪些？　/ 38
五、结构化产品中嵌入的修正回报期权有哪些？　/ 39

第三章　结构化产品的定价与风险评估　/ 41

一、结构化产品定价的一般原理是什么？　/ 41

二、结构化产品定价的特殊问题是什么？ / 44
三、创设者和发行人在确定结构化产品初始价格时应该注意哪些问题？ / 47
四、结构化产品在二级市场买卖时如何合理定价？ / 49
五、结构化产品的风险评估流程和评估方法是怎样的？ / 50
六、评估结构化产品的风险需要特别注意哪些问题？ / 53

第四章 股权类结构化产品 / 56

一、从传统到现代的演化——股权类结构化产品是如何发展的？ / 56
二、第一类股权类结构化产品——股票联结票据是怎样的？ / 58
三、股票联结票据为何出现多样化结构？ / 60
四、股票联结票据具有哪些形态？ / 62
五、可转换债券存在怎样的结构化特征？ / 63
六、可转换债券对发行人和投资者而言各有何用途？ / 66
七、可转换优先股存在怎样的结构化特征？ / 69
八、股票联结票据中的期权部分构件可以设计出什么样的结构？ / 71
九、不支付利息的股票联结票据——对票面息率和期权部分构件的结构化如何设计？ / 74
十、相对于可转换债券，现代股票联结票据的转股条款（期权部分构件）有哪些变化？ / 77
十一、以第三方股票为标的物的股票联结票据——对期权部分标的物如何结构化设计？ / 78
十二、第二类股权类结构化产品——股指联结票据是怎样的？ / 80
十三、投资者可以用股指联结票据干些什么？ / 82
十四、股指联结票据为何出现多样化结构？ / 84
十五、股指联结票据中的结构之一：如何构造收益增强结构？ / 85
十六、股指联结票据中的结构之二：如何构造本金保护结构？ / 93
十七、股指联结票据中的结构之三：如何构造有效分散投资结构？ / 94
十八、如何评估和管理股权类结构化产品的风险？ / 97

第五章 利率类结构化产品 / 98

一、利率类结构化产品有哪些主要类型？ / 98
二、中国金融市场中利率类结构化产品的特点如何？ / 99
三、第一类利率类结构化产品——利率联结票据是怎样的？ / 100
四、支付浮动利息的利率类结构化产品有哪些？ / 105

五、第二类利率类结构化产品——以固定期限国债或互换协议利率为标的物的利率类结构化产品是怎样的？ / 107
六、固定期限国债利率和固定期限互换协议利率及其衍生工具有哪些？ / 112
七、第三类利率类结构化产品——指数分期偿还债券是怎样的？ / 114
八、第四类利率类结构化产品——可赎回债券和可售回债券是怎样的？ / 117
九、可赎回债券具有哪些用途？ / 121
十、一种管理利率风险和套利的策略——组合运用可赎回债券和利率互换期权是怎样的？ / 122
十一、可赎回债券还可以演化出哪些结构变化？ / 126
十二、普通债券和期权如何进行可赎回债券的合成？ / 129
十三、可售回债券的镜像结构——可售回债券所具有的结构特征是怎样的？ / 132
十四、第五类利率类结构化产品——债券认购权证是怎样的？ / 135
十五、如何为利率类结构化产品定价？ / 138

第六章 信用类结构化产品 / 142

一、为什么说信用衍生工具是信用类结构化产品的基石？ / 142
二、信用类结构化产品有哪些主要类型？ / 144
三、中国金融市场中的信用衍生工具和信用类结构化产品有哪些？ / 145
四、第一类信用类结构化产品——各种类型的信用联结结构化票据及其结构化特征有哪些？ / 146
五、第二类信用类结构化产品——重新包装信用联结票据及其结构化特征有哪些？ / 152
六、第三类信用类结构化产品——合成债券及其结构化特征有哪些？ / 153
七、第四类信用类结构化产品——担保债务凭证是怎样的？ / 155
八、担保债务凭证具有哪些结构特征？ / 157
九、怎样对担保债务凭证进行评级？ / 158
十、如何运用各种不同结构类型的担保债务凭证？ / 159
十一、我国金融市场中的担保债务凭证是怎样的？ / 163

第七章 汇率类结构化产品 / 165

一、汇率类结构化产品有哪些主要类型？ / 165

二、第一类汇率类结构化产品——双货币票据及其结构特征有哪些？ / 166
三、双货币票据如何满足投资者的投资需求？ / 167
四、发行人如何对双货币票据进行定价和风险对冲？ / 171
五、第二类汇率类结构化产品——以指数货币期权票据（ICON）为代表的货币联结票据有哪些？ / 174
六、基于 ICON 的结构特征可以做哪些新的变化？ / 180
七、除了 ICON 之外，货币联结票据还有哪些发展形态？ / 183
八、中国金融市场中汇率类结构化产品的现状及其类型如何？ / 185

第八章 商品类结构化产品 / 189

一、为什么要投资商品及创立商品类的结构化产品？ / 189
二、商品类结构化产品的主要类型及其结构特征如何？ / 193
三、基于商品的融资交易是怎样的？ / 195
四、挂钩商品的结构化票据是怎样的？ / 199
五、金融市场中有哪些著名的用于结构化产品设计的大宗商品价格指数？ / 202
六、中国金融市场有哪些商品类结构化产品？ / 205

参考文献 / 208
后 记 / 209

第一章 概 述

本章要点

> 结构化产品是现代金融市场创新的集中体现，是现代金融学理论知识和实践经验的综合运用。本章将介绍结构化产品的基本知识，让读者可以从定义、特征、种类等方面对结构化产品有一个初步的了解，进而认识到结构化产品为什么在现代金融市场中扮演如此重要的角色。对金融从业者而言，结构化产品的业务运作过程是不可或缺的基本知识，对此也有所涉及。同时，也介绍了结构化产品的市场情况，包括市场的参与者、发展阶段、二级市场以及中国结构化产品市场的基本状况。

一、什么是结构化产品?

典型的结构化产品（Structured Products）是融合固定收益证券的属性和衍生工具特征的一类证券，通常也被称为结构性产品或者嵌入衍生工具的证券。美国证券交易委员会（SEC）将结构化产品定义为：结构化产品包括两方面：其一是产品的现金流特征依赖于一个或多个指数；其二是产品嵌入了远期或期权或者其他证券，并使投资者的投资收益以及产品发行人的支付义务依赖于标的物、指数、利率或现金流等变量的值。

根据中国银保监会相关文件[①]，结构性存款是指商业银行吸收的嵌入金融衍生产品的存款，通过与利率、汇率、指数等的波动挂钩或者与某实体的信用情况挂钩，使存款人在承担一定风险的基础上获得相应的收益。从这个定义看，结构性存款也属于结构化产品。

简而言之，结构化产品通常由多个基本部分构成，这些基本部分的组合使得结构化产品能够产生特定的、针对某类投资者需求的风险收益特征。可以将结构化产品类比成乐高积木玩具。小小的积木块通过巧妙的组合，可以构造成为多种多样的物体，如汽车、房屋、桥梁、城堡等。如果积木的个数足够多，那么其能构造出将近无限个不同的物体。结构化产品类似于乐高积木玩具中构造出来的物体，而其中的“积木”就是常见的股票、债券和期权等金融工具。这些工具在金融市场中的规模和种类都很庞大，例如期权的标的物就可以是股票、股指、利率、汇率、大宗商品期货价格等。而期权又分为看涨期权和看跌期权，且有各个水平的执行价格、长短不一的到期时间。可见，结构化产品种类繁多。在此基础上，通过巧妙组合，也可以创造出几乎无穷多个具有不同风险收益特征的结构化产品。

将固定收益证券（通常是固定利率债券）和衍生工具（通常是一个远期合约或期权合约）组合起来并包装成为一个金融产品，这是结构化产品设计的标准机制。这样设计的最主要目的是，可以为特定的投资者群体带来“量身定做”的投资机会，来满足投资者制定的投资目标，使投资者更易于将他们对市场变化的预期进行货币化。

货　币　化

货币化是指将一项资产转换成货币，或者将某样东西指定为货币或者合法的经济价值代表。“货币化”在不同的语言环境中具有不同的含义。它可以代表能产生经济收益的某种方法和手段，同时在字面意义上又代表将一项资产转换成为货币。例如，中国人民银行作为我国的中央银行，可以将中央政府发行的国债货币化，其过程就是中国人民银行购买了国债，从而增加国民经济中的货币供给。这实际上是将债券转化成了货币。

二、结构化产品如何体现？

结构化产品已经成为现代金融市场中的一类重要金融工具。进入21世纪以来，全

---

① 以2018年发布的《商业银行理财业务监督管理办法》为主。

球金融市场的创新步伐日益加大，结构化产品的市场容量也不断扩大。然而，我们也应该认识到，嵌入衍生工具的固定收益证券具有一段较为漫长的发展历史。这类“传统的”固定收益证券中最为常见的一个例子是可赎回债券，其中嵌入的期权可以使债券发行人在债券到期之前赎回其所发行的债券；另一个同样常见的例子是可转换债券，其中嵌入的期权可以使投资者有权以特定的价格从债券发行人手中买入股票。

现代的结构化产品与传统的结构化产品的主要区别在于衍生工具扮演了不一样的角色。对于传统的结构化产品，如可赎回债券或可转换债券等，产品结构中的期权作为产品包装的一部分，其作用在于使该产品更加能够吸引投资者。现代的结构化产品则与此不同，其所融入的衍生工具已经被精心构造，以用于创设并转移包含在衍生工具内的风险。在这里，风险转移的链条可能很长。

例如，投资者对某个经济变量，如美元短期利率有一定的预期并希望将其货币化（即基于该预期而进行金融投资），投资银行作为结构化产品的发行人，设计了与美元3月期银行间同业拆借利率（LIBOR）联结的结构化产品，并向持有这一预期的投资者群体发行。投资银行发行该结构化产品之后，就承担了美元短期利率波动的风险。为了转移该风险，投资银行需要在美元的短期资金市场中通过市场做市商做对冲交易，而做市商自身通常也不直接承担该风险，而是进一步分散该风险并与市场中的其他交易者进行对冲交易。最终，美元短期利率波动的风险由另外一群可能分散在世界各地的投资者承担。通过这样的交易链条，现代的结构化产品已经成为创造和转移金融风险的复杂工具。

上述这个思想就在1992年由摩根公司发行的一款结构化产品中得到了体现。摩根公司根据当时相对陡峭的收益率曲线，发行了区间浮动利率票据（Collared Floating Rate Notes）。该产品的基本条款见表1－1。

表1－1　　区间浮动利率票据的主要条款

条款项目	条款内容
发行人	摩根公司（J. P. Morgan）
规模	2亿美元次级浮动利率票据
到期时间	10年（2002年8月19日）
利率	美元3月期LIBOR（伦敦银行同业拆出利率）
最低利率	5%
最高利率	10%
投资回报方式	期末一次付清
看涨期权	无
面额	5 000美元，10 000美元
手续费	0.5%（管理和包销0.25%；销售0.25%）

资料来源：International Financing Review，1992－08－01。

区间浮动利率票据的基本结构，是将一个标准的浮动利率票据（Floating Rate Note）与一个美元利率区间期权（Interest Rate Cap and Floor）[①] 组合在一起。通过投资于该区间浮动利率票据，投资者实际上是向摩根公司卖出了一个利率封顶期权，并且买入了一个封底期权。这在效果上相当于卖出了一个美元利率区间期权。图 1－1 描述了该结构化产品的各个组件。

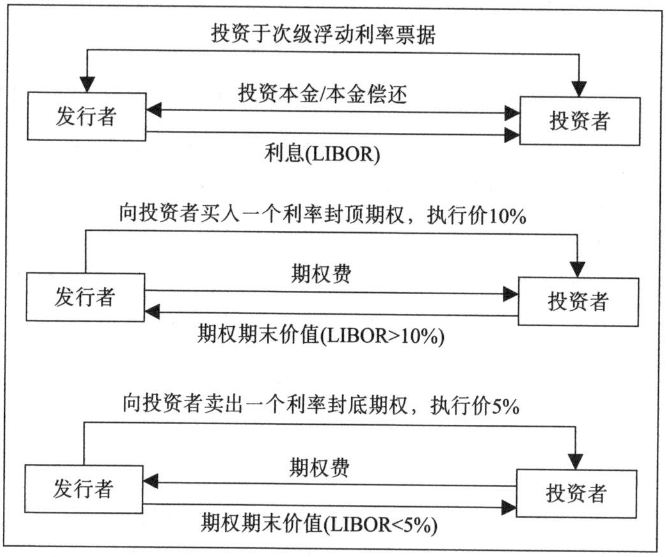

图 1－1　区间浮动利率票据的结构分解图示

关于区间浮动利率票据的结构，有几点是值得注意的。

第一，产品的发行人通常具有很高的信用等级（AA 级甚至更高）。

第二，产品的发行人并不承担或者吸收产品中利率封顶期权和利率封底期权所带来的风险暴露。实际上，发行人通常会在衍生工具市场中对冲掉结构化产品中衍生工具的风险。发行人获得的主要收益，是结构化产品中衍生工具所对应的融入资金与对冲该衍生工具成本之间的差额。

第三，例子中的区间浮动利率票据的到期期限是 10 年，这是相当长的。在更为常见的情况下，结构化产品的到期期限比例子中的短很多，典型的期限是 1～3 年。

第四，结构化产品所产生的现金流中的一些关键因素对于产品的管理而言是至关重要的。在区间浮动利率票据的例子中，投资者购买该产品，相当于建立了一个资产组合，其中包含一个标准的浮动利率票据、一个执行价为 10% 的美元 3 月期 LIBOR 利率封顶期权的空头和一个执行价为 5% 的美元 3 月期 LIBOR利率封底期权的多头。因此，在该结构化产品中，投资者既要买入期权，

① 一个利率区间期权包含了一个利率封顶期权和一个利率封底期权。利率封顶期权（Interest Rate Cap），也被称为利率上限期权；利率封底期权（Interest Rate Floor），也被称为利率下限期权。

也要卖出期权。

虽然以上的总结是基于区间浮动利率票据这个产品例子的，但是在实践中，几乎所有的结构化产品都必须拥有以上一些类似的特征。

利率封顶期权（Interest Rate Cap）和封底期权（Floor）

利率期权是一项关于利率变化的权利。买方支付一定金额的期权费后，就可以获得这项权利：在到期日按预先约定的利率，按一定的期限借入或贷出一定金额的货币。当市场利率向不利方向变化时，买方可固定其利率水平；当市场利率向有利方向变化时，买方可获得利率变化的好处。利率期权的卖方向买方收取期权费，同时承担相应的责任。

利率封顶期权又被称为利率上限期权，是一类期权合约。合约约定在规定的期限内，如果市场参考利率高于协定的利率上限水平，卖方向买方支付市场利率高于利率上限的差额部分；如果市场参考利率低于或等于协定的利率上限水平，则卖方无任何支付义务。买方由于获得了上述权利，必须向卖方支付一定数额的期权费。

利率封底期权又被称为利率下限期权。该期权合约约定，在规定的期限内，如果市场参考利率低于协定的利率下限水平，卖方向买方支付市场利率低于利率下限的差额部分；如果市场参考利率高于或等于协定的利率下限水平，则卖方无任何支付义务。买方由于获得了上述权利，必须向卖方支付一定数额的期权手续费。

三、结构化产品的一般特征是什么？

一个典型的结构化产品通常包含一个零息票据、定期存单或类似的固定收益产品，以及一个衍生工具。其中的衍生工具将在固定收益产品到期时进行结算。例如，将一份定期存单与某个份额的指数基金组合在一起，形成一个结构化产品。该结构化产品在到期时全额归还投资本金给投资者，同时也将指数基金份额的价值增长部分回馈给投资者。

总体而言，各种类型的结构化产品共有的特征体现在以下五个方面。

（一）固定投资期限

与常见的债券、期货、期权类似，结构化产品通常具有固定的投资期限，或者说具有固定的到期日，产品将在到期日被赎回。例如，某个结构化产品与一个期限为30个月的期权的行情相联结，则该结构化产品的投资期限就是30个月。结构化产品与封闭式基金也有类似之处，即产品的投资者都是在同一时刻以同一价格进行投资。从近几年来的结构化产品市场来看，投资者进行投资的最短期限是 3 个月；在美国的结构化产品市场中，众多产品的平均到期期限是 3 年。

（二）本金保护

结构化产品通常能够给投资者提供全额的或者部分的本金保护。所谓本金保护，是指投资者在结构化产品到期时将至少能收回其所投资的全部初始本金（全额本金保护），或者全部初始本金某个百分比（部分本金保护）。拥有本金保护特征的结构化产品具有了非对称的收益特征，这与期权是类似的。投资者应该认识到的一点是，本金保护只有在产品到期时才能实现，这是至关重要的一点。因此，投资者若购买了一个结构化产品，则应该准备好将该项投资持有到期。

本金保护的水平通常具有多个层次。有的结构化产品能够提供硬保护（Hard Protection），即该产品设置了一个价值的下界，在产品存续期间，其价值不能低于该下界。与此相对的是软保护（Soft Protection）。在那些以尽量扩大产品收益为目标的结构化产品中，软保护是比较常见的。本金保护的水平越低，就有越多的资金用于投资衍生工具，从而提升了投资盈利的总体可能性，当然，这也提高了投资的风险。

（三）基于特定公式计算收益

结构化产品的收益计算通常是基于特定的公式。该公式被精心设计和改造，以使其适合于某个特定的市场预期或者某个投资者的个性化需求。计算公式的因素通常有：

- 标的物或组合在初始时刻的价值。
- 标的物或组合在到期时刻的价值。
- 投资期限。
- 参与率。

参与率相当于一个乘数或者杠杆，将真实收益与该参与率相乘后得到的积，就是投资者最终获得的收益。参与率可以是 100%、低于 100% 或者高于 100%。例如，如果投资者用 1 000 元的本金购买了某个结构化产品，且该投资者的参与率是 100%，在到期时，该结构化产品的收益率是 10%，则投资者在产品到期时收回的资金是 1 100 元。然而，如果投资者的参与率是 90%，那么在其他条件相同的情况下，投资者在产品到期时收回的资金就是 1 090 元。

在有些情况下，结构化产品的收益依赖于标的物价格或者指数的平均数。当然，收益计算公式也可以仅仅依赖于初始时刻和到期时刻这两个点的市场情况。例如，我们可以设计一个结构化产品，是针对那些相信中国房地产市场将走向衰落的投资者而设计的。该产品的介绍材料中包含了一条与一篮子房地产相关的股票相联结的收益计算公式，描述了如果投资者的预期正确的情况下，在产品到期时将如何获得收益。在产品到期时，如果房地产市场相比期初出现了衰退，则投资者将收回其初始的投资本金，并获得额外的收益，收益额度等于那一篮子房地产相关股票的价值降低额的某个百分比；相反，如果房地产市场没有出现衰退，反而继续上涨，则投资者在产品到期时收回的资金将少于初始投资，差额的大小与那一篮子股票价值增长的额度有关，这里关键的一点是，投资者可能要承担亏损。

结构化产品的说明材料通常还包括展示产品潜在收益的概率表。这些表格是对未来市场状况的模拟，目的在于展示产品收益在理论上的概率，而非实际发生的状况。例如，说明材料中显示产品在理论上的收益率范围是 -30% ~30%，而真实的收益率则只取决于产品到期时标的物的行情表现，或者在到期日前就因为某些状况发生而锁定在特定的区间里。导致收益锁定的行情条件通常也会在说明材料里陈述。

简而言之，结构化产品的收益——无论是盈利，还是亏损——通常是基于特定的计算公式。

（四）衍生工具的角色

为了理解结构化产品的性质，投资者应该理解衍生工具是如何发生作用的。衍生工具是一种金融合约，其价值衍生自标的物的价值。衍生工具的标的物通常包括指数、大宗商品、货币、股票或者债券；产品的类型大体上可以分为看涨型和看跌型。通过使用衍生工具，结构化产品的制造者可以对市场行情的未来走势进行货币化。

（五）种类繁多的标的物

结构化产品的收益可以挂钩于种类繁多的标的物，包括债券、债券市场指数、股票、股票市场指数、大宗商品、大宗商品市场指数、外汇及外汇指数、货币市场、共同基金、对冲基金、房地产投资信托、产权指数以及各类资产的组合等。其中，以股票及股票相关指数为标的物的结构化产品占据市场份额的绝大多数。

四、结构化产品包含哪些种类?

在目前的金融市场上，结构化产品可谓品目繁多，涵盖从最简单的股指联动保本票据（如与沪深 300 指数联结的保本理财产品），到更加复杂的金融产品，如资产支持证券、指数联结票据、双边可赎回递进式票据、可赎回保本票据、拍卖利率优先证券及其他。其中，一些结构化产品的收益完全依赖于某种市场情况是否出现，预期收益比较高，但是风险水平也比较高。

（一）以本金保护程度为基准，可以将结构化产品分成以下三类

1. 完全保本产品。以保本型票据为基础，通常能够提供百分之百的本金保护。这类结构化产品提供的最低回报为期初时的初始投资，在标的物行情走势符合预期时，还能产生额外的投资收益。例如，如果标的物在产品到期时产生正的收益，投资者得到的回报既包括其初始投资，也包括用参与率调整的标的物收益；如果标的物在产品到期时产生的收益是零或者产生亏损，投资者就只能获得初始投资额。在这里实现本金保护的方法，是将初始投资资金的一部分投资于债券。通过恰当地确定投资债券的比例，可以使所投资的债券在产品到期时的价值刚好等于本金保护的额度。这类结构化产品本金风险较低、结构简单，因此，广受众多个体投资者的欢迎。

2. 部分保本产品。即投资者的本金通常只有部分受到保护。在这类产品中，通常有一个预设的价值下限，例如产品价值不低于本金的 80%，这意味着该结构化产品提供了 80% 的本金保护。投资者购买了这一款结构化产品，即承担了有可能损失初始投资资金 20% 的风险。有些部分保本产品还提供一定的本金损失缓冲区，即当产品价值低于初始本金但是高于本金的某个百分比时，产品依然提供全额本金保护。例如，本金损失缓冲区是 10%，这意味着产品价值低于初始本金但是高于初始本金的 90% 时，投资者仍然获得 100% 的本金保护；但是，若产品价值跌破了初始本金的 90%，则投资者就要承担一定的本金损失，损失比例取决于产品的条款。

3. 无本金保护的产品。通常也被称为非保本产品，具有收益增强特征，投资方法基本上是买入并持有，投资者承担着损失全部本金的风险。这类产品并不保证本金任何额度的收回；相反，产品的收益联结在标的物的行情表现上，依赖于产品到期时标的物交易的价格，在某些情况下还依赖于标的物价格路径。此外，这类产品的投资收益通常是封顶的，例如，标的物在期末比期初升值了 20%，但是结构化产品的条款中标明了 12% 的封顶条款，那么投资者获得的最大收益将不会大于 12%。这类产品还有别名，如杠杆票据、高绩效票据、收益增强型结构化产品。

（二）以风险程度高低为基准，可以将结构化产品分成以下三类

1. 本金保护类产品（Capital Protection）。本金保护类产品在期末的价值不低于产品的初始价值或初始价值的某个比例，加上产品对应的标的物价格所带来的风险收益。本金保护类产品具有三个性质：一是投资该产品时投资本金的全部或一部分是受到保护的；二是产品标的物的风险影响到该结构化产品的最终收益；三是产品的最终收益是不固定的。由此可见，投资于保本类结构化产品的目的在于既能投资于风险水平相对较高的资产（如股票、大宗商品或外汇）从而获得较高的预期收益，同时也规避了产品的下方风险（Downside Risk）。在投资于保本类结构化产品前应该明确投资

目标，因为只有明确了投资目标才能确定投资这个结构化产品的机会成本。例如，如果投资的目的在于参与到风险较高的资产（例如上证综合指数），以便在股市大盘上涨时获得较高的收益，那么投资的机会成本就包括产品存续期间指数成分股所带来的红利和投票权；如果投资的目的在于获得高于 5 年期人民币互换利率的收益，那么机会成本就大约等于 5 年期国债的利率。

下方风险（Downside Risk）

下方风险也被称为负面风险，是度量某个资产在市场条件变化时的价值损失可能性的指标。下方风险刻画了一项投资出现最差结果的可能性，即投资者可能要承担的损失。有些投资项目的下方风险是有限的，另外一些项目的下方风险则是无限的。例如，如果购买股票，那最大的损失就是股票价值变成零，投资后一分钱也收不回来。但是，如果通过融券而卖出股票，那下方风险就是无限大的了，随着股价的不断上升，卖空的亏损不断扩大，而股票价格在理论上是没有上限的。

衡量证券投资风险的传统指标是方差或标准差，这两个指标度量的是实际收益偏离期望收益的程度。也就是说，方差或标准差很高，那么既可能是实际收益远远高于期望收益，也有可能是实际收益远远低于期望收益。因此，仅仅用方差或标准差度量风险时，我们无法分辨到底是哪种情况。下方风险是对方差和标准差这样的风险度量指标的改进，只度量实际收益低于期望收益的风险。

2. 收益增强类产品（Yield Enhancement）。收益增强类结构化产品通常没有提供本金保护功能，且其带来的潜在收益是封顶的，其目标在于产生高于普通债券的收益率。在市场行情不好的情况下，这类产品的风险几乎相当于其标的物的风险。无论从结构的多样性上讲，还是从产品价值规模上讲，收益增强类结构化产品都是占据主要部分的。虽然收益增强类产品与债券比较类似，但是在管理资产时不应该将其看作债券的替代品，因为它们的风险特征在本质上不同于普通的固定收益产品的风险特征。典型的收益增强类产品通常以面值发行，在存续期间会产生相对较高的利息；也有的产品在发行时以较低的价格发行（相对于发行时标的物价格）。在以往的收益增强类产品中，通常存在收益封顶特征，表现为产品利息的封顶或者产品发行时的折扣率封底。目前市面上的收益增强类产品在逐步突破收益封顶条款，如有些产品的资本利得、利息或者发行折扣率都没有限制。然而，应该注意的一点是，这些收益属性的增加，并不一定意味着产品带来高收益的可能性的增加。收益增强类产品的期末收益是标的物价格的凹函数。这样的收益结构通常是通过卖出看跌期权来实现的。持有这类产品的投资者相当于卖出了具有正偏（Positive Skewness）收益的保险，并获得保费作为补偿。在欧洲，投资者广泛持有的收益增强类结构化产品是反向可转换债券（Reverse Convertible）和贴现凭证（Discount Certificate）。这两款产品具有几乎相同的到期收益特征，但是各自的构成却完全不同。

正偏（Positive Skewness）收益

“正偏”这个词来自统计学，与其对应的是“负偏”，都是对随机变量统计分布特征的刻画。正偏表示随机分布变量的右边尾部比较长，而左边尾部比较短；负偏则刚好相反。分布不对称的随机变量常常有正偏或负偏的特征。

正偏收益表示某个资产或产品的未来收益分布呈现出正偏特征。我们知道金融资产的未来收益通常是随机的，比如说，投资股票或者期货时，我们无法预知明天的收益情况。正偏收益的意思就是说投资产生巨大收益的可能性是存在的，但是产生巨大损失的可能性则很低甚至几乎为零。这就是一种不对称的收益特征。其实，期权就是一种收益不对称的工具。作为看涨期权的买方，最大损失是全部的期权费，即 -100%，但是最大收益是没有上限的，可以是 50%、100%、200% 甚至更高。

【案例 1-1】 反向可转换债券（Reverse Convertible）

反向可转换债券由两部分组成，首先是一个零息债券多头，其期限等同于反向可转换债券的期限；另一部分是以某个资产价格或变量为标的物的看跌期权空头。可以用图 1-2 表示反向可转换债券的构成和最终的收益情况。

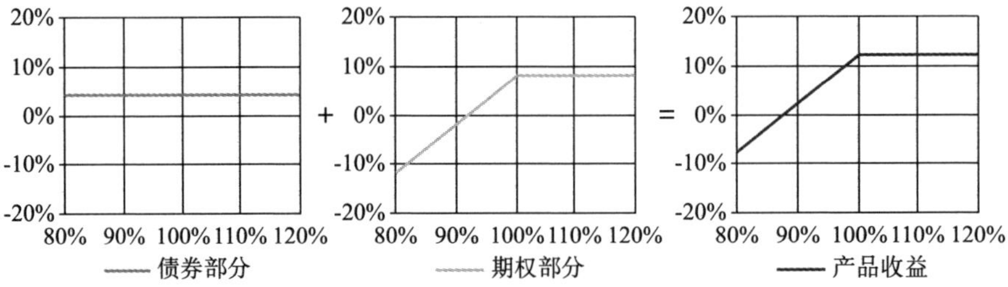

图 1-2 反向可转换债券的构成

该反向可转换债券与传统的可转换债券不一样。传统的可转换债券使得持有人在标的物价格超过一定界限之后可以以某个价格购买该标的物，所以嵌入的衍生工具是一个看涨期权多头。反向可转换债券则不同，其嵌入的衍生工具是一个看跌期权空头。在传统的可转换债券中，投资者要获得看涨期权多头，就要付出一定的成本；而在反向可转换债券中，投资者持有看跌期权空头，从而获得期权费收入。这就是为什么反向可转换债券属于收益增强类结构化产品的原因。

在本案例中，反向可转换债券的期限是 1 年，零息债券的到期收益率是 4%，看跌期权的价格是债券面值的 8%。因此，投资者通过投资该产品，获得的收益是 12%。换句话说，只有在该产品的价值下跌 12% 的时候，投资者才会蒙受损失。在评估该产品风险的时候，作为参照物的应该是这个产品的标的物，如股票或者股票指数，而不是债券的收益率；此外，该产品是没有本金保护条款的。

由于反向可转换债券嵌入的衍生工具是看跌期权的空头，所以产品的收益是封顶的，而最大的可能损失是全部初始资金，对应的情况是标的物价格在到期时相对期初发生大幅下滑至零（公司破产），这时获得的收益仅有零息债券所对应的投资利息。

3. 杠杆参与类产品（Participation）。这类产品的潜在收益或者损失保护通常带有杠杆，且通常不提供本金保护或者仅提供部分的、有条件的本金保护。杠杆参与类产品在存续期间几乎不提供利息，发行时也没有折价。从以往的历史来看，这类产品具有多种多样的变体。杠杆参与类产品的名字通常带有“凭证”（Certificates）二字，且多以股权类资产作为标的物，但并非仅限于股权类资产。有些杠杆参与类产品具有参与率条款，即产品的收益率等于标的物的收益率乘以该产品的参与率，从而达到放大或缩小收益的杠杆效果。例如，如果一款以沪深 300 指数为标的物的指数跟踪型产品的参与率为 60%，那么产品到期时的收益就等于沪深 300 指数的收益率乘以 60%。参与率既可以应用于产品的收益，也可以应用于产品的亏损。

【案例 1－2】 安全气囊凭证（Airbag Certificate）

安全气囊凭证是一种结构化产品，可以使投资者能够在标的物价格上涨时获得收益，下跌时获得一定程度的本金保护。换言之，只要标的物的价格没有跌破一定的价格水平，则投资者的本金是 100% 安全的。这个价格水平就是所谓的安全气囊，或者安全价格，类似于轿车中的气囊，其共同作用是在某些恶劣情况发生时能够提供一定的保护，但是这样的保护并非在所有情况下都同等有效。

安全气囊凭证由三个普通的欧式期权构成：一个是平值的（At－the－Money）欧式看涨期权多头，一个是执行价为零的看涨期权多头，还有一个是以安全价格为执行价的看涨期权空头（见图 1－3）。

在图 1－3 所示的例子中，安全价格水平被设定为 75%，即标的物价格下跌的幅度不超过 25% 时，投资者是受到保护的。

在本金保护类、收益增强类和杠杆参与类这三类产品中，本金保护类产品的风险通常是最低的，而杠杆参与类产品的风险是最高的，收益增强类的风险则居中。在实际市场中，任何一款产品，无论其属于以上哪个种类，均可以通过精巧构造而拥有多个风险收益属性。在评估产品的各方面性质时，不应该仅凭其类型，而应该根据产品的各个特定条款。随着结构化产品市场的发展，越来越多具有创新特征的产品被创造出来，创新体现在产品的各个条款和结构上，有些产品可能既属于本金保护类，又属于杠杆参与类。因此，在进行投资之前，投资者应该理解产品的重要条款、收益和风险特征。

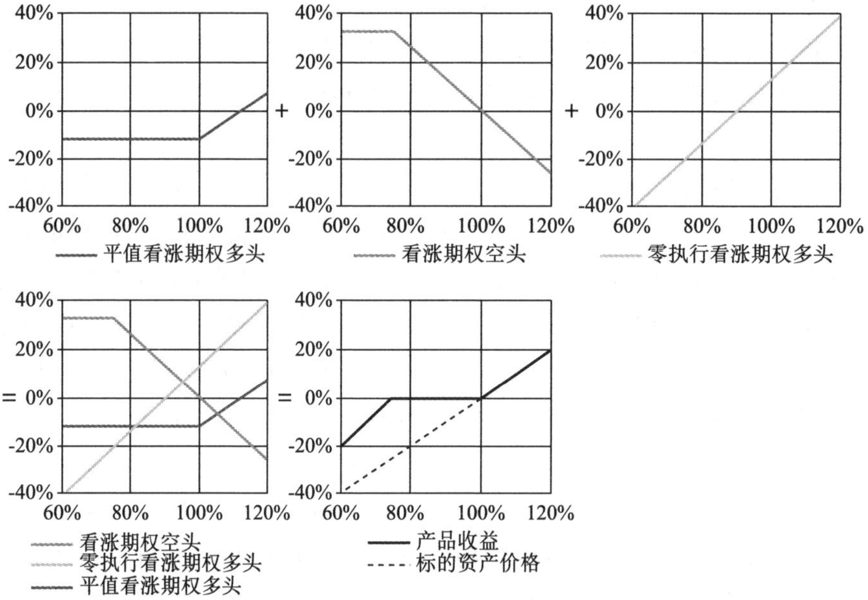

图 1-3　安全气囊凭证的构成

五、结构化产品为何如此具有吸引力？

结构化产品是金融市场创新的重要体现，其被广泛使用的原因主要体现在以下四个方面：

◆ 有效分散投资。在特定的监管条件下，某些市场范围内的资产只允许一部分投资者进行交易，其他投资者则不能参与交易。借助结构化产品，投资者（有时还包括发行人）可以凭借产品中嵌入的衍生工具来规避这些监管障碍，促使投资更加分散，从而分散风险。

◆ 客制化（Customization）。利用结构化产品可以通过特定的方式将投资者特定的市场观点和期望货币化。

◆ 信用增强（Credit Enhancement）。利用结构化产品实现信用增强，进而可以参与衍生工具市场。

◆ 面额套利（Denomination Arbitrage）。通过投资于结构化产品，投资者可以在资金额度比较低的情况下参与到资金额度要求较高的衍生工具交易中。

此外，结构化产品的功能还体现在会计、税收、管理便利性等方面。

（一）有效分散投资

影响分散投资的主要因素之一是在市场准入方面有一定程度上的监管限制。已经有事实证明结构化产品可以被用来规避这些限制政策。使用结构化产品来规避直接交易衍生工具本身的监管障碍，这样的做法并没有什么危险之处。事实上，投资者和发行人在实施必要的风险管理举措时，合理利用衍生工具是一项其必须具备的能力。如果监管限制其不能使用衍生工具，那么金融风险的管理将做不到彻底和完备。在衍生工具被广泛用于风险管理之前颁布的监管文件，可能会给投资者参与衍生工具交易带来不必要的约束。监管者可能会觉得修改这些监管文件会困难重重或者复杂冗繁。这时，投资者对结构化产品的需求是比较强烈的。有关监管套利使得投资得以有效分散从而促使结构化产品交易的证据难以获取。然而，我们可以看到一些间接的证据。从结构化产品投资者群体构成的角度看，来自日本及亚洲的其他地区和欧洲的投资者占主体，而这些地区的监管政策通常要严于北美地区。这在某种程度上意味着结构化产品已被用作一种监管套利和分散投资的工具。

在设计和销售结构化产品时，产品卖方非常关注的一个因素是能否在法律上将衍生工具的交易转化为一个证券（证券化），并可以使其像普通的股票一样在交易所挂牌交易。如此设计的目的在于摆脱投资者（产品买方）自身所受的限制——即这类投资者只能交易在交易所挂牌的证券。这样的限制使得投资者运用场外交易衍生工具的能力受到约束。为了打破这样的约束，投资者可以借助结构化产品。

（二）客制化

所谓客制化，是指针对特定的投资者的市场预期而设计结构化产品，投资者通过投资于该结构化产品，就能使其对某个资产或变量的预期货币化，并通过承担该资产或变量蕴含的特定风险而获得一定的风险收益。金融资产的本质特征，在于其风险与预期收益之间有一个平衡。在市场均衡的情况下，预期收益较高的金融资产，风险通常也比较高；相反，预期收益较低的金融资产，风险也比较低。如图 1－4 所示，用斜向上的直线来说明预期收益与风险之间的正相关关系。

在没有客制化的金融市场中，各类基本的金融产品只能提供特定的风险—收益权衡。如投资者投资于股票，则投资的风险较低，预期收益也较低；若投资于期货等衍生工具，则投资的风险很高，预期收益也很高。但是，在这二者之间，投资者没有选择的余地。客制化的结构化产品能提供这样的选择，以满足特定投资者的风险—收益权衡需求。

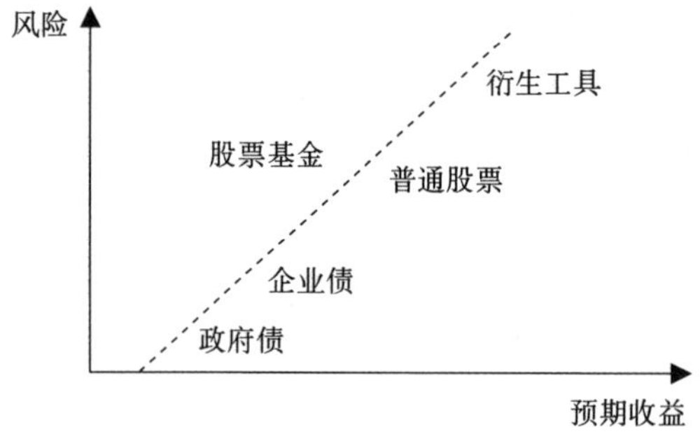

图 1－4　金融产品的预期收益与风险的关系

之所以能够实现客制化，主要是因为结构化产品的卖方能够以相对较低的成本参与到投资者难于直接参与的市场中。在这里，投资者直接参与的困难来自两个方面：一是交易的资产是合成资产，无法直接交易，如股票价格指数或者大宗商品价格指数；二是直接参与的交易成本比较高，比如期货交易和外汇交易。

（三）信用增强

结构化产品的一个重要因素是履约义务（Performance Obligations）转移机制，该机制能将所有履约义务转移到发行人身上。前文已经提到，结构化产品的发行人通常具有很高的信用评级，其违约的风险是非常低的。

以表 1－1 和图 1－1 所示为例，对结构化产品的信用增强功能加以说明。在该例中，投资者向发行人卖出了一个利率封顶期权。当美元 3 月期 LIBOR 在产品到期时超过 10%，发行人可以执行利率封顶期权，投资者作为期权的卖方就有义务向发行人支付一定的现金。因此，发行人实际上承担了一定的信用风险。然而，发行人承担的信用风险是很低的，因为有两个机制作为保证：其一是投资者向发行人卖出利率封顶期权时提交了现金作为保证金，这是因为投资者投资的是区间浮动利率票据这个结构化产品，在投资时向发行人交付了浮动利率票据的面值；其二是利率封顶期权与浮动利率票据之间的对冲。根据该产品结构，发行人向投资者支付的利息最高在 10%，若利率高于 10%，则发行人向投资者支付的浮动利息与其从投资者获得的期权价值产生冲销。所以，发行人能够有效管理其承担的来自投资者的信用风险。

（四）面额套利

通过投资于结构化产品，投资者可以参与到衍生工具市场中，且每次参与所需的最低资金额度远远低于直接参与衍生工具交易时所需的最低资金额度。前述的区间浮动利率票据就是一个比较典型的例子，投资者通过投资于区间浮动利率票据，就能以相对较低的资金（如 5 000 美元及以上）建立了两个利率期权的头寸。换言之，中小投资者通过结构化产品，可以参与到大额的、机构交易者主导的市场中。这就产生了实际上的面额套利。

六、与结构化产品相关的市场参与者有哪些?

结构化产品市场中的参与者有四类，分别是产品创设者、发行人、投资者和套利者。市场中的每一类参与者均具有不同的目标，并基于不同的动机而共同参与到市场的运转中。

（一）产品创设者

结构化产品创设者这个角色通常由投资银行、证券经纪商和自营商以及部分商业银行来扮演。创设者的工作是最具有创新性的，其功能主要包括六个方面：一是识别投资者的需求；二是设计出能满足投资者需求的结构化产品；三是识别并选择合适的发行机构作为产品的发行人；四是产品设计方案的实施以及风险的对冲操作；五是拥有有效管理产品相关的法律文档；六是扮演做市商的角色以提供产品二级市场的流动性。

仅有一部分实力较为雄厚的产品创设者能提供以上全部六种功能，包括美国的主要投资银行和证券公司，以及英国/欧洲的全能型银行以及日本的主要证券公司。其他的创设者则依照自身核心竞争力的不同而提供某一个或某几个功能，以作为自身的业务重点。对于某些创设者而言，结构化产品业务是其资产管理和配置业务的自然延伸。客制化的产品需求促使这些机构对其资产组合进行创新设计和包装。在某些情况下，这样的要求促使这些机构形成了在相关领域的竞争力，从而可以扩大规模，以量取胜，例如衍生工具交易。

结构化产品市场的发展使得结构化产品的创设能带来较为可观的盈利。此外，结构化产品定价的透明度较低以及产品创新、交易和构造的技巧所带来的收益使得产品的创设者获得了额外的经营效益，这样的经营效益在传统的市场业务下是难以获得的。

（二）发行人

前文已经提到，结构化产品的发行人通常是具有较高信用评级的机构，以便能有效地将结构化产品投资的信用风险和市场风险分离开来。从以往的经验来看，结构化产品的发行人既有区域经营的，也有跨国经营的，既有商业银行，也有非银行金融机构。投资者对发行人的要求，除了高信用评级之外，还包括较高的产品发行能力、投资者客户服务能力以及融资竞争能力等。

对发行人而言，参与结构化产品市场的主要动机是降低融资成本以及有效地分散其资产组合和分散其客户群体。发行人之间也存在竞争，竞争的重点在于融资渠道、发行速度以及对客户的服务能力。随着结构化产品市场的不断发展，结构化产品发行所带来的资金占据发行人融资来源的比例越来越高，并且逐渐成为发行人融资来源的重要部分。由此产生了两个方面的问题。第一方面的问题是金融市场的行情走势变化以及投资者对结构化产品需求的变化会影响到发行人融资的能力。这样的影响包括发行人融资成本的提高，以及获取一定规模融资的难度的提高。第二方面的问题是投资者越来越倾向于投资那些产品期限较短的结构化产品，因此，产品发行人就得越来越关注与之相应的再融资风险。

在世界不同地区，结构化产品的发行人存在一定的差异。在美国，结构化产品的发行人主要是政府类型的机构，占比约70%。它们包括联邦住宅贷款银行系统（Federal Home Loan Bank System），学生贷款营销协会（Student Loan Marketing Association），联邦农业信用银行系统（Federal Farm Credit Bank System），联邦国民抵押贷款协会（Federal National Mortgage Association，房利美）以及联邦住宅贷款抵押公司（Federal Home Loan Mortgage Corporation，房地美）。这些机构通常具有AAA级的信用级别，因为它们都是政府所有的，具有联邦政府的担保。在美国以外的其他地区，结构化产品的发行人与美国有一定的差别。虽然它们也拥有比较高的信用级别，在发行能力和融资能力方面旗鼓相当，但是它们通常不局限于一个主权国家，而是超主权的、跨国的组织，例如世界银行（World Bank）以及一些跨国经营的银行。

从趋势上看，发行人越来越集中在商业银行和非银行金融机构，如衍生工具经纪商和自营商。另外一个趋势是特殊目的机构（Special - Purpose Vehicles，SPV）发行的结构化产品也越来越多。这些SPV通过产品重新包装以获取一定的差价收益，具体而言就是通过发行结构化产品而融入资金，将资金投资于各类资产并进行一定程度的对冲操作，从而锁定正的融资收益。它们通常也拥有很高的信用评级。SPV与传统的商业银行等发行机构相比，能够更加灵活地为投资者提供服务，也能提供更加具有创新性的结构化产品，所以逐渐成为结构化产品的主要发行主体。

延伸阅读

作为结构化产品发行人的世界银行

世界银行（World Bank）成立于1945年12月27日，1946年6月开始营业，其成立之初的使命是帮助在第二次世界大战中被破坏的国家的重建。现在，世界银行的主要帮助对象是发展中国家，帮助它们发展教育、农业和工业设施；向成员国提供优惠贷款，同时向受贷国提出一定的要求，比如减少贪污或建立民主等。

作为融资手段，世界银行在过去 70 多年的时间里向国际资本市场发行了各种类型的债券。在最近几年，世界银行每年发行的债券规模大约是 350 亿美元。在通过债券融资时，世界银行往往通过向多个市场，以多种货币、长短不一以及形式各异的债券来融入资金，以实现融资来源的多元化。作为融资多元化战略的一部分，世界银行发行了多种类型的产品，包括以主要世界货币和新兴市场经济国家的货币为计价单位的基准债券和普通的中期债券，同时也发行了结构化票据。世界银行发行的结构化票据的类型范围涉及从最简单的可赎回票据（Callable Note）到较为复杂的指数联结产品，其中的指数包括股票指数、债券指数以及货币指数等。

世界银行结构化票据的发行方式大部分是“反向调查方式”（Reverse Inquiry），即世界银行先去征求潜在投资人和做市商对发行价格、期限等条款的意见，然后再根据这些潜在的投资人和做市商的意见发行相应的结构化票据。因此，世界银行发行的结构化票据的条款是客制化的，能满足投资者特定的需求和偏好。一般而言，结构化票据发行量只占世界银行总融资量的 25%。作为一个频繁发行结构化票据的且拥有 AAA 级信用评级的国际组织，世界银行在参与全球结构化产品市场的过程中，在一定程度上促进了行业标准的提升以及行业规则的完善。

（三）投资者

结构化产品的投资者包括机构投资者和个人投资者，也包括金融企业和非金融企业等。在世界上不同区域的结构化产品市场中，投资者的主要构成存在差异，投资者参与市场的主要动机也不尽相同。

在北美洲的结构化产品市场中，共同基金、投资公司以及银行中的信托部门是投资者的主要组成部分，此外还有保险资产管理机构、养老基金甚至对冲基金等。它们投资于结构化产品的主要目的，在于寻找能提供基于特定市场的投资机会并获取风险收益，这些投资机会往往是传统的固定利率投资产品所无法提供的。除此之外，结构化产品还帮助部分投资者规避了参与衍生工具投资所面临的监管和信用方面的限制。

在欧洲的结构化产品市场中，投资者群体并不像美国那样以机构投资者为主。欧洲地区的市场呈现出比较明显的零售市场特征，投资者通常是代理那些具有高净值个人客户进行理财的私人银行。共同基金在欧洲结构化产品市场中的参与度比较低。在参与市场的目的方面，欧洲的投资者主要是通过结构化产品来突破投资方面的限制。这些限制主要包括参与衍生工具交易的限制，投资于挂牌交易的证券的监管要求，以及某些投资者受到的信用约束。当然，投资者对投资收益的要求也是同样强烈的，通过结构化产品就可以使其以恰当的方式在承担一定的风险的条件下获得更高的预期收益，这些风险通常来自世界各地区的各种金融市场。

在亚洲的结构化产品市场中，银行、非银行金融机构和普通企业投资者以投资者的身份投资于结构化产品，其参与的广度大于欧洲和北美市场中的投资者。在日本，结构化产品的投资者主要是大型的机构投资者，其中保险资产管理公司是典型的代表，此外还包括银行的信托部门和共同基金等。这些投资者投资于结构化产品的主要目的在于获得相对较高的收益，为此甚至宁愿承担一定的本金风险。日本的金融市场中，基准利率长期处于很低的水平，这促使上述这些机构投资者为了获取较高的收益率而承担投资风险。这些风险来自基础的资产价格风险，如债券、股票、货币、信用和商品的价格风险；也来自衍生工具的价格风险，如做空期权以获取较为稳定的期权费收入。日本的投资者对投资本金损失的风险和利息降低的风险的容忍度也比较高，也比较能接受比较高的杠杆水平，这导致了结构化产品在设计上比较激进。此外，个人投资者也成为结构化产品投资者的重要组成部分，其投资目的大多是收益增强。例如，双货币债券（Dual – Currency Bond）就是比较受个人投资者欢迎的结构化产品。这种产品是以一种货币付利息、另一种货币偿还本金的债券，前一种货币通常是债券购买者所在国家的货币，后一种货币则通常是美元或债券发行人所在国家的货币。投资人通常可获得较市场水平高的票面息率，同时也可能要承受一定的外汇风险。除了日本以外，亚洲其他地区，如韩国、中国香港、印度尼西亚、马来西亚等也有一定的结构化产品投资需求。需求者的主体是银行、非银行金融机构和普通企业，以及具有高净值的个人或家庭。

（四）套利者

结构化产品市场中的套利者通常是投资者或者某个机构的交易员，其参与的目的在于从产品定价偏差中获得收益。结构化产品由几个基本的资产和证券组成，各个组成部分通常具有相应的流动性较好的二级市场。根据结构化产品的构造，可以根据各个组成部分的二级市场价格来计算出结构化产品的理论价格。如果理论价格偏离了结构化产品的实际交易价格，就会产生套利机会。套利者发现这样的套利机会之后，就可以通过买卖结构化产品并在各个组成部分的二级市场上进行相应的对冲操作，就可以获得风险很低的套利收益。例如，一个结构化产品的组成部分是一个 3 月期的零息债券以及一个 3 月期的股指看涨期权，那么该结构化产品价格应该不会系统地偏离于该零息债券价格和该股指期权的价格之和。如果结构化产品的价格低于该零息债券和股指看涨期权的价格之和，套利者就可买入该结构化产品，在二级市场中做空该零息债券和股指看涨期权，并在产品到期时进行平仓结算。

根据以往的经验，结构化产品价格偏离其理论价格的机会是比较多的，特别是在市场波动较为频繁、幅度较大的时期。在此条件下，普通的投资者因规避风险而大量卖出其持有的结构化产品（买入的情况较少），从而导致结构化产品的价格以较大的幅度偏离其理论价格。套利者抓住这样的套利机会并进行相应的套利交易。

套利者在结构化产品市场中扮演的角色也是很重要的。其一是套利操作能够提高产品二级市场的流动性；其二是使结构化产品能获得较为准确的定价，不会系统地偏离于其理论价格。

七、如何设计一个结构化产品?

结构化产品是常规的固定收益产品与衍生工具的组合。其中的衍生工具因素通常体现在产品的赎回价值和（或）产品存续期间支付利息随着标的物价值变化而发生变化。结构化产品通常联结到利率、汇率、股票价格及其指数、大宗商品价格及其指数等金融市场变量中的一个或者多个。其中衍生工具的结构既有对称性的（如远期合约），也有非对称性的（如期权或期权的组合）。随着市场的发展，产品的创新也日益显著，非标准的合成证券、奇异期权结构以及新的标的物种类（如信用、保险、通货膨胀等）逐渐被放入结构化产品的结构中。

将基础产品与衍生工具组合而成结构化产品，如此设计的目的是使产品对特定资产价格的变动具有敏感性，或者说是承担一定的风险暴露。其中，衍生工具是实现结构化产品具有特定风险暴露的机制。因此，创设某个结构化产品，通常需要经历以下四个步骤。

◆ 投资者需求的识别——识别投资者的需求通常需要确定多个重要而相互区别的因素。这些因素包括对风险暴露的识别，该风险将被引入传统的投资管理框架下的资产组合中。这些因素还包括识别投资者对经济形势的判断、对特定资产行情走势的判断。此外，还需考虑的因素包括风险收益比例、资产负债状况以及现有资产组合状况等。

◆ 产品的构建——当识别出投资者企图承担的风险暴露之后，就应该考虑什么才是获得特定风险暴露的最有效方法。在有些情况下，投资者是无法直接通过市场上现有的产品获得特定的风险暴露的，原因或者在于该风险暴露是高度客制化的，或者在于监管限制，或者在于信用级别不足或者其他。在这些情况下，结构化产品就成为摆脱限制、获取特定风险暴露的重要机制。通过结构化产品来获得某个投资机会，承担特定的风险，这样的投资方式在有些情况下是更有效率的，或者能使投资的交易成本更低。

◆ 交易的实施——结构化产品设计完成之后，就要进行方案的执行，包括发行人的选择、对产品的所有相关风险进行对冲操作等。结构化产品通常是由投资银行、券商或者期货商根据投资者的特定要求而设计的。结构化产品的主要组成部分是一个固定或者浮动利率的债券或债务类证券，而衍生工具则被精心设计并组合到该结构化产品之中。

◆ 二级市场交易——创设的结构化产品是否有二级市场，将影响到该产品在到期前的销售和申购。在通常情况下，结构化产品的流动性低于类似的基本证券。后面的章节将专题讨论结构化产品二级市场的相关问题。

风险暴露（Risk Exposure）

风险暴露是指在证券投资活动中容易受到风险因素影响的资产和负债的价值，或说暴露在风险中的头寸状况，通常也被称为风险敞口。“股市有风险，入市需谨慎”这句话，大家耳熟能详，说明投资于股票就要承担风险。其实投资于大多数的金融资产都有一定的风险。我们把投资者的某项金融资产的总额称为投资者在这类资产上的风险暴露。比如说，投资者投资了某个企业债券，则投资者承担了企业债的风险，包括利率风险、信用风险等；如果投资者投资了某个股票，则承担了股票市场的风险暴露。不同的风险暴露在性质上是有差别的，就像债券的风险和股票的风险是有差别的一样。因此，承担不同的风险暴露，意味着进行了不同类型的投资，其目的是获得差异化的期望收益。例如，我们投资股票市场，是因为股市投资的期望收益要高于持有现金的期望收益。

除了以上四个关键要素之外，结构化产品的业务运行还包括其他因素。在通常情况下，结构化产品中的衍生工具是金融市场中交易的较为标准的衍生工具，包括在交易所交易的衍生工具，也包括在场外市场（OTC）交易的衍生工具。其中，场外交易的衍生工具所占比例较大，因此，又产生了额外的问题，例如发行人的信用风险问题、产品嵌入的风险暴露及其风险水平问题等。

结构化产品的发行人通常具有较高的信用等级。大多数发行人的信用评级都在AA级或更高的级别。发行结构化产品对发行人要求的最低信用等级通常是A级，但历史上也出现过信用等级低于A级的结构化产品发行人。使用高信用等级的发行人发行结构化产品，这通常是投资者的要求，其目的在于增强产品的信用级别以及有效地将信用风险和市场风险进行分离。投资者投资结构化产品的初衷，本来就在于将其作为承担市场风险、获取风险收益的一种机制。

结构化产品的发行，除了经由高信用级别的发行人之外，也可以通过一个重新组装机构（Repackaging Vehicle）来实现。为了获得特定的市场风险暴露，结构化产品的赎回价值（本金）或者期间利息需要与特定的资产价格或指数相联结。在这样的设计中，关键的问题在于暴露于风险中的资金价值以及资金产生亏损的条件。结构化产品的风险因素最初是由投资者选择的，通常包括以下因素。

◆ 面临风险的部分或全部利息。

◆ 面临风险的部分或全部本金。

◆ 衍生工具类型（远期或者期权）。

◆（若含有期权）投资者是期权的买方还是卖方。

◆ 所引入的杠杆大小。

愿意承担低风险的投资者可以选择只有利息面临风险的结构化产品，愿意承担高风险的投资者则可以选择利息和（或）部分或全部本金都面临风险的结构化产品。此外，还可以通过引入杠杆来放大风险。

如果结构化产品中的衍生工具因素是远期合约，那么受风险影响的那部分资产（本金或者利息）的价值将会随着标的物的价格或指数的变动而变动，且这样的变动方式是线性的、对称的。如果结构化产品中的衍生工具因素是期权合约，则产品的价值还取决于期权的头寸是多头还是空头。若结构化产品中的期权头寸是多头，则需要从本金或者利息中拿出一部分作为购买该期权的资金；若结构化产品中的期权头寸是空头，则能获得一定的期权费收入，从而提高该结构化产品的利息水平，或者说是提高该结构化产品的收益率。但是要注意的是，当期权到期时处于实值状态，则会产生一定的资金支出。这部分支出要从结构化产品的利息或者本金中扣减。

结构化产品的杠杆问题牵涉嵌入于该结构产品之内的衍生工具合约的面值总额。结构化产品中嵌入衍生工具的比例并没有统一的标准。通过调整衍生工具的头寸和杠杆率，可以灵活地增减该结构化产品的价值对标的物价格变化的敏感性，从而控制该产品的风险水平。

结构化产品的业务运作过程通常经历以下四个步骤：

◆ 确定产品的发行人并准备发行。

◆ 发行产品。

◆ 在投资者、发行人和投资银行均同意结构化产品相关条款的同时，投资银行执行所有必要的对冲操作，以使发行人免受该结构化产品中衍生工具风险的影响。

◆ 在产品到期时进行结算和交割。

在以上的交易过程中，对冲交易的实施是至关重要的。原因之一在于对冲交易是合理定价的核心；原因之二在于对冲了风险才能吸引发行人参与到整个发行过程之中。发行人通常只有在完全明确相关融资成本目标并获得保证之后才会参与进来。因此，结构化产品交易的核心要素，在于对结构化产品内的任何市场风险暴露进行剥离。在通常情况下，发行人为了剥离该风险，会与投资银行或券商签订另外一份独立的衍生工具合约。

八、结构化产品可以在二级市场买卖吗？

随着金融市场的发展，结构化产品的二级市场在结构化产品业务运作中所扮演的角色越来越重要。之所以需要建立二级市场，是为了满足投资者卖出其所持有的结构化产品的需求。投资者在持有结构化产品的过程中，可能意识到标的物价格的未来走向将给其带来越来越大的损失，或者投资者调整其资产组合从而规避其中某一类结构化产品对应的标的物所带来的风险。在这种情况下，二级市场为投资者调整其资产配置提供了很大的便利。二级市场还为交易员和套利者提供便利，使其能够发现结构化产品的价格对其理论价值的偏离，从而实施套利操作，在获得套利收益的同时，在客观上也纠正了结构化产品的定价错误。对于那些存在二级市场的结构化产品而言，二级市场交易所带来的流动性是有价值的，并且应该反映到这些产品的价格当中。

当然，相对于传统的固定收益证券，结构化产品的二级市场流动性还是比较低的，其原因主要有三点。原因之一是结构化产品的投资者数量较少，从而成交量比较低。这里的成交量包括那些经过重新包装后的结构化产品。通过资产互换，重新包装后的结构化产品中嵌入的衍生工具已经被对冲掉。从目前的情况看，重新包装的产品的成交量在逐渐扩大。原因之二是结构化产品的客制化属性。前文已经提到，结构化产品的一个优势是客制化，能针对特定客户的特殊需求而设计并发行。从二级市场流动性提升的角度来看，客制化却成为一个劣势，因为客制化的结构化产品相互之间的同质性是很低的。在市场资金容量一定的情况下，相互差异的产品越多，每个产品的规模比例就越小。这成为阻碍结构化产品二级市场发展的重要因素。原因之三是交易成本。在市场流动性较低的情况下，结构化产品的交易成本是比较高的。二级市场中的交易成本主要体现在产品做市商的买卖价差。做市商在为结构化产品做市时，需要对其产品存货进行风险对冲，而结构化产品复杂的结构使得做市商对冲存货风险的成本较高。因此，做市商需要扩大结构化产品的买卖价差，从而导致二级市场交易成本的提升。

受到二级市场流动性不足的影响的市场参与者，除了投资者之外，还有发行人。发行人发行了一款结构化产品之后，如果二级市场不发达，流动性不足，那么投资者的不满情绪就可能提高，从而潜在地损害到发行人的声誉。针对这样的情况，世界银行在 1994 年曾设计了一套机制来提高其所发行的结构化产品的二级市场流动性。这套机制要求多个中介商承担做市的责任，为世界银行发行的结构化产品提供二级市场流动性。同时，世界银行也同意通过对已有结构化产品进行回购或者重新组合等方式来辅助这些中介商来提供流动性。这样的安排并没有降低结构化产品二级市场中高昂的交易成本，毕竟中介商也需要承担一定的风险来为这些结构化产品提供流动性，但是，这套机制的确能够为产品投资者提供更便捷的服务，因为投资者可以随时通过这些做市商将其持有的结构化产品平仓。

九、结构化产品市场具有哪些特征?

从目前可获得的数据来看，结构化产品市场呈现出以下三方面的特征。

第一，结构化产品市场中的发行人具有比较高的信用评级，大部分发行人的信用评级在 AA 级甚至更高。发行人的主要类型包括政府完全所有的机构和政府部分所有的机构，同时也包括大型的金融机构。要指出的一点是，无论发行人属于什么类型，若要发行结构化产品，就必须有比较高的信用评级。在国际市场中，结构化产品的发行人通常是超国家的组织（例如世界银行）、跨国金融机构。从发行人的类型以及发行人的信用等级要求，可以看到结构化产品投资者有一个基本的要求，那就是将结构化产品投资的信用风险和市场风险分开，投资结构化产品的目的是通过承担市场风险获得一定的预期收益，而不承担信用风险。2008 年金融危机之前，发行人的评级要求有所下降，原因是资本市场的蓬勃向上，个人投资者参与结构化产品投资的比例越来越高；与机构投资者相比，个人投资者对信用风险的态度往往没有那么敏感。

第二，结构化产品发行的规模大小不一，不同的发行规模对应的发行过程有一定的差别。发行规模在 500 万美元到 2 000 万美元的结构化产品，通常是针对小范围的个人或者机构投资者，每个投资者的最低认购份额通常是 10 万美元；发行规模在 1 000万美元到 1 亿美元之间的结构化产品，其发行时通常要遵循中期票据的发行框架；发行规模超过 1 亿美元的结构化产品通常是面向公众的产品，其发行过程要严格遵守监管机构的要求或者行业的惯例。不同的结构化产品发行规模差别较大，这是结构化产品之间本质差异的外在表现。结构化产品具有客制化属性，设计者可以针对数量比较小的、个体净值较高的客户设计专门的结构化产品。因此，对这样的客户发行的产品规模相对较小，发行过程较为简单。当然，也有一些结构化产品的客户定位比较宽泛，发行的规模也比较大，从而要遵循比较严格的发行程序。

第三，结构化产品的期限是比较短的，大多数产品的期限是在 1 年到 3 年之间。然而，期限较长的结构化产品也出现过，某些结构化产品的期限还非常长，甚至达到 10 年。总体来说，结构化产品市场中的产品期限集中在短期限范围内。这表明投资者愿意承担市场风险的期限是比较短的。此外，基础的资本市场和普通衍生工具市场中金融工具的期限通常也是以短期限居多。这也在一定程度上导致了结构化产品的期限比较短，因为结构化产品的合成是以这些普通的金融工具为基础的。如果结构化产品的期限与其组成部分的期限存在不匹配，那么产品卖方就很有可能付出更高的管理成本。

十、结构化产品市场、基础资本市场、普通衍生工具市场三者之间有什么关系?

所谓基础的资本市场，是指产品结构简单、交易规模大、市场流动性比较高的资本市场，如股票市场、债券市场、共同基金市场、银行间同业拆借市场、外汇市场和商品期货市场等。在这些市场中的产品之上又衍生出普通期权和互换市场等普通衍生工具市场。

结构化产品与上述的基础的资本市场和衍生工具市场之间具有重要的关系。结构化产品的设计是以投资者的需求为基础的。投资者基于对宏观经济或者资本市场行情走势的判断，希望投资于特定的资本市场，如股票市场或者外汇市场，通过承担一定的投资风险来获得超过无风险利率的收益。此外，投资者可能只希望资本市场行情走势在符合其判断时获得收益，而在不符合判断时所受的损失降低或者没有损失。这样的投资者需求就是结构化产品设计的核心。因此，结构化产品是基础的资本市场的衍生工具。基础的资本市场和普通衍生工具市场的产品类型、规模、市场深度和流动性等特征，决定了建构在其之上的结构化产品市场的产品多样性，或者说限定了结构化产品市场的范围。

这样的关系和限定并没有降低结构化产品市场的重要性。通过结构化产品，一些无法参与或者只能有限地参与到基础的资本市场和普通衍生工具市场中的投资者就可以有更大的自由来规避这样的限制。从结构化产品的卖方角度来看，发行人及相关卖方在卖出了结构化产品之后，便承担了产品的市场风险。卖方通常不愿意承担这个风险，因此，卖方在发行结构化产品之后需要对冲该产品的风险。而对冲的渠道，归根结底还是基础的资本市场和普通的衍生工具市场。这两个市场在规模、流动性和市场深度方面能够使结构化产品卖方以相对较低的成本进行风险对冲。而卖方的对冲操作，也在一定程度上促进了基础的资本市场和普通衍生工具市场在规模、流动性和市场深度方面的改善。

正因如此，我们才说结构化产品一级市场和二级市场的存在，能够提高基础的资本市场和普通衍生工具市场的规模、流动性并改善市场深度。

十一、结构化产品市场是如何发展的?

从整个金融市场演变的角度看，结构化产品市场的发展与金融市场整体的变化息息相关。早在20世纪80年代的美国，结构化产品就出现了，当时市场蓬勃向上，人们希望能从中分一杯羹。因此，一些引领潮流的银行为了满足这个需求而设计出一些新颖的结构化产品，常见的是将大额定期存单或其他固定收益证券与股票市场指数组合打包成一个产品并卖给投资者。最早的一批产品是1987年春季大通银行的市场指数存款（Market Index CD）和北美信托银行的股指存款账户（Stock Index Account）；此外，所罗门兄弟公司和美国之外的一些投资银行也都发行了股票联结票据。这个时期的结构化产品比较简单，期限一般为4到5年，标的物通常是股票价格指数，参与率则是100%，并且有本金保护条款。当时，美国正处于持续的低利率状态，低风险的固定收益产品难以给投资者带来有吸引力的收益，而结构化产品恰恰为投资者解决了这个困扰。

1991年1月，由高盛证券公司设计了一款被称为股价指数成长票据（SIGN）的产品，奥地利共和国政府则充当发行人，发行规模达1亿美元。该产品发行后还在纽约证交所挂牌交易。1992年以后，各大银行和证券公司均推出了各种类型的结构化产品。根据不同的到期日、参与率以及所挂钩的相关指数，这些结构化产品有很大的差异，结构化产品市场也因为产品的不断创新而有了爆发性的成长。

20世纪90年代，结构化产品进入亚洲市场，在日本、新加坡、韩国、中国台湾地区发展较快。亚洲市场的产品以零售市场为主，产品结构比欧洲市场更加多样、复杂，这与当时持续较长时间的利率低谷和股市低迷有密切关系。据估计，2005年，亚洲地区结构化产品市场规模已达到250亿美元。与之相应，结构化产品创设成为投资银行的重要业务之一。

2008年，次贷危机爆发并引发了蔓延全球的金融危机。金融市场的剧烈波动使一些结构化产品的创设者、发行人和投资者均承受了很大的损失，结构复杂的产品开始受到较为广泛的质疑，市场规模也逐渐萎缩。

总而言之，结构化产品是金融市场创新的体现，而创新的需求植根于金融市场的状态和变化。在后危机市场，随着金融市场的继续发展和变迁，结构化产品市场也将经历新的阶段。

十二、中国的结构化产品市场发展历史和现状是怎样的?

在我国，结构化产品首先是以外汇结构化存款的形式出现的。外资银行在2003年开始推出一些外汇结构理财产品。2004年3月，《金融机构衍生工具交易业务管理暂行办法》颁布实施，工、农、中、建四大国有（控股）商业银行分别推出了“汇聚宝”“汇得盈”“汇利通”“汇利丰”理财产品，交通银行、招商银行、光大银行等股份制商业银行也纷纷推出“得利宝”等理财产品，一些境内外资商业银行相继推出“优利账户”“汇利账户”等理财产品。按产品的收益特点，可分为固定利率型和浮动利率型；按产品的期限，可分为短期、中期和长期，对应的存款期限为一年及以下、一到三年、三年及以上；按产品挂钩条件（联动），可分为与利率挂钩、与汇率挂钩、与商品挂钩、与信用挂钩四大类。渣打银行2005年8月推出了国内首个挂钩美国道·琼斯工业指数的外汇产品。从结构型理财产品的收益率这一最核心的因素看，我国银行推出的理财产品远远高于同期储蓄存款利率，从目前推出的产品情况看，外币理财产品的收益率一般远远高于同期外币（一般指美元）定期存款利率。

总体来看，在2010年股指期货上市之前，中国结构化产品市场几乎是由外资商业银行所主导的，例如汇丰银行和德意志银行。市场中的大部分结构化产品的标的物通常是境外的资产。这些外资银行通过其境外的分支机构和境外的交易对手对其在中国发行的结构化产品进行风险对冲。因此，很少有境内的结构化产品是以境内A股市场为标的物的。其原因在于这些机构在A股市场难以对产品的风险进行对冲，同时也在于A股市场的熊市阶段较为漫长，特别是2007年大盘高峰之后，漫漫熊市无尽头。股指期货上市之后，境内的商业银行逐渐开始挖掘结构化产品所能带来的价值，并逐渐掌握了为投资者提供A股期权产品的能力。然而，在2010年到2012年期间，境内银行所提供的结构化产品几乎都是场外交易的，其规模和范围也都比较窄，且受到来自原中国银监会比较严格的监管。监管方在结构化产品市场发展的过程中，更像一个观察者，而非提供明确信号来支持金融创新。

从2012年下半年开始，中国证监会发布政策允许银行和证券公司发行风险中性产品（Risk－Neutral Product），从此，境内机构的金融创新步伐开始加快。风险中性产品是有质押担保的，所以对发行人资产负债表的影响是比较低的。自此，结构化产品作为风险管理的工具逐渐获得了监管当局的认可和支持。除了这些政策性的因素之外，还有另外一个因素影响到境内的结构化产品市场的发展，那就是结构化产品的风险收益属性的改善。在这之前，中国境内的内资银行等金融机构通过发行理财产品来融入资金，这些理财产品通常具有较高的固定收益，以弥补其相对较低的信用等级带来的不足。随着市场的不断发展，结构化产品的卖方需要加强创新能力和运营能力，才能向投资者提供可持续的、优化的风险收益属性的产品，以满足投资者较为个性化、差异化的投资需求。

随着股票市场的逐渐复苏，以股票或股票价格指数为标的物的结构化产品将会越来越多。但是，从长期来看，风险厌恶的投资者投资结构化产品的主要诉求，仍然是本金保护。在中国的结构化产品市场中，个人投资者所占的比例是较高的，但是在未来，保险资产管理者将会成为一类重要的投资者。这是因为原中国保监会（CIRC）在 2012 年 10 月发布政策，放松了保险资产管理者使用衍生工具进行套期保值的政策限制，使其可以通过交易场外的期权和互换来管理资产组合中股权类资产的风险，或者锁定已盈利的金融资产所带来的利润。

目前，制约中国结构化产品市场发展的重要因素之一，是投资者教育的不足。大部分个人投资者能够选择的投资途径是很少的，股票市场吸纳了个人投资者投资资金的大部分。对于普通的个人投资者而言，结构化产品中的各式条款、各种类型的标的物以及复杂的收益结构都显得太过复杂。此外，2008 年金融危机以来，有些媒体的非专业、不完备的宣传使得结构化产品成为“风险”甚至“欺骗”的代名词。我们可以用人们习以为常的汽车来打个比方。汽车能提供便捷的运输服务，然而车祸经常发生。但是，车祸发生的原因并不在于汽车本身，因为车祸的背后是人。要么是制造厂商不负责任，要么是监管者不负责任，要么是司机不负责任。结构化产品也是如此，其能为投资者提供更加适当的资产管理工具，但在一定情况下也会带来损失风险。结构化产品仅仅是个工具，导致资产损失的原因是制造者、使用者或者监管者。因此，关于结构化产品的知识普及工作显得尤为重要。这是一个循序渐进的过程。从目前的情况来看，产品卖方需要做的，是使产品的结构尽量简单，才能易于获得投资者的理解、接受和监管者的认可。

第二章 结构化产品中嵌入的奇异期权

本章要点

为了满足投资者的多种不同需要，很多结构化产品中嵌入的期权并不是普通期权，而是形形色色的奇异期权。奇异期权是最具有生命力的金融工具之一，它的内涵和外延无时不处在变化和拓展当中。由于奇异期权的多样性，要对它们进行完全的描述是不可能的，我们只能介绍一些常见的奇异期权，尝试着对它们进行大致的分类。

一、什么是奇异期权？

在第一章中，我们从结构化产品标的物的角度将其划分为股权类、利率类、信用类、汇率类和商品类等类别。一般来说，无论什么类别，多数结构化产品中嵌入的期权可以是一些简单的普通期权（Vanilla Options，又被称为香草期权），也可以是一些复杂的奇异期权（Exotic Options，又被称为新型期权）。相对来说，普通期权更加为大家熟知，并不需要更多介绍。在此，我们通过介绍奇异期权和普通期权之间的异同，以及奇异期权的种类和结构，来了解什么是奇异期权。

普通期权的执行价格是确定的，或者执行时间也是相对清楚的，因此期权到期回报所依赖的不确定因素也就比较简单。如果执行价格不是某个时间确定的值，而是一段时间内标的物的平均价格，或是取决于期权有效期内标的物价格是否超过一定界限等情况，期权到期回报就不再那么简单。诸如此类的期权通常统统归类为奇异期权。

大多数的奇异期权都是在场外交易的，往往是金融机构根据客户的具体需求开发出来的，比如是在结构化产品中嵌入的，其灵活性和多样性是普通期权所不能比拟的。奇异期权是最具有生命力的金融工具之一，它的内涵和外延无时不处在变化和拓展当中，没有人能够说出究竟有多少种奇异期权，也没有人能够精确地对它们进行分类和完全描述。只要市场需要，奇异期权就会不断延展、不断衍生，过去或现在被称为奇异期权的，也正在成为进一步衍生的基础。

由于奇异期权的多样性，要对它们进行完全的描述是不可能的，我们只能介绍一些常见的奇异期权，对它们进行大致的分类。并且，因为影响期权回报的因素相对更加复杂，奇异期权的定价和风险管理往往也更加困难，奇异期权对模型设定正确与否的依赖性常常很强，合约中潜在的风险通常比较模糊，很容易导致非预期的损失，无论是用标的物进行风险管理还是用相应的期权进行风险管理（这种风险管理方法被称为静态保值），都需要很小心。

一般来说，影响期权回报的显性影响因素主要是标的物价格和到期期限，因此，奇异期权不同于普通期权之处主要在时间、标的物执行价格（空间）、期权回报与影响因素之间关系等几个方面。

（一）对普通期权的分拆和组合

最基本的奇异期权是对普通期权和其他一些金融资产的分拆和组合，从而得到我们所需要的回报。

分拆和组合的思想还可以用在为奇异期权定价上。通过对奇异期权到期回报的数学整理，常常可以把期权分成普通期权和其他金融资产的组合，从而大大简化期权定价过程。

（二）从价格的随机路径上发生变化

如果期权回报受到标的物价格所遵循路径的影响，这种奇异期权就具有路径依赖（Path Dependence）性质。根据标的物价格所遵循路径的影响，又可以分为弱式路径依赖（Weak Path Dependence）和强式路径依赖（Strong Path Dependence）两种。

如果期权价格会受到路径变量的影响，但是在期权定价的偏微分方程中并不需要增加新的独立路径依赖变量，就属于弱式路径依赖性质的期权。普通期权中的美式期权（或者更一般的具有提前执行特征的期权）就是一种弱式路径依赖型的期权。当期权到期时，期权持有者是否仍持有期权要看持有者是否已经执行了期权，或者说要看标的物价格遵循的路径，但是在定价模型中，我们并不需要增加独立的状态变量，因此美式期权路径依赖的特征是比较弱的。

导致弱式路径依赖的第二个最常见的原因是界限或障碍（Barrier）。当标的物价格在事先确定的时间内触及某个预先确定的界限水平时，界限期权（敲入或敲出期权）就可能被敲出（作废）或是敲入（生效）。这种期权显然是路径依赖的，但是因为仍然只需要解一个以标的物价格和时间为变量的偏微分方程，因此，它仍然只是弱式路径依赖的，通常也具有界限依赖（Barrier Dependence）性质。

强式路径依赖性质在奇异期权中相当常见。这些期权的回报除了取决于标的物的目前价格和时间之外，还取决于标的物价格路径的一些特征，也就是说，不能将期权价格简单写作 f（S，t），还需要获得标的物价格路径的更多信息。期权当前价格是期权此前价格、时间和至少再多一个独立变量的函数，相应的在期权定价的偏微分方程中也将增加期权价格对这些独立变量的导数。

在现实生活中存在着许多这样的期权合约，亚式期权是其中的典型范例，其回报要受到标的物在一定时间内价格平均值的影响。

（三）从执行时间和有效时间上发生变化

奇异期权的一种变化形式是在其他特征中加入时间依赖（Time Dependence）的特性。比如说美式期权只能在特定的一段时间之内提前执行就成为百慕大期权；界限期权中敲出期权的界限位置也可以随着时间而不同，每个月都可以设定一个比上个月更高的水平。或者可以想象一个敲出期权，其界限只在每个月的最后一星期有效。这些合约都可以被称作是时间上非均匀的（Time - Inhomogeneous）。这些变化使得期权合约更加丰富，也更符合客户和市场的特殊需求。

（四）从期权回报与影响因素之间关系上发生变化

期权回报与影响因素之间关系上发生的变化，可以从维数和阶数两个视角考察。维数（Dimensions）指的是基本的独立变量的个数。普通期权的回报有两个独立影响因素 S 和 t，即标的物价格及时间，因此是二维的。弱式路径依赖期权合约和那些除了不是路径依赖之外其他条件都与之完全相同的期权合约的维数相同，比如一个界限期权和与之相应的普通期权都只有两个变量，都是二维的。对于这些合约来说，标的物价格这个变量的作用和时间变量的作用是彼此不同的，因为在布莱克 - 斯科尔斯（Black - Scholes）方程中，包含了对标的物价格的二阶偏导而只有对时间的一阶偏导。

在两种情况下，会出现三维甚至多维。第一种情况出现在有其他风险源的时候，比如期权中有多个标的物。假设有一个期权，要取两种股票价格的最大值，这两种标的物都是随机的，每种都有自己的波动率，它们之间还有相关关系。在布莱克 - 斯科尔斯（Black - Scholes）方程中，将会出现对每种标的物价格的二阶偏导，我们把这称为存在 S_1 和 S_2 的扩散过程，这就出现了三维问题。

三维的第二种形式是强式路径依赖的合约。比如一种新的独立变量是路径依赖量（比如亚式期权中的价格平均数）的一个衡量，期权价值是依赖于这个量的。这样，期权价格方程中需要再增加新的变量，但这时期权价格对这个新变量的导数只是一阶的。这个新的变量看起来更像是一个时间一样的变量，这与多种标的物的情况显然是不同的。

奇异期权的阶数（Orders）指的是期权回报和价值取决于另一个（些）期权的价值。但这不仅是一种分类特征，还引入了建模的问题。普通期权是一阶的，其回报仅直接取决于标的物价格，其他的如路径依赖期权，如果路径变量直接影响期权价格的话，它也是一阶的。最典型的二阶期权的例子是复合期权。比如一个看涨期权给予持有者购买一个看跌期权的权利。复合期权在 t_1 时刻到期，而作为其自变量的那个标的期权则在更迟的一个时刻 t_2 到期。

从实际的角度来看，高阶期权的存在提出了一些重要的建模问题：复合期权的回报取决于标的期权的市场价值而非理论价值。但是，我们对两阶期权都要使用理论模型，这时高阶期权对模型正确与否就非常敏感，需要很小心地处理。

二、结构化产品中嵌入的界限依赖期权有哪些？

最重要的界限依赖期权是障碍期权。障碍期权（Barrier Options）是指期权的回报（Payoff）依赖于标的物的价格在一段特定时间内是否达到了某个特定的水平（临界值），这个临界值就被称为“障碍”水平。

障碍期权受欢迎的主要原因在于：它们通常比普通期权便宜，这对那些相信障碍水平不会（或会）被触及或突破的投资者很有吸引力。而且，购买者可以使用它们来为某些非常特定的具有类似性质的现金流保值。通常来说，购买者对于市场方向都有一定的预期，如果他相信标的物价格的上升运动在到期之前会有一定的限制，希望获得看涨期权的回报，但并不想为所有上升的可能性付款，那么他就可以去购买一份向上敲出期权。由于标的物价格上升运动受到限制，因此，这个期权的价格就会比相应的普通看涨期权价格便宜。如果他是对的，那么这个障碍水平并不会被触及或突破，他就可以得到他所想要的回报。障碍距离标的物价格现价越近，期权被敲出的可能性越大，合约就越便宜；相反，一个敲入期权将会被某个相信障碍水平将会实现的人购买，这时期权同样也会比相应的普通期权便宜。

（一）障碍期权的分类

通常有许多种不同的障碍期权在场外市场进行交易，它们一般可以归为两种类型：

1. 敲出障碍期权（Knock－Out Options）。当标的物价格达到一个特定的障碍水平时，该期权作废（即被“敲出”）；如果在规定时间内标的物价格并未触及障碍水平，则仍然是一个普通期权。

2. 敲入障碍期权（Knock－In Options）。正好与敲出期权相反，只有标的物价格在规定时间内达到障碍水平，该期权才得以生效（即被“敲入”），其回报与相应的普通期权相同；反之，该期权作废。

在此基础上，可以通过考察障碍水平与标的物初始价格的相对位置，进一步为障碍期权分类：

◆ 如果障碍水平高于初始价格，则我们把它称为向上期权。

◆ 如果障碍水平低于初始价格，则我们把它称为向下期权。

将以上分类进行组合，可以得到诸如：

◆ 向下敲出看涨期权（Down－And－Out Call）。

◆ 向下敲入看跌期权（Down－And－In Put）。

◆ 向上敲出看涨期权（Up－And－Out Call）等。

（二）障碍期权的变形

障碍期权推出初期，交易量不大，很少人能很熟练地为它们定价。但现在，障碍期权的市场容量急剧扩大，人们还根据市场需求对它们作了进一步的变形。现在，也许只有在以上这些基本的障碍期权之上增加了许多新的特殊交易条款的期权，才能被称为奇异期权。这些条款包括：

1. 障碍水平的时间依赖性。即随时间不同障碍水平将发生变化，比如障碍水平从某一个位置开始，逐渐上升。通常来说，障碍水平会是一个时间的分段常数函数（即在一段时间之内维持一个固定的水平，之后发生变化再维持另一个水平）。其中的极端例子是被保护或是部分障碍期权（Protected or Partial Barrier Options）。在这类期权中，障碍是间歇性的，在一段特定的时间内，障碍会完全消失。其中又可以分为两类：第一类是在障碍有效的时间内，只要标的物价格处于障碍水平之外，障碍条件就被引发；第二类则是只有标的物价格在有效时间内越过障碍，才被引发，如果价格已经位于障碍水平之外则不会引发。比如，巴黎期权是一种界限期权，其界限特征只有在标的物价格在界限值之外保持了预先要求的时间长度之后，才会被触发。

2. 双重障碍（Double Barrier）。期权条款中包含一个障碍上限和障碍下限。上限高于现价，而下限则低于现价。在一个双重敲出期权中，如果任何一个障碍水平被触及，期权就作废。在一个双重敲入期权中，规定时间内价格至少要达到其中一个障碍水平，期权才可有效。还可以想象其他的情况：一个障碍水平是敲入，而另一个则是敲出。到期时，这个合约可能是一个敲入或是敲出的期权的回报。

3. 多次触及障碍水平（Repeated Hitting of the Barrier）。双重障碍期权可以进一步变得更复杂：有一类期权要求在障碍条件被引发之前，两重障碍水平都要被触及。实际上当其中一个障碍水平第一次被触及，这个合约就变成了一个常规的障碍期权，因此，这种期权可以看成一个在较低的障碍水平上的向上期权和一个在较高水平上的向下期权之和。

4. 障碍水平的重新设定。这种期权被称为重设障碍期权（Reset Barrier）。当触及障碍水平的时候，合约变成另一个不同障碍水平的障碍期权。由于如果在规定时间之内障碍被触及的话，就会得到一个新的障碍期权；而如果在一定时间之后被触及，则仍然是常规期权。在此意义上，这类合约可以看作是依赖于时间的。

与这类合约相关的一类期权是上卷期权（Roll - Up）和下卷期权（Roll - Down）。这类期权开始时是普通期权，但如果标的物价格达到某一事先确定的水平，就变为一个障碍期权。比如，一个上卷看跌期权，如果上卷水平达到，合约就变成一个向上敲出看跌期权，上卷价格就是障碍看跌期权的执行价，相应的障碍水平则是事先确定好的。

5. 外部障碍期权（Outside Barrier Options）。外部障碍期权［或被称为彩虹障碍期权（Rainbow Barrier Option）］的回报特征取决于第二种标的物。这样这个期权中的障碍水平可能被一个标的物价格的变动触发，而期权的回报则取决于另一种标的物价格。这类产品显然属于多因素合约。这种障碍期权也被称为给定执行期权（Defined - Exercise Options）或交叉障碍期权（Cross - Barrier Options）。

6. 提前执行的可能性。除了以上对障碍的多种创新之外，还可以在障碍期权中加入美式提前执行的条款，这时合约中一定要列明如果合约提前执行的话，期权回报将如何计算。

7. 部分折扣（Rebate）。有时障碍期权合约中会规定，如果触及障碍水平，可以部分退款（折扣）。这常常发生在敲出期权的情况下，这时这部分退款可以看作是对失去的回报部分的缓冲。这部分退款可以在障碍被引发时或是到期时才支付。

（三）障碍期权的性质

从障碍期权的基本分析中可以看到，障碍期权是弱式路径依赖期权，它们的回报以及它们的价值要受到标的物到期前遵循的路径的影响。比如，一个向上敲出看涨期权在到期时同样支付 Max（S - X，0），除非在此之前标的物交易价格达到或超过障碍水平 H。在这个例子中，如果标的物价格到达这个价位（显然是从下面向上达到），那么该期权敲出。但是障碍期权路径依赖的性质是较弱的，因为我们只需要知道这个障碍是否被触发，而并不需要关于路径的其他任何信息。这和我们在后面将看到的那些强式路径依赖的期权，如亚式期权等是不同的。关于路径的信息不会成为定价模型中的一个新增独立变量，如果障碍水平没有被触发，障碍期权到期时的回报仍然和普通期权是相同的。因此，障碍期权属于弱式路径依赖。

（四）障碍期权的对冲

1. 静态对冲。实现对冲和风险管理是期权交易者非常重视的一个问题。对于奇异期权来说这个问题尤其重要，因为它往往比普通期权更难对冲。在障碍期权中，障碍水平的存在导致了期权中的 Δ（期权和资产的无套利组合中，期权价格变化对标的物价格变化的比率）是不连续的，这时继续运用 Δ 单位的标的物为其动态对冲就不可能了，而且对冲成本也非常高，这时往往需要运用静态对冲（Static Option Hedge）的方法。

所谓的静态对冲方法就是尽可能地用交易活跃的普通看涨和看跌期权来复制障碍期权价值。比如为向上敲出看涨期权空头对冲的一个常用方法是买进同样价格和到期日的看涨期权多头，如果期权敲出，则还有一个看涨期权多头可以弥补。在静态对冲中所用到的思路是：在边界条件上，构造那些普通期权组合的价值等于障碍期权的价值，从而为障碍期权对冲。如果在边界上两个组合的价值都相等的话，那么边界之内它们的价值也必然相等，所以只需要考虑边界条件就可以了。

这种对冲方法由于不需要进行频繁的再调整而被称为“静态”对冲，这使得它具有相当的优越性。对于许多无法用普通标的物实现对冲的衍生证券[①]，这是行之有效的一个对冲方法。

2. 反射对冲。下面给出另一种为障碍期权对冲的方法，这个方法建立在反射原理（Reflection Principle）和看涨看跌对称（Put - Call Symmetry）的基础上，很简单，效果却相当不错，但是只有在障碍水平和执行价格以正确的顺序排列的时候才有效。

最简单的看涨看跌对称关系就是期价平价公式，即：

$$c - p = S - Xe^{-r(T-t)}$$

假设我们目前拥有一个向下敲入看涨期权，并假设障碍水平 H 和执行价格 X 相等。现在用一个具有同样执行价格的普通看跌期权空头来为其对冲。如果触及障碍水平，则组合头寸价值为 $c - p$，其中第一项来自障碍期权，第二项来自普通期权。根据平价关系和 $H = X$，组合价值正好等于 $S - Xe^{-r(T-t)} = X\ (1 - e^{-r(T-t)})$。这是一个接近 0 的数。此时将两个期权平仓，就可实现对冲。

如果障碍水平没有触及，则两个期权到期时都没有价值。

在执行价格和障碍水平不同的情况下，如果 $H < X$，我们可以用 X/H 份执行价格为 H^2/X 的看跌期权来为这个向下敲入看涨期权对冲。因为如果标的物价格触及障碍

---

① 事实上，为奇异期权对冲的一个重要思路就是静态对冲法，这里以障碍期权为例介绍这一对冲方法，后面就不再重复介绍，其他的奇异期权也可以进行类似的应用。

水平，向下敲入看涨期权就是一个执行价格为 X 的普通看涨期权。如果利率为零，很容易从布莱克－斯科尔斯看涨和看跌期权公式中看到这个看涨期权的价格等于 X/H 份执行价格为 H^2/X 的看跌期权的价值。可以看到这个看涨期权的执行价格和看跌期权的执行价格的几何平均等于障碍水平。这就是反射原理：对冲看跌期权的执行价格是看涨期权执行价格相对于障碍水平的反射。当利率非零时，在这个对冲中有点误差，但也同样很小且容易管理。如果没有触及障碍线，两个期权到期都没有价值（因为看跌期权的执行价格低于障碍水平）。

但是如果 $H > X$，问题就复杂得多，就无法应用上述方法进行对冲了。

三、结构化产品中嵌入的路径依赖期权有哪些？

通常我们说的路径依赖期权是指强式路径依赖期权，主要包括亚式期权和回溯期权。

（一）亚式期权

亚式期权（Asian Options）是当今金融衍生工具市场上交易最为活跃的奇异期权之一。它最重要的特点在于：其到期回报依赖于标的物在一段特定时间（整个期权有效期或其中部分时段）内的平均价格。它属于强式路径依赖期权，因为这一平均价格将成为定价公式中的一个独立状态变量。

亚式期权受欢迎的一个重要原因在于：平均值的采用减少了波动，导致了它比一个类似的普通期权要便宜，而任何能降低期权合约前端费用的东西都会导致它们更受欢迎。同时，在许多情况下，在市场上寻求对冲的公司往往需要为它们在未来一段时间内连续平稳地可预测现金流进行对冲，这时持有一个合适的亚式期权可以对冲平均价格的风险，因此，亚式期权对那些不断进行的小额交易特别有用。有时，亚式期权所使用的是一段特定时期内的平均价格，往往可以满足投资者的特殊需求。例如有一类亚式期权被称为尾部亚式期权（Asian Tail），使用的是期权快到期之前一段时间内的标的物平均值，这对于那些到期时有固定的现金流出的交易者（比如养老金账户）就很有意义，可以避免到期前标的物价格突然波动带来的风险。

亚式期权的分类可以主要从两方面进行：哪个值取平均值？如何取平均？

首先，如果用平均值 I 取代到期标的物价格 S，我们就得到了平均资产价期权（Average Price Options），比如平均资产价看涨期权的到期回报为 Max（I－X，0）；如果用 I 取代执行价格，则得到平均执行价期权（Average Strike Options），平均执行价看涨期权的到期回报为 Max（S－I，0）。

其次，我们所使用的平均值主要可以分为两类：算术平均和几何平均。算术平均的一种形式可以表示如下：$I=\frac{1}{n}(S_1+S_2+\cdots+S_n)$，而几何平均一般可以用 $I=(S_1S_2S_3\cdots S_n)^{\frac{1}{n}}$，或者 $\ln I=\frac{1}{n}(\ln S_1+\ln S_2+\ln S_3+\cdots+\ln S_n)$来表示。除此之外，还有一种使用广泛的方法是指数加权平均，也就是说，它不像算术平均或几何平均那样给予每个价格以相等权重，而是最近的价格权重大于以前的价格权重，并以指数的形式下降。

事实上，在亚式期权中还有一个很重要的问题：在取平均值的时候使用的是连续还是离散方法。如果在一个有限的时间内取时间上非常接近的价格相加，我们计算的平均价格就会变成在这段平均期内的标的物价格（或是其某一函数）的积分值，这就给出了一个连续平均值。更一般的现实情况是，只取总体数据中的一部分可靠的数据点，一般取每天或确定日子的收盘价，这被称为离散平均。前面给出的平均值公式实际上都是离散形式的，相应的连续算术平均和连续几何平均公式分别可以写成：

$$I=\frac{1}{T_2-T_1}\int_{T_1}^{T_2}S(t)\,dt$$

和 $$I=\exp\left(\frac{1}{T_2-T_1}\int_{T_1}^{T_2}\ln S(t)\,dt\right)$$

其中，T_1 到 T_2 为取平均值的时间区间。

在以上分类中，一般来说，平均执行价期权、几何平均期权和连续平均期权更容易得到解析解。除此以外，亚式期权也有其他的一些变化，如计算平均值的时间可以具体不同，比如前述的尾部亚式期权，或者其中可以加入提早执行的美式条款等。这些变化对亚式期权定价的影响不如前三种分类的影响大。

（二）回溯期权

能在价格最高点卖出，或在最低点买进，是市场交易者梦寐以求的情形。回溯期权（Lookback Options）就提供了这样一种可能。回溯期权的回报依附于标的物在某个确定的时段（被称为回溯时段）中达到的最大或最小价格（又被称为回溯价，为了简便起见，后面只讨论最大价格的情形，最小价格可以类似推得）。就像亚式期权一样，根据是资产价还是执行价采用这个回溯价格，回溯期权可以分为：

1. 固定执行价期权（Fixed Strike）。除了回报中用回溯价 M 替代标的物价格 S，使其等于 Max（M－X，0）之外，其他都与相应的普通期权没有区别。

2. 浮动执行价期权（Floating Strike）。回报中回溯价替代的是执行价格 X 而非标的物价格 S，使其等于 Max（$M - S_T$，0）。[①] 从某种意义上说，浮动执行价期权的期权意义已经发生了一定的变化，因为它必然会被执行，只不过给予了持有者以最优回溯价执行的权利。

回溯期权，或者说回溯的特征，常常出现在市场上许多种类的合约中，尤其是固定收益类工具中，其中的利息支付取决于在确定时间内利率到达的最大水平。总的来说，回溯期权很适合那些对标的物价格波动幅度较有把握但是对到期价格把握不大的投资者，保证了持有者可以得到一段时期内的最优价格，因此期权费也相对昂贵。

（三）其他路径依赖期权

1. 非标准美式期权。标准美式期权在有效期内任何时间都可执行且执行价格总是相同的，非标准美式期权则对其作了一些改动：百慕大期权（Bermudan Options）只能在事先确定的时间内提前执行；公司发行的认股权证（Warrants）往往规定提前执行的时间段，而且执行价格也会有所不同。

2. 呐喊期权（Shout Options）。呐喊期权是一个普通欧式期权加上一个额外的特征：在整个期权有效期内，持有者可以向空头方“呐喊”一次。在期权到期时，期权持有者可以选择以下两种回报中的一种：一个普通欧式期权的回报；根据呐喊时刻的内在价值得到的回报。投资者当然选择其中较大者。

我们可以举一个看涨呐喊期权的例子来说明。假设一个看涨期权的执行价是 50 美元，持有者在标的物价格上升到 60 美元的时候呐喊了一次。如果到期时标的物价格低于 60 美元，投资者就可以获得 10 美元；如果到期时标的物价格高于 60 美元，就按到期价格计算多头的收益。

因此，呐喊期权实际上和回溯期权有点类似，但由于呐喊次数有限，相对要便宜一些。

3. 部分回溯期权。这种期权的回溯时段只是期权有效期的一部分，而不再是整个有效期，这样期权价格会有所下降。对于那些认为标的物价格只可能在一段时间内发生有利变化的投资者来说，是很有吸引力的。

4. 俄式期权。这是一种永远不会到期的美式回溯期权，期权持有者可以选择任意时刻执行，执行时收到标的物价格的历史最大值（这时回溯时段是整个历史）。

5. 梯子期权。一种离散取样的回溯期权，但离散取样的是标的物价格而非时间，假设设定的价格梯子是 5 美元，10 美元……55 美元，60 美元……如果回溯期内标的物价格的最大值是 58 美元，则使用 55 美元作为计算回报的最大值。

---

① 显然这是看跌期权。

6. 回溯—亚式期权。这种期权的价值受到多个路径依赖变量的影响，是回溯期权和亚式期权的结合。

四、结构化产品中嵌入的多因素期权有哪些?

影响期权价格的多因素可以从维度和阶数两个视角看。前者以多资产期权为主，包括彩虹期权、资产交换期权、一篮子资产期权等；后者则包括复合期权和选择者期权等。

（一）多资产期权

多资产期权（Multi - Asset Options）中往往包含两个或两个以上标的物，这就带来了多维的概念，比如两个标的物是三维的。在三维或多维概念下，必须考虑标的物之间的相关关系，相应地产生了 Ito 引理和布莱克 - 斯科尔斯模型在多维世界中的扩展。

多资产期权又存在多种变形，下面主要介绍其中的两种：彩虹期权和资产交换期权。

1. 彩虹期权（Rainbow Options）。彩虹期权是指标的物有两种以上的期权，比如篮子期权（Basket Options）。篮子期权的回报取决于一篮子资产的价值。这些资产包括单个股票、股票指数或是外汇等。篮子期权的价值可以在高维的布莱克 - 斯科尔斯框架中得到解释。

2. 资产交换期权（Exchange Options）。资产交换期权是另一种常见的多资产期权，可以有多种形式：比如对于一个美国投资者而言，用澳元购买日元的期权就是用一种外币资产交换另一种外币资产的期权；股权收购（Stock Tender Offer），则可以看成是用一个公司的股份换取另一个公司股份的期权。

（二）复合期权和选择者期权

复合期权（Compounded Options）和选择者期权（Chooser Options）都是期权的期权，即二阶期权，因此我们放在一起介绍。

1. 复合期权。复合期权在 t_0 时刻给予持有者一个在特定时间 $t_1 > t_0$ 以特定价格买卖另一个期权的权利，后面这个标的期权将在 $t_2 > t_1 > t_0$ 时刻到期。复合期权是二阶期权，因为复合期权给了我们对另一个衍生工具的权利。

2. 选择者期权。选择者期权类似于复合期权，其特征在于，持有者可以在特定时间 $t_1 > t_0$ 以特定价格选择一个进一步的期权：持有者可以选择购买一个看涨期权或是购买一个看跌期权。显然，我们可以像为复合期权定价一样，为选择者期权中的三个期权分别定价。

五、结构化产品中嵌入的修正回报期权有哪些？

奇异期权的回报与影响因素之间的关系可能不像普通期权那样简单，可以是投资需要的任何一种关系。比较常见的形式是期权回报在特定的区间内为常数，比如两值期权；还有一些期权回报修正的方式是附加上一些其他条件，比如远期生效等。

（一）两值期权

两值期权（Binary Options）也是一种基本期权，其到期回报是不连续的。其中，一种是现金或无价值看涨期权（Cash - Or - Nothing Call）。到期日时，如果标的物价格低于执行价格，该期权没有价值；如果高于执行价格，则该期权支付一个固定的数额 Q。期权到期时价格超过执行价格的概率为 $N(d_2)$，因此现金或无价值看涨期权的价值就是 $Qe^{-r(T-t)}N(d_2)$；相应，现金或无价值看跌期权的价值是 $Qe^{-r(T-t)}N(-d_2)$。

另一种两值期权是资产或无价值看涨期权（Asset - Or - Nothing Call）。如果标的物价格在到期日时低于执行价格，则该期权没有价值；如果高于执行价格，则该期权支付一个等于标的物价格本身的款额。这种资产或无价值看涨期权的价值就是 $Se^{-q(T-t)}N(d_1)$。类似地，资产或无价值看跌期权的价值就是 $Se^{-q(T-t)}N(-d_1)$。

（二）远期开始期权

顾名思义，远期开始期权（Forward Start Options）是现在支付期权费而在未来某时刻才开始的期权。我们在 t_0 时刻购买了期权，但执行价格需要到期权启动时刻 t_1 才得知，即为当时的标的物价格 S_1，而该期权将在 $t_2 > t_1 > t_0$ 时刻到期。

（三）打包期权和延迟支付期权

所谓打包期权（Packages）是指由普通的欧式期权、远期合约、现金和标的物等构成的证券组合，牛市差价、熊市差价、蝶式差价、跨式期权等属于打包期权的范围。打包期权的经济意义在于可以利用这些金融工具之间的关系，组合成符合需要的投资工具。最常见的打包期权是具有零初始成本的期权组合。比如一个远期多头、一个看跌期权多头和一个看涨期权空头组合，其回报状态与牛市价差期权相似，如果选择看跌期权价值等于看涨期权价值的执行价格，就可以实现零前端费用。

另一种可以实现零初始成本的期权是延迟支付期权（Deferred Payment Options），

其原理很简单：目前不支付期权价格，到期时支付期权价格的终值。执行价格等于相应资产的远期价格时，这类延迟支付期权又被称为不完全远期、波士顿期权、可选退出的远期、可撤销远期。

第三章　结构化产品的定价与风险评估

本章要点

> 无论是结构化产品的买方还是卖方，都应该理解结构化产品的定价方法和风险评估方法。买方将结构化产品作为其资产组合的一部分，需要明确该产品如何定价；卖方为了有效地管理和对冲结构化产品的风险，也需要掌握结构化产品的定价。结构化产品的定价方法集中体现了无套利定价理论的基本内涵。然而，结构化产品作为现代金融市场中越来越重要的一类资产，其定价方法又涉及一些特殊问题，这是本章的主要内容。在结构化产品的风险评估方面，我们可以使用的方法与其他证券资产的风险评估方法类似，当然也涉及一些特殊问题。

一、结构化产品定价的一般原理是什么?

给结构化产品定价应当遵循的基本原则是无套利原则。无套利原则是所有金融衍生工具定价理论的基础，结构化产品的定价也不例外。所谓无套利原则，通俗地讲是指金融市场中的各个金融产品的价格在变化时，必须要保证市场中不会出现长期持续的套利机会。什么是套利机会？在未来不确定的情况下，当两个金融产品在未来的所有可能状态中都具有相同的价值，那么这两个产品在当下的价格必须相等。如果不相等，就产生套利机会。当然，这里的金融产品不单单指某一个在市场上交易的资产，也包括多个资产组成的组合。

根据结构化产品的含义，结构化产品通常就是两个或两个以上的金融产品构成的一个资产组合。组合中包含的资产基本上可以分成两大类型：一类是具有固定利率或者浮动利率的固定收益证券；另外一类就是金融衍生工具。结构化产品中嵌入的金融衍生工具可以是具有线性收益特征的远期合约，也可以是具有非线性收益特征的期权合约。从以往的市场数据来看，嵌入期权合约的结构化产品数量居多，而且期权的类型是多种多样的，既有普通期权，也有奇异期权。

既然结构化产品是由固定收益证券和金融衍生工具组合而成的，那么该结构化产品在未来的价值应该与组合中的固定收益证券的未来价值和金融衍生工具未来价值的总和相一致。因此，根据无套利原则，结构化产品在当前的价格就应该与组合中固定收益证券的价格和金融衍生工具的价格的总和相一致。当然，这里的相一致并非完全相等，因为有些结构化产品具有参与率条款，该条款影响到嵌入的金融衍生工具的价值对结构化产品价值的贡献比率。简而言之，结构化产品的定价问题，基本上可以分解成为固定收益证券的定价和金融衍生工具的定价。

（一）固定收益证券的定价

结构化产品中的固定收益证券部分的定价，要用到常用的固定收益证券定价技术，例如内部收益率或者到期收益率等。具体而言，固定收益证券的价格等于未来现金流的贴现值的总和，公式如下：

$$P = \sum_{i=1}^{n} \frac{C_i}{(1+r_i)^i} + \frac{F}{(1+r_n)^n}$$

其中的 C_i 表示 i 时刻固定收益证券支付的利息，F 表示固定收益证券的面值，r_i 表示与期限相应的年化贴现率。有些结构化产品中的固定收益证券是零息债券。零息债券在存续期间不支付利息，在到期时支付与面值相等的货币。将零息债券的未来现金流贴现到期初后，其价格通常小于面值。因此，零息债券通常是折价发行的，折价的幅度反映了发行当时的市场利率水平。

在固定收益证券的定价中，利率是一个重要的影响因素。由于固定收益证券产生的利息可能发生在不同时期，有的发生时间比较近，有的比较远，因此，对于发生时间不同的利息，如何选择相应的贴现率，这是一个重要的问题。在实践中，不同期限所对应的即期利率通常是有差别的。利率与期限形成的对应关系就是所谓利率期限结构。例如，目前市场上 1 年期定期存款的利率是 3.2%，2 年期定期存款的利率是 3.6%，3 年期定期存款的利率是 3.9%，5 年期定期存款的利率是 4.3%。这就是一个利率期限结构。随着经济形势和政策的变化，利率期限结构会发生变化，进而影响到固定收益证券的价格。

除了利率之外，另外一个影响固定收益证券定价的因素就是该证券发行人的信用等级。换言之，发行人违约的概率会影响到固定收益证券的价格。国债的发行人是一国的政府，其信用等级通常是比较高的，即违约的概率很低。普通企业发行的企业债，其信用等级就有比较大的差别，有的评级高，也有的评级低。发行人违约会影响到投资者的最终收益，是投资固定收益证券的风险的一部分。既然有风险，就要反映在价格上。投资者承担了一定的风险，就会要求获得相应的预期收益。在实践中，发行人信用等级的高低通常反映在其发行的固定收益证券的贴现利率上。也就是说，如果发行人的信用级别较低，那么投资者要求的贴现率就比较高；反之，如果发行人的信用级别较高，那么在其他条件相同的情况下，投资者要求的贴现率就比较低。因此，在给特定的结构化产品中的固定收益证券定价时，要考虑到该结构化产品发行人的信用级别对贴现率的影响。

（二）金融衍生工具的定价

结构化产品中嵌入的远期合约的定价是比较简单的。常规的做法是采用持有成本模型，即合约的远期价格等于即期价格与持有成本的总和。期权合约的定价则比较复杂。如果结构化产品中嵌入的期权合约是普通（Plain Vanilla）的欧式期权，则其定价比较简单。我们可以在布莱克－斯科尔斯期权定价公式的基础上做一些微调即可。例如，股票价格指数期权的标的物是股票价格指数，而该指数通常会因为成分股的红利发放而做一些调整，这相当于该指数本身也产生红利。因此，在用布莱克－斯科尔斯期权定价公式来给该期权定价时，需要针对红利发放做出调整。调整的方式有两种：一种是以离散的方式对待红利的发放；另一种是把红利的发放看成是连续的。在后一种情况下，布莱克－斯科尔斯期权定价公式就应该改写为：

$$C_t = S_t N(d_1) - Ke^{-r(T-t)} N(d_2)$$

$$P_t = Ke^{-r(T-t)} N(-d_2) - S_t N(-d_1)$$

$$d_1 = \frac{\ln(S_t/K) + (r - q + \sigma^2/2)(T-t)}{\sigma\sqrt{T-t}}$$

$$d_2 = d_1 - \sigma\sqrt{T-t}$$

其中，C 和 P 分别表示欧式看涨期权和看跌期权的价格，q 是连续化的红利发放率。可以看到，布莱克－斯科尔斯期权定价公式对红利发放的调整是比较简单的。对于离散发放的红利，布莱克－斯科尔斯期权定价公式的调整也比较简单，读者可以参考相关文献。[①]

结构化产品嵌入的期权的标的物是多种多样的，除了股票和股票价格指数之外，

---

① 例如 John Hull. *Options: Futures and Other Derivatives.*

还包括利率、汇率以及大宗商品等。针对不同的标的物，期权定价方法要做一定的调整。Duffie（2001）为期权定价给出了统一的框架，用偏微分方程的形式给出期权定价公式，其中的每个风险源（包括标的物）对应于方程中的一个变量。因此，该框架广泛适用于有不同标的物的期权定价，也适用于有多个标的物的期权定价。该定价框架可以被视为布莱克－斯科尔斯期权定价方法的扩展。为了求解该框架中给出的偏微分方程，我们可能需要用到多种方法。如果能得到解析解（Analytical Solution），那就最好不过了。然而，在大多数情况下无法得到解析解，而是需要借助各种数值方法，如有限差分方法或者蒙特卡洛模拟。针对结构化产品嵌入的奇异期权的定价，数值方法的使用更为广泛，也更为适用。例如，蒙特卡洛模拟虽然比较繁琐和粗糙，但是如果期权受到三个以上风险源影响的时候，蒙特卡洛模拟几乎成为唯一适用的方法。

总而言之，结构化产品定价的基本方法分为三个步骤：一是识别出结构化产品有哪些组成部分；二是对其中的组成部分进行分别定价；三是对各个组成部分的价格进行加总，得到结构化产品的理论价格。无论是在发行定价中，还是在二级市场定价中，上述定价方法都是适用的。

然而，遵循这样的方法得到的理论价格，很可能低估了结构化产品的价格，因为结构化产品的定价还涉及一些特殊的问题。

二、结构化产品定价的特殊问题是什么？

结构化产品的定价并非是将其嵌入的各个组成部分的价值加总那么简单。其中涉及的一些特殊问题会影响到结构化产品的定价。这些特殊问题主要包括四个方面。

第一，结构化产品的定价要反映产品中嵌入的各个组成部分的价值之间所具有的相关性。结构化产品中的固定收益证券的价值受到市场利率波动的影响，而嵌入的期权等衍生工具的价值则受到标的物价格变动以及波动率等因素的影响。因此，驱动结构化产品价格变动的风险因素至少有两个，甚至更多。这些风险因素之间通常存在一定的相关关系。例如，对于以某个大宗商品为标的物的结构化产品而言，该商品价格的变动就有可能与利率的变动有一定关联性。此相关性存在的基本道理是：大宗商品价格的变化会影响到国民经济中众多消费品的价格变化，从而影响到总体的物价指数；物价指数变动之后，市场化的利率通常也会跟着变动。在实际情况中，各个风险因素之间的相关性可能是正的，也可能是负的。

因此，单一的风险因素的变化对结构化产品价值的影响就有两种情况：要么是同时驱使固定收益证券部分和衍生工具部分的价值都向同一个方向变化，要么是驱使这两个部分的价值向相反方向变化。换句话说就是，在风险因素变动之后，结构化产品的价值可能会出现明显变化，也有可能因为嵌入的各个部分的价值对冲而没有发生明显变化。

在实际中，结构化产品的定价对这个相关性的反映似乎不显著，这可能是因为结构化产品的期限比较短。期限较长的话，风险因素之间的相关性有足够的时间来传导，因此，期限较长的产品在定价时要注意到相关性的存在及其影响。

第二，对结构化产品中的各个组成部分进行分别交易的能力是影响结构化产品定价的一种重要因素。如果结构化产品的各个组成部分可以简便地进行独立交易，那就相当于可以简便地构造出该结构化产品。发行人发行结构化产品之后，通常需要对产品中的风险做对冲交易。对冲操作的效率在很大程度上依赖于该结构化产品在多大程度上能被分解，并对其中的组成部分进行交易。

若能便捷地对结构化产品中的各个组成部分分别进行交易，那么结构化产品的价格波动就有一定的约束区间。具体而言，结构化产品的价格应该不低于其组成部分的价值总和。如果结构化产品的价格突破了该价格区间，套利者就可以通过逆向工程而构造出在未来收益方面与该结构化产品相一致的套利组合，并进行套利操作，最终使得结构化产品的价格回归合理的区间。组成结构化产品的固定收益证券和金融衍生工具通常是一些普通的产品，其二级市场有一定的流动性。这有助于套利操作的实施。成功的套利操作通常需要以比较大的规模买卖结构化产品，这在一定程度上也促进了结构化产品二级市场流动性的改善。反之，如果结构化产品的组成部分在单独交易时受到比较多的限制，那么结构化产品的定价就会面临一定的困难。

第三，发行人带来的信用增强效果提高了结构化产品的价格。理想的结构化产品应该能够实现市场风险和信用风险的完美分离。这里的市场风险就是金融市场中的变量，如标的物价格、波动率等对结构化产品价值的影响。信用风险指的是产品发行人无法按时向投资者支付结构化产品要求的现金流。结构化产品的价值通常受到金融市场中的多个变量（各种不同的风险源）的影响，它们的影响方式和程度都是各自不同的，并通常体现在该产品的结构定义中。例如，一个商品联结票据的价值不仅会受到利率变动的影响，也会受到相应的商品价格的影响。利率变动将会影响到该票据中的固定收益证券部分的价值，而商品价格的波动则影响到该票据嵌入的商品期权的价值。投资者之所以愿意承担该市场风险，一方面，可能是投资者对相应的市场变量有比较深入的研究，对其未来走势有较为准确的把握；另一方面，可能是该市场风险与投资者所持有的其他资产组合形成一定的配合或对冲关系，使投资者资产获得比较好的配置。与此相应，投资者通常不愿意承担发行人的信用风险。因此，好的结构化产品要能有效地分离市场风险和信用风险。这就提出两个要求：一是结构化产品的发行人通常应是具有比较高信用等级的机构，从而使产品的信用风险溢价比较低甚至可以忽略；二是高信用等级的发行人发行某一款结构化产品，相当于提高了该结构化产品的信用等级，即所谓的信用增强。发行人提供了信用增强，就要索取一定的回报。这个回报通常体现在结构化产品的价格上。也就是说，结构化产品的价格除了包含其各个组成部分的价值之外，还要包括发行人提供信用增强而要求的回报。

第四，结构化产品卖方为投资者提供了金融服务，从而要收取一定的费用。这个费用通常反映在投资者买卖结构化产品的价格上。结构化产品的卖方包括产品的创设者和发行人。创设者经过对投资者需求的深入调查、对金融市场的深刻理解以及对金融工程技术的娴熟把握，才能创设出较为成功的、有价值的产品，即满足投资者需求、优化投资者资产配置的产品。这样，创设者就为投资者提供了有价值的服务，并要收取一定的报酬。

对发行人而言，其在结构化产品业务中的风险管理能力是其获取收益的根本。发行人发行了结构化产品之后，通常要根据产品的特征而在相应的金融市场中实施对冲交易等风险管理行为。[①] 针对一些客制化程度较高的产品，相应的风险管理工作就更复杂。比如说，对一款保本股权联结票据（Guaranteed Equity Bond，GEB），风险管理的难点就是对冲掉其嵌入的一个股票看涨期权的风险。如果客户要求的产品期限是5年，那么这种情况下的风险管理就更难，因为在具有一定的流动性的金融市场中几乎没有5年的期权，发行人根本无法通过购买该期权来对冲掉风险。这时，发行人通常需要在金融市场中买入期限较短的期权，并且根据市场情况变化而动态调整该期权的头寸；如果没有相应的期权，发行人可能还得要在相应的期货合约上进行操作，才能将该GEB的期权风险对冲掉。头寸的调整至关重要。由于GEB的期限很长，标的物的波动率和市场利率都成为不可忽略的风险源，这使得常规的期权定价方法可能不太适用，发行人需要寻找更准确的方法。

发行人还可能为投资者提供做市服务。虽然没有明文规定，但是结构化产品的发行人在发行产品的同时，也扮演产品做市商的角色，有时甚至还是唯一的做市商。一个产品有了做市商的参与，投资者在交易产品时就有了比较好的市场流动性作为支撑，从而比较愿意接受这样的产品。当然，结构化产品的发行人和做市商同为一个机构的话，产品的透明性以及市场竞争都缺乏，这通常会让人们怀疑产品的价格对投资者而言是否公平。然而，毋庸置疑的是，投资者通过做市商进行产品投资时，要承担一定的交易成本。经验法则告诉我们，结构化产品越复杂，交易成本越高。

总的来说，发行人提供了专业的风险管理手段以及做市服务，从而也需要获取一定的回报。这部分回报通常也反映在结构化产品的价格上。

以上四方面问题，是市场参与者给结构化产品定价时必然要考虑的问题。

---

① 有些情况下，发行人所发行的结构化产品与发行人的其他资产形成一定的对冲关系，这样，发行人可能就不需要做进一步的对冲操作了。当然，随着金融市场的变化，以上的对冲关系可能出现动摇，风险超过警戒线，促使发行人做出相应的操作。总之，发行人发行结构化产品之后，相应的风险管理成为后续工作的重点。

三、创设者和发行人在确定结构化产品初始价格时应该注意哪些问题？

结构化产品定价的初始阶段包括产品的创设阶段和发行阶段。在这个阶段，无论是投资者，还是发行人以及产品创设者，都会对产品的定价施加一定的影响。

投资者风险偏好和投资要求决定了结构化产品业务的重要参数，包括发行人的信用等级、市场风险因素（投资者想要交易的市场变量以及相应的交易头寸）以及风险参数（例如，针对利息或者本金是否有保本条款、最低收入要求、风险敞口持续的时间等）。只有根据投资者的需求和偏好设计出来的产品，才能在最大程度上获得投资者的认可。因此，可以说投资者的特征确定了结构化产品的特征，从而在根本上确定了结构化产品的定价。

结构化产品的发行人也会影响到结构化产品的初始价格。通过发行结构化产品，发行人相当于融入了资金。所以，对发行人而言，发行结构化产品实际上相当于一项融资。这时，融资成本就成为一个主要的考虑因素。发行人只有在合理的融资成本的条件下，才有意愿去发行结构化产品。融资成本的一个重要影响因素，是发行人给产品提供的信用增强效应。发行人的融资成本是比较难以科学设定的，发行人通常会根据市场情况的变化而调整资产组合，例如市场利率比较低时，发行人可能会通过发新债还旧债，将原来票面息率较高的融资工具转换为票面息率较低的融资工具。这里的票面息率高低的标准的界定，是基于市场资金的供应以及发行人面临的融资需求而定的。对一个典型的结构化产品而言，发行人首先要识别出基本的融资成本，通常就是与产品期限相一致的浮动利率票据的利率。下一步，发行人要识别出该结构化产品的风险，例如标的物的波动率、各个参数之间的相关性等。结构化产品的风险会在一定程度上影响到发行人的信用评级，所以发行人必须慎重对待。最后，发行人确定的融资成本应该是对基本融资成本进行风险调整后的最终值。

结构化产品的创设者通常由投资银行、证券公司等金融机构承担，其主要工作就是根据投资者和发行人的要求创设出合适的结构化产品。产品的创设是受到一定的限制的。首先，对冲交易的成本必须反映在产品的价格当中；其次，创设者提供的创设、对冲以及持续的风险和资本管理服务所对应的成本也要反映到价格当中。

【案例 3－1】 区间浮动利率票据（Collared FRN）的发行定价

本案例延续了第一章“结构化产品的真实例子”中的案例。该区间浮动利率票据的潜在发行人是一个具有 AA 信用评级的金融机构，该机构愿意承担该票据的发行责任，前提是该票据的创设者与发行人签订合约并承诺将该票据中的两个期权的风险完全对冲掉，从而使发行人不承担来自期权的风险。此外，发行人发行该票据的融资成本应该在一个可接受的范围内。

前文已经说明，区间浮动利率票据由以下三个基本组成部分构成：

◆ 本金1亿美元的次级浮动利率票据，由发行人发行，利率参考美元LIBOR。

◆ 以6月期美元LIBOR为标的物、执行价为10%的利率封顶期权，投资者作为该期权的卖出方，发行人作为买入方。

◆ 以3月期美元LIBOR为标的物、执行价为5%的利率封底期权，投资者作为该期权的买入方，发行人作为卖出方。

该区间浮动利率票据的发行是非公开的，相关的发行程序和要求可参考中期票据发行条例（Medium Term Note Program）。该票据只针对3到4个投资者发行，这些投资者对其比较感兴趣。票据发行人通过对冲而将票据中期权的风险完全转移给了票据的创设者。具体而言，创设者将向发行人卖出利率封底期权，并从发行人那里买入利率封顶期权。

区间浮动利率票据的定价首先要反映其包含的浮动利率票据以及两个利率期权的价值。除此之外，还要识别出发行人的融资成本目标以及创设者为发行人提供风险对冲交易服务而收取的费用。

假设当时的市场中交易的浮动利率票据和利率封顶期权、利率封底期权的价格分别如下：

◆ 次级浮动利率票据交易的价格在LIBOR+0.25% pa。[①]

◆ 利率封顶期权的价格是2.88%（统一利率，Flat Rate）。

◆ 利率封底期权的价格是1.64%（统一利率，Flat Rate）。[②]

在这种情况下，应该怎么定价才比较合理呢？由于次级浮动利率票据的价格是在LIBOR+0.25% pa，即LIBOR加25个基点pa，且投资者卖了价格稍高的封顶期权，而买了价格较低的封底期权。因此，投资者认可的价格应该低于LIBOR加25个基点pa。这里假设投资者投资该产品的价格是LIBOR加6.25个基点pa。这个情况下，发行人是否满意呢？假设发行人的融资成本目标是LIBOR减6.25个基点pa，因此，发行人若发行该产品，则实际的融资成本就要比目标成本高出12.5个基点pa。按照当时的市场利率水平，10年期的利率是7.1% pa（每半年付息），则12.5个基点pa的现值相当于88个基点。发行人与创设者通过协商而把期权风险从发行人的资产组合中剥离，这相当于124个基点的收入（卖出封顶期权的收益减去买入封底期权的支出再

---

① pa表示per annual，即“每年”。

② 利率封顶期权和利率封底期权的价格均是基于布莱克－斯科尔斯期权定价公式计算出来的，其中标的物的价格就是6月期LIBOR利率，波动率分别是14%（封底期权）和13%（封顶）。不同的波动率水平是产品创设者买卖价差的反映，即在该交易中，创设者将向发行人卖出利率封底期权，并从发行人那里买入利率封顶期权。

进行折现)。因此，期权风险剥离的收入124个基点完全能够覆盖发行人融资成本所增加的88个基点。差额的36个基点可以作为产品创设者的产品费率，也可以作为产品创设者由于促成这一笔交易而获得的收入。

从上可以看出，投资者获得了一个成本相对较低的投资机会，发行人以自己满意的成本获得了一笔规模较大的融资，而创设者则因为创设产品和风险管理而获得了较为可观的收入。

四、结构化产品在二级市场买卖时如何合理定价?

结构化产品在二级市场中的交易是指在该产品首次发行之后到产品到期之前这一段时间内的交易。结构化产品的二级市场价格通常是由做市商来发布，包括产品的买价和卖价。做市商的角色由投资银行或者证券公司等经纪商来扮演；当然也有部分商业银行既作为产品的发行人，也承担做市商的角色。在这个环境中为结构化产品定价，需以二级市场交易发生时结构化产品价值的确定为基础。在二级市场中，有多个交易驱动机制可以为结构化产品定价。

(一) 将结构化产品视为单一的证券，经过做市商与投资者之间的交易来定价

在这种情况下，结构化产品将被作为一个整体而由投资者进行交易。因此，交易时确定的价格反映了投资者最终愿意为该产品支付的最高价格。把结构化产品视作一个整体来定价，要求做市商对投资者做出报价。做市商通常是不愿意承担结构化产品的风险的，做市商通常只关心买卖价差，这是提供做市服务而获得的收益。因此，做市商是基于卖价而报出买价的，做市商会调整该卖价，直至它低到使做市商能尽快地将买入的结构化产品卖出去。当然，这个过程中做市商面对的买家和卖家通常不是同一个人或同一个机构。

在这样的定价机制中，关键的一点是在交易过程中不需要对结构化产品进行额外的处理（如将产品中衍生工具部分分离或者对该产品进行重新包装）。在实践中，将结构化产品当作一个整体来进行定价，这只在有限的情形下才能实现。例如，在区间浮动利率票据发行后的初期阶段，二级市场的交易是比较活跃的，表现为较高的市场流动性和比较近的买卖价格。但是，当二级市场流动性不足时，做市商在买入结构化产品之后，难以找到买家，从而需要将产品分解并进行对冲，这时的定价机制就不一样了。

(二) 发行人的回购可以为结构化产品定价

发行人之所以进行产品回购，是有以下两个方面的考虑：一是通过回购并进行资

产互换而获得较为可观的套利收益；二是通过回购操作为投资者提供流动性，同时维持该产品二级市场的稳定有序，这样的回购操作产生的利润是很低的，甚至没有利润。无论是哪种情况下的回购，发行人在回购之后通常都要对产品中嵌入的金融产品进行对冲操作。

基于发行人回购操作的定价应该考虑信用增加的影响。前文提到过，高信用等级的发行人发行结构化产品时，对该产品的信用级别有一定的增强作用，从而使得产品的价格有一定程度的提高。在发行人回购过程中，信用增强效应再也不需要了，因此，发行人回购时可以接受的价格不应该考虑信用增强效应。

（三）基于资产互换的结构化产品定价

这种定价机制实际上是将结构化产品分解成其各个组成部分。在此分拆的基础上，剥离掉产品的衍生工具部分，从而得到一个具有固定利率或者浮动利率的、与传统的债券比较类似的产品，然后再将其卖给那些寻求传统的投资工具的投资者。这相当于一个重新包装的过程。这个过程中的定价要考虑两个因素：一个是结构化产品中嵌入的衍生工具在重新包装时的价值；另一个是投资者对重新包装后的产品所要求的回报率。其中，投资者所要求的回报率通常要高于该重新组装产品的替代产品。其原因有以下两个方面：一是产品的复杂性（需要用金融工程的手段将原产品中的衍生工具风险对冲掉）；二是为了剥离衍生工具的风险，需要进入金融衍生工具市场进行相应的交易，这就需要付出一定的资本，符合一定的信用条件。

在理论上，以上三种定价机制得出来的结构化产品价格应该是一致的。但是，在实践中，三个机制得出来的价格通常存在显著的差异。通常情况下，第一种交易中的价格是比较高的，第二种次之，第三种最低。其原因有多方面，包括市场细分、买卖各方用于价格评估的参数存在差异、最低交易量不匹配以及到期时间不匹配等。这些因素都会影响到特定产品的供给和需求以及市场出清价格。

在实际的市场中，除了以上三个交易机制影响二级市场定价之外，还有其他的因素也能影响到结构化产品的二级市场价格。例如，发行人的信用评级发生变化之后，就有可能影响到其所发行的结构化产品的价格。此外，结构化产品的期限也能影响其定价。通常而言，结构化产品的剩余期限越短，其二级市场的价格就相对较低，其原因一方面是投资者的要求和偏好，另一方面则是复制该产品的交易成本比较低。

五、结构化产品的风险评估流程和评估方法是怎样的？

评估结构化产品风险的第一个步骤，就是从投资者的角度来识别该结构化产品自身所具有的风险—收益特征。具体而言，评估的内容包括产品的市场风险、现金流风险和流动性风险。

然而，评估结构化产品的风险，并不仅仅是评估单个产品的风险—收益特征，同样重要的工作是从资产组合管理的角度，评估某个结构化产品在加入投资者的资产组合之后所带来的影响以及资产组合的最终表现。此外，根据投资者投资结构化产品的方法不同，评估时的着重点也有一定的差异。具体而言，投资者投资结构化产品，是准备持有到期，还是短线频繁地交易呢？在这两种不同情况下，风险评估的关注点是有一定差别的。

在评估结构化产品的过程中，应该确保结构化产品风险的评估符合一定的框架，使得在该框架下不同产品的风险都能一致地融合到投资者的总体资产组合管理过程。

评估结构化产品风险的技术类似于那些用在固定收益证券组合投资管理的技术，包括久期分析、市场价格敏感性分析以及情景分析（模拟分析）。其中，久期分析用于测度结构化产品的利率风险；市场价格敏感性分析用于衡量产品价格对主要的定价参数的敏感性；而情景分析则分两种，一种是不考虑随机性，考察在特定的较为极端的情境下产品的价格表现，另一种是考虑随机性，即在分析各种情景的时候同时分析各种情景发生的概率。下面将对这三种风险分析方法作进一步说明。

（一）久期分析

久期的概念（包括修正久期）常常被用来度量一个利率相关的证券或者现金流组合的价值对利率的敏感性。

在用久期作为结构化产品风险度量的时候，要特别注意根据该产品标的物的性质来调整久期的运用方式，在有些情况下要将久期分析扩展到多个利率变量中。具体而言，因为结构化产品通常由普通的固定收益证券和金融衍生工具组合构成，所以结构化产品的久期，不仅要反映针对固定收益证券（固定利率或者浮动利率）的久期，也要反映结构化产品中利率相关的金融衍生工具的久期。其中，金融衍生工具所对应的利率，可能不同于固定收益证券所对应的利率。

如果结构化产品中嵌入的金融衍生工具是以利率为标的物的期权类型的工具，这个时候的久期分析应该怎么进行呢？比较合理的方式是，把常规的期权风险度量指标补充到结构化产品的久期分析中，这些度量指标通常包括期权的 Delta、Gamma 和 Vega 等。

在实际操作中，结构化产品的久期分析通常分为三个步骤。首先，识别出决定结构化产品价值的利率变量，并注意区分影响结构化产品中债券的利率以及影响衍生工具的利率。其次，度量结构化产品价值对每一个利率变量的敏感性，即通过将收益率曲线平移 1 个基点并计算相应的久期。最后，如果结构化产品嵌入的衍生工具是以利率为标的物的期权，则要计算期权价格对利率的敏感性以及对利率波动率的敏感性。

用久期分析的方法来度量结构化产品的风险能带来一个好处，就是其提供的风险度量与固定收益证券组合的风险度量是相一致的，从而可以方便地考察结构化产品的加入对整个资产组合的影响。当然，这样的方法也有一些不足之处。不足之一是当结构化产品中嵌入的衍生工具的标的物是货币、商品或股票指数等非利率类资产时，久期分析无法提供相应的风向度量指标。不足之二是当结构化产品嵌入的衍生工具是期权时，久期分析是不完整的，必须辅以期权风险分析。不足之三是久期分析无法反映风险之间的相关性，即无法反映结构化产品中债券部分（利率风险）与衍生工具部分（市场风险）的相关性所带来的风险。

（二）市场价格敏感性分析

在市场价格敏感性分析中，我们用传统的市场风险度量指标来评估结构化产品的风险，这些风险指标包括以下四个。

1. 绝对价格风险（Delta Δ）。Δ 用来度量当标的物价格变动一定幅度的情况下导致的结构化产品价格的变动。这个概念相当于基点价格值（Present Value of a Basis Point, PVBP），也相当于 DV01（Dollar Value of 1 Basis Point）。在通常情况下，一个结构化产品至少对应两个 Δ，第一个指的是结构化产品中的债券或者固定收益证券部分对利率的 Δ，第二个指的是结构化产品中的衍生工具部分对标的物的 Δ。当我们基于零息债券利率来给固定收益证券部分定价时，计算固定收益证券的 Δ 就更加复杂，因为这时变动的不是一个利率，而是整条收益率曲线，这时收益率曲线的每一个期限利率都有相应的 Δ。

2. 凸性风险（Gamma γ）。γ 度量的是 Δ 变动所导致的结构化产品价格变动。凸性风险是二阶风险，因为最初风险的来源还是在于利率以及标的物的变动，然后才导致 Δ 变动，最后导致 γ 变动。因此，γ 类似于微积分中的二阶导数。由于结构化产品的风险源通常有两个或者两个以上（例如利率变动和股指变动都能影响到股指联结票据的价值变动），而不同风险源之间通常存在一定的相关性。因此，在考察凸性风险的时候，通常也要把这种交叉相关风险考虑进去，即不仅要计算 γ，还要计算交叉 γ。这类似于微积分中的交叉偏导数。

3. 波动率风险（Vega υ）。υ 度量的是标的物价格波动率变动而导致的结构化产品价格的变动。对于嵌入了有期权的结构化产品而言，波动率风险是重要的，因为波动率的变化会显著地影响到期权的价值。

4. 时间损耗风险（Theta τ）。时间损耗风险是指随着结构化产品剩余时间的逐渐变短而导致产品价值变化。时间损耗风险既影响到结构化产品的债券部分，也影响到结构化产品的期权部分。随着到期日的临近，债券部分的价值以利息回收的方式逐渐降低；期权部分也会因为时间的流逝而导致时间价值的损失，特别是在临近到期日的时候，时间价值损失的速度会加快。

运用上述的敏感性分析指标来度量结构化产品的风险，其所具有的优点是无论结构化产品的标的物是股指、汇率，还是利率、商品，该方法都可以使用，得出的结果具有一致性，便于进行资产组合分析和管理。另一个优点是能够完整地反映结构化产品的风险，包括风险源之间的相关性风险。当然，敏感性分析也有缺点，那就是在有些情况下根据该方法得出的风险指标无法与固定收益证券组合的传统风险指标进行比较，因为二者不具有可比性。

（三）情景分析

用情景分析的方法来度量结构化产品的风险，就是考察结构化产品在特定的市场环境下的价格表现。这里的市场环境指的是影响结构化产品价值的主要变量的集合，也就是风险源的集合。例如，一个股指联结票据的风险源通常包括利率、股指，有时还要考虑股指的波动率。给定了利率、股指和波动率的一组值，就相当于设定了一个情景。在通常情况下，情景分析中所设定的场景通常比较极端，以考察结构化产品在极端情况下的价格表现。这就是所谓的压力测试（Stress Test）。

在对结构化产品进行情景分析时，我们有两个选择：一个是确定性的情景分析，另一个是随机性的情景分析。在确定性的情景分析中，要根据指定的金融市场变量的组合来计算其对结构化产品价格的影响，进而获得对结构化产品的价格敏感性或者风险的认知。在随机性的情景分析中，要用到概率论方面的技术来模拟结构化产品的价格，如蒙特卡洛模拟。这时，首先要对结构化产品的风险源建立概率分布模型，并用历史数据估计其模型的参数。例如，要建立利率期限结构的模型以及标的物价格的概率模型。在此基础上，要根据各个风险源影响结构化产品价格的方式，模拟出结构化产品在未来某一个时刻的价格分布，并且要特别重视极端情况出现的情形以及所对应的概率。在这个模拟分析的过程中，比较重要的但是又常常被忽视的一点是各个风险源之间的相关性。

六、评估结构化产品的风险需要特别注意哪些问题?

前面部分只是列举了结构化产品风险评估的常用方法，在实践中，还需要注意以下两个问题。

（一）风险评估方法的适用性

不同的风险评估方法适用于不同的风险类型。因此，在评估结构化产品的风险时，首先要识别出要评估哪些风险。

市场风险是指决定结构化产品价格波动的几个关键的金融市场变量发生变化所导致的结构化产品价格的变化。这里所说的结构化产品的价格，既可以是其初始的发行价格，也可以是二级市场上交易的价格。因此，评估市场风险，最主要的目的是衡量该结构化产品是否适合于投资者的风险承受能力和风险偏好，以助于做出投资决策。对于市场风险，上述各个方法都是适用的。

现金流风险类似于市场风险，但是关注的重点是金融市场变量的变化对投资者所获得现金流的影响。具体而言，当金融市场变量发生变动时，结构化产品在未来所产生的利息现金流以及最终的本金赎回现金流都会在一定程度上受到影响。现金流风险关注的就是这个影响的程度。对于现金流风险，情景分析特别是模拟分析是最为适用的。

流动性风险是指在结构化产品到期之前将产品变现而产生一定损失的风险。损失的主要成分是交易成本。当然，这里的流动性风险是从投资者的角度而言的。流动性风险是比较难以准确度量的。在实践中，可以通过历史数据的综合分析来得到流动性风险的一个定性的认识。这里的历史数据是指在市场情况比较糟糕时结构化产品的买卖价差，如果这个价差比较大，就说明流动性风险比较高。

（二）从资产组合管理的角度评估风险

在实践中，结构化产品的风险评估通常不仅仅是单独针对该结构化产品，而是从资产组合管理的角度来进行的。这里的资产组合，既包括各类结构化产品组成的资产组合，也包括结构化产品与其他资产所组成的资产组合。

资产组合管理的模式大体上可以分为两种类型：一种是被动的组合管理；另一种是主动的组合管理。在被动的组合管理中，管理的目标是使所管理的资产组合的价值变动尽量地接近甚至等于某个相关的金融市场指数的行情变动。典型的例子就是股票指数基金。被动的组合管理所用的方法是针对指数的构成而相应地在流动性较好的二级市场中构建资产组合并复制出指数的波动。这里的复制可以是部分复制，也可以是完全复制；既可以直接复制，也可以间接复制（如通过指数的衍生工具来合成）。在主动的组合管理中，管理的目标是在承受既定风险的情况下获得超过基准指数的收益。大多数开放式基金以及对冲基金都属于主动的组合管理，其中的管理者有比较大的决策空间，不同组合之间的差异也比较大。

结构化产品既可以放入被动管理的资产组合中，也可放入主动管理的资产组合中。例如，嵌入了股指远期或者股指期权的结构化产品可以放入一个指数基金当中，以复制股指的行情表现。又如，一个以收益率曲线为标的物的、具有杠杆的结构化产品可以放入一个积极管理的资产组合当中，这时组合的管理人相信收益率曲线的变化将符合其预期，且结构化产品能让他以比较有效的成本来获得这样的投资机会，从而产生预期的收益。

在不同的组合管理模式下，风险管理的着重点是有差别的。对于被动管理的资产组合而言，主要的风险其实是跟踪误差（Tracking Error）的变化。在这样的资产组合中，结构化产品通常是持有到期的，持有时间比较长。因此，对结构化产品风险的考察通常要关注产品现金流风险。

对于主动管理的资产组合而言，主要的风险是市场的系统性风险以及结构化产品标的物变化带来的结构化产品的价格波动。在这样的资产组合管理中，管理人通常会根据市场行情的变化而较为频繁地交易结构化产品，甚至对其进行分解、对冲和重新包装等操作，而很少有买入并持有到期的情况。因此，主动管理的资产组合的管理人对结构化产品风险的考察就比较全面，不仅仅包括现金流风险，还包括流动性风险和市场风险。

第四章　股权类结构化产品

本章要点

股权类结构化产品是结构化产品中重要的一类。这类结构化产品基本上由债券和以股票或股指为标的物的期权构成。债券拥有期限、票面息率、本金偿还等属性；而期权拥有标的物、执行价、期限、多空头寸、看涨看跌等多种属性。不同属性的组合对应着结构各异、功能不同的股权类结构化产品。本章先后介绍了以股票为标的物的结构化产品和以股指为标的物的结构化产品，内容力求深入而全面，同时通过多个案例对具有不同结构的股权类结构化产品进行说明，让读者有更加直观的认识。

一、从传统到现代的演化——股权类结构化产品是如何发展的？

人们通常认为结构化产品是现代金融创新的结果，所以其历史较短。事实上，股票联结票据以及相关的股票衍生工具具有一段较长的历史。股票联结票据的运用历史与传统的利率类证券（如可赎回债券）的历史是同样悠久的。在本书第一章中，我们区分了结构化产品的发展阶段，即传统阶段和现代阶段。这种阶段区分在股权类结构化产品中体现得最为明显。

传统形式的股票衍生工具通常包括场外交易的个股股票期权、交易所交易的个股股票期权，也包括股票指数期货和期权。而传统形式的股权类结构化产品则包括可转换债券以及含认股权证的债券。这里的权证通常是股本权证。随着金融市场的发展，在过去的二十多年，股权类结构化产品市场经历了从传统阶段到现代阶段的变迁，主要体现在以下三个方面。

第一，传统的股权类结构化产品依赖于传统的股票衍生工具，这些产品的标的物大多是单个个股。而现代的股权类结构化产品所对应的标的物通常是股票市场价格指数。

第二，发行传统的股权类结构化产品是向上市公司提供股权资本融资机会的一个手段，是客制化融资策略的一部分。与此不同的是，现代的股权类结构化产品如果是由特定的上市公司发行的，该产品的主要作用是作为债务融资的一个部分，而非股权融资。通过恰当的安排，发行人可以充分利用当时市场的低利率优势，通过重新发行而降低利息成本，但是又可以通过对冲操作而把股票的风险对冲掉。因此，现代的股权类结构化产品对发行人而言，是一种利率套利工具。

第三，现代的股权类结构化产品的标的物大多是股票市场价格指数，其存在的主要目的是为了满足投资者以及资产组合管理者的资产管理需要，而非发行人的融资需要。

延伸阅读

股本权证和备兑权证

所谓股本权证，是由上市公司发行的、以本公司股票为标的物的权证；备兑权证则是由标的物股票发行人以外的第三方（通常为投资银行、证券公司等金融机构）发行的权证。从定义来看，股本权证和备兑权证最主要的区别就是发行人不同：股本权证发行人为上市公司，而备兑权证发行人为第三方机构。除此之外，股本权证和备兑权证的区别还体现在以下四个方面。

第一，标的物的范围不同。股本权证的标的物仅限于发行人（上市公司）自己发行的股票；备兑权证的标的物则包括个股、一篮子股票乃至股价指数，其标的物的范围比股本权证大许多。

第二，权证的发行目的不同，持有者的权利行使方向也存在差别。股本权证通常被上市公司用来作为融资或者股权激励的工具。备兑权证由第三方金融机构发行，其目的是为投资者提供杠杆投资和风险管理的工具。备兑权证可以是认购证，也可以是认沽证。如果投资者看好某只股票但没有充裕的资金，可以通过购买这只股票的认购证，享受正股上涨带来的收益，类似于看涨期权。此外，投资者还可以利用备兑权证来进行风险管理。例如，认沽权证就可以在一定程度上规避标的物大幅下跌的风险，类似于看跌期权。

第三，权证的流通量差异。股本权证发行之后，流通量一般是固定的。而在特定情况下，备兑权证发行人可以增发备兑权证，也可以在二级市场中赎回所发行的权证，因而其流通量通常并不固定。备兑权证发行人通常会根据权证的市场价格是否高估或低估而决定调整其流通量。

第四，结算方式和行权结果存在差别。股本权证持有人行权是采用股票结算的，上市公司通过发行新股来满足投资者的行权要求，行权将会导致公司总股本增加，这就是所谓的股本稀释效应。备兑权证的结算方式则比较灵活，既可以股票结算，也可以现金结算。

股权类结构化产品从传统阶段发展到现代阶段发生了以上的显著变化，导致这样的变化有以下五个因素。

第一，投资者通过投资于以股指为标的物的结构化票据，从而可以复制出股指的波动。这相当于间接地以较低的交易成本投资了某个股指，而不用直接地在股票市场上去建立和管理相应的股票组合。因此，通过投资于股票联结票据，投资者节省了交易成本。

第二，通过投资于以股指为标的物的结构化票据，投资者可以规避特定的投资限制，从而使资产组合多元化。这里的投资限制是指不允许部分投资者进入股指的期货或者期权的交易市场。这在现实中是常见的。

第三，通过投资于股票联结票据，投资者可以获得高度客制化的产品，该产品所具有的独特的风险暴露形态，契合了投资者的资产管理要求。

第四，股权类结构化产品的标的物除了股票及股票价格指数之外，还可以是具有其他风险类型的标的物，如汇率。通过这样的产品，投资者就可以在投资于海外股票市场的同时，把一部分或者全部的汇率风险剥离掉。

第五，随着金融市场的发展与成熟，投资者逐渐认识到指数基金等被动投资方式通常也能带来不俗的成绩，因此，股指联结票据这种指数类产品就逐渐地受到投资者的欢迎。

总而言之，随着金融市场的演变，投资者逐渐意识到，相较于直接投资于股票市场而言，投资于股权类结构化产品这种间接的方式有时是有比较优势的。特别是，当投资者的投资策略或者资产管理目标比较复杂时，股权类的结构化产品几乎成了唯一的选择。

二、第一类股权类结构化产品——股票联结票据是怎样的？

在本书中，我们把股权类结构化产品分成两类：一类是以单个股票为标的物的股权类结构化产品，统称为股票联结票据；另一类是以股票市场价格指数为标的物的股权类结构化产品，统称为股指联结票据。本章先讲述股票联结票据的相关内容，后讲述股指联结票据的相关内容。

在股票联结票据中，我们将其进一步分为传统的股票联结票据，例如可转换债券和含认股权证的债券，以及在此基础上进行结构化改造而得到的现代的股票联结票据，例如基于优先股的股票联结票据、零利率股票联结票据等。股票联结票据结构变化，是金融市场发展和创新的体现，而票据的重点功能也逐渐地从辅助发行人融资转变成为辅助投资者理财。

从结构上看，股票联结票据（Equity－Linked Note，ELN）是固定收益证券与股票期权的组合。从这个意义上讲，我们熟知的可转换债券是属于股票联结票据的。如果把这个组合看成一个整体，则股票联结票据与传统的固定收益证券是比较相似的，如票据、国债、公司债等债券类工具。股票联结票据的最大特点，就是票据的利息或（和）本金受到标的物行情走势的影响。这使得它与传统的固定收益证券相比有根本的区别。

典型的股票联结票据通常提供百分之百的本金保护。当然，根据结构的不同，也有一些股票联结票据只提供部分本金保护，甚至不提供本金保护。股票联结票据的结构见图4－1。

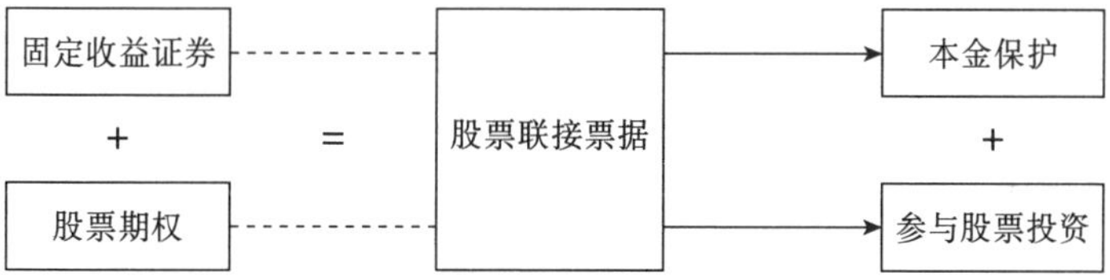

图4－1　股票联结票据的结构

在图4－1中，左边表示股票联结票据的构成，即包含固定收益证券和股票期权。要注意的一点是，这里只给出了资产种类构成，没有给出各类资产的头寸和投资方向。通常情况下，固定收益证券的头寸是多头，头寸大小根据本金保护功能的安排而设定。而股票期权的头寸大小和方向则有比较多的变化，要根据投资者想要如何参与股票投资而定。例如，如果投资者的要求是在股票价格上涨的时候获得收益，那么其中的期权通常就是一份看涨期权多头，这时就能获得一定的本金保护；然而，比较激进的投资者则可能通过多份看跌期权空头来获得更高的预期收益，但是这时本金保护能否实现是不确定的。相反，如果投资者要求的是在股票价格下跌的时候获得收益，那么其中的期权就可以是一份看跌期权的多头或者一份看涨期权的空头。这里的股票期权，可能是普通的欧式期权，也可能是较为复杂的奇异期权。

图4－1的右边，表示股票联结票据通常能够提供的功能，即本金保护和参与股票投资。这里的本金保护是有一定比例的，例如有的结构化产品的本金条款比例是

100%，有的则是75%，甚至0%；如果股票联结票据中嵌入的期权是空头，那么投资者就有可能全部损失所投资的本金。当然，如果在股票联结票据的结构中加入更加复杂的奇异期权，那么本金保护就会呈现出更加多样的特征。

股票联结票据的参与股票投资功能是指投资者可以用比较少的资金参与到股票投资中。在通常情况下，投资股票时必须全价买入，当然，也存在保证金交易的情况，这时投资股票就可以实现一定的杠杆效应。但这种情况很少，通常要根据股票交易所或者股票经纪商或做市商的制度而定。通过股票联结票据，投资者只需要付出期权的费用或者期权的交易保证金，就相当于获得了股票的头寸，这实际上相当于一种杠杆投资；如果再考虑到参与率的影响，那么杠杆效应就更加明显了。

本章将详细介绍股票联结票据的相关知识，包括股票联结票据的设计、构造、应用和价值评估等，也包括股票联结票据的市场状况、历史演变等内容。

三、股票联结票据为何出现多样化结构？

随着金融市场的发展，金融创新不断出现，股票联结票据在传统的可转换债券以及含认股权证的债券等结构化产品的基础上，又在多个属性上发生变化，从而导致了目前股票联结票据市场中出现了纷繁复杂的产品形式。这些产品被创造出来，基本上是为了满足发行人和投资者的需要。在传统的可转换债券中，发行人的融资需求是产品设计的关注点，而在现代的股票联结票据中，投资者的理财需求显得越来越重要。

在传统的股权类结构化产品的基础上，经过对各个属性的修改，就可以得出新的股票联结票据。其中，较为关键的属性包括固定收益证券、票面息率、转换溢价、强制转换条款、标的物股票、期权属性等。图4－2列示了各个属性所对应的构件，各个构件在本质上是有差异的。在实践中，设计者通常将这些构件进行组合，以满足实际需要。

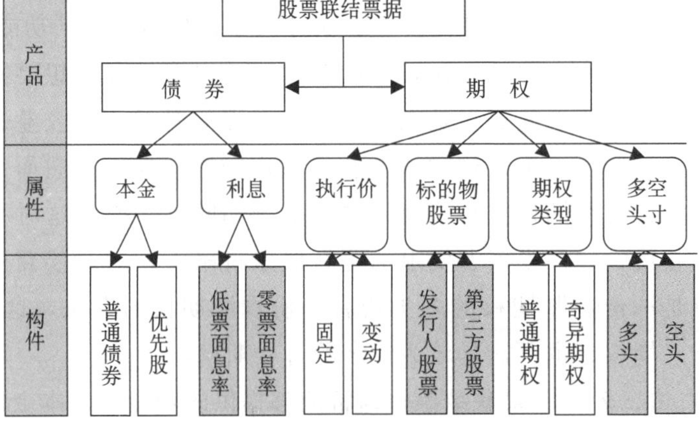

图4－2　股票联结票据的各个属性的可能构成

根据投资者和发行人的不同要求，对股票联结票据的各个属性进行调整，选择适当的构件，就能得到新的合适的股票联结票据。之所以出现这么多结构变化，主要是由于以下多个方面的考虑。

第一，基于成本和收益的考虑。有些结构化产品被设计出来的主要目的就是为了降低投资者的经济成本和提高投资收益。例如，票面息率的多种变化是为了给投资者带来更好的税后收益。而增强的收益通常同比例地反映在发行人调整后的利息成本中。这时，发行人会通过调整产品其他属性的结构来获得平衡。调整的方法通常有两种：一种是将单一的转换价格（期权的执行价格）调整为逐渐递增的转换价格，使得在标的物股票价格上涨过程中，该可转换债券导致的股本稀释效应处于一个较低水平；另一种是使用多个期权或者奇异期权，使投资者通过债转股所获得的收益受到一定的限制。

第二，基于风险的考虑。调整股票联结票据的风险无非是从两方面出发：从投资者的角度，应该调整风险暴露；从发行人的角度，应该降低产品的不转换风险。

通过降低转换溢价或者嵌入看跌期权，就可以降低投资者的风险暴露。降低转换溢价，相当于降低了看涨期权的执行价格，从而提高了期权的价值，或者说期权在到期时有更大的概率成为实值期权。嵌入看跌期权，则使得投资者可以在预定的时间以与同期债券相当的收益率来收回初始投资，也就是说，投资者可以不必在可转换债券的整个期限内都只能收到低于同期可比债券的利息。

为了降低发行人的不转换风险，产品设计者可以在股票联结票据中加入强制转换条款。强制转换的主要目的，在于使发行人在产品到期时不需要支付债券的本金，从而大大减轻大额现金流出所带来的财务困难。

第三，基于资产负债表的考虑。发行人通常需要将其资产负债表内的各个科目维持在一定的水平，这时，对所发行的股票联结票据的会计处理就显得尤为重要。因为股票联结票据具有股票的特征，有一定的可能在未来将转换成发行人的股本。这时，如何在会计上对其进行处理，不仅要考虑到监管的要求，同时也要考虑企业的信用评级等因素。

第四，管理 IPO 风险。方法是将股票联结票据的标的物股票设定为在二级市场中公开交易的且非发行人自身的股票。

第五，基于发行人和投资者利益和谐的考虑。发行人和投资者之间存在一定的利益冲突，表现为三方面：一是股本稀释问题，现有股东不希望发生股本稀释效应，但是投资者行使转换权时会导致股本稀释。二是资产替代问题（Asset Substitution），现有股东不愿通过有风险的投资而增加公司的经营风险，但是投资者由于有本金保护而希望公司进行风险较高的投资，以便将来股票有可能获得较高的升值，从而使期权的价值提升。三是投资不足问题（Underinvestment Issue）。这些问题是公司金融学中常见的股权人和债权人之间的利益冲突问题，它们的解决可以借助于现代的股票类结构化产品。例如，嵌入了看跌期权的可转换债券就可以降低股本稀释和资产替代问题，而加入强制转换条款，则可以在一定程度上解决投资不足问题。

投资不足问题（Underinvestment Issue）

投资不足问题是公司金融学理论中典型的委托代理问题，其意思是公司股东和管理者不愿意投资于风险较低的项目，而更倾向于投资于风险较高的项目，以获取更高的期望收益，提高公司的价值。但是，高风险的项目也能导致公司破产或者信用评级下降，从而影响到公司债权人的利益。低风险的项目则可以为公司债权人提供更好的保护，因为其在未来产生的现金流比较平稳，从而使公司可以按时足额地向债权人支付债务利息和本金。但是，现金流的平稳，并不能为公司股东带来超额的投资收益，因为公司股东具有投票权，所以他们倾向于不投资于低风险项目，这就是投资不足问题。

四、股票联结票据具有哪些形态?

虽然股票联结票据的品种繁多，但是基本上可以把它们归为两个基本的形态：一类是可转换证券（Convertible Securities），另一类则是含认股权证的债务（Debt With Equity Warrants）。

所谓可转换债券，是指期权和债务的组合，其中的期权作为合约的一部分，是不可分拆的，主要功能是赋予债券持有者一份权利，使其能按特定的条件将债权转为普通股票。在这里，股票的发行人通常也是该可转换债券的发行人。

所谓含认股权证的债务，则是指权证与债务的组合，从合约结构而言，其中的认股权证是可分拆的。它赋予持有者以一定的价格与权证发行人在特定的时间交易相应的股票的权利。如果我们把含认股权证的债务的交易当作单一的一次交易的话，那么含认股权证的债务实际上等价于可转换债券。

在这两种基本类型的基础上，开始分化出多种多样的结构形式。比较常见的一种形式是可交换债务（Exchangeable Debt）。可交换债务和可转换债券的最大的差别，在于可交换债务中的期权在执行时交换的股票可以不是发行人的股票，而是第三方发行的股票。例如，XYZ 公司发行的可转换债券之所以是可转换债券，是因为其赋予投资者的期权的标的物只能是 XYZ 公司发行的股票。如果 XYZ 公司发行的含权债券中期权的标的物是 ABC 公司发行的股票，则 XYZ 公司发行的这个含权债券就是可交换债券。

随着金融创新的不断推进，股票联结票据的形式目前已经超越了上述所说的两种基本形式。正如我们将在后面介绍的，股票联结票据具有多个属性，每个属性的变化，就对应着一种新的结构形式。这使得股票联结票据的形态呈现出多样化的态势。

五、可转换债券存在怎样的结构化特征？

可转换债券是股权类结构化产品中的一类，而且是出现较早的产品，属于传统的结构化产品。可转换债券具有一般的结构化产品的特征，但是其设计的初衷，是为了方便发行人以较低的成本融入资金。下面将通过一个案例，来分析可转换债券的基本结构和属性。

【案例4－1】 作为结构化产品的可转换债券

表4－1是可转换债券的基本条款。其中的XYZ股份有限公司是英国的一家上市公司，其股票以英镑计价，但是其发行的可转换债券是以美元计价的。

表4－1　XYZ股份有限公司发行的可转换债券的主要条款

条款项目	条款内容
发行人	XYZ股份有限公司
发行规模	5亿美元次级可转换债券
期限	10年（2010年7月6日到期）
票面息率	4.00%年付
发行价格	100（百元报价方式）
赎回价格	100（百元报价方式）
转换条款	债券持有者在可转换期限内有权利按1万美元换成657.89股XYZ股份有限公司的股票
转换价格	9.5英镑
转换溢价	21.79%（发行时XYZ的股票的收盘价是7.8英镑）
转换期限	2000年9月6日到2010年6月30日
转换汇率	1英镑兑1.6美元
面值	1万美元
摊还方式	利息分期支付，本金一次偿还
可赎回条款	债券的最初4年，发行人不得赎回债券；第5年开始，发行人有权赎回债券，赎回价格是面值的105%，并按1%的差额逐年递减
佣金	2.5%

对于这款可转换债券，需要重点考虑的条款包括转换权、票面息率、期限、次级条款、赎回条款以及股本稀释效应、新股发行的参与率等。

（一）可转换债券的转换权

转换权是指可转换债券使持有者获得了在指定的时间段内将债券转换成为发行人股票的权利。转换权的表现形式通常是转换比率，即债券的面值可以转换成为多少份发行人的股票。转换比率如何确定？第一步，要看转换溢价。几乎所有的可转换债券在发行时都有一定的转换溢价。在表4-1中，转换溢价是21.79%，即转换价格9.5英镑高出当前股价7.8英镑的比例[（9.5-7.8）÷7.8×100%=21.79%]。转换溢价的大小通常在15%~25%。第二步，要看转换汇率。在表4-1中，债券的发行货币是美元，但是股票的计价货币是英镑，所以，债转股时需要用美元换成英镑。这时，汇率会影响到可转换债券的转换比率。在发行时，可转换债券中的汇率通常相当于当时的即期汇率，并且在债券存续期间保持不变。这样的设计是为了确保债券的面值能够转换成固定数额的股票。有了转换溢价和转换汇率，就可以计算出转换比率了。在表4-1中，转换比率为1万美元可以转成657.89份股票，因为1万美元相当于6 250英镑（转换汇率为1.6美元/英镑），而转换价格则是9.5英镑，所以1万美元可以转为657.89（份）（=6 250÷9.5）股票。

（二）可转换债券的票面息率

在通常情况下，由于可转换债券含有期权价值，因此，可转换债券的总价值等于期权价值加上债券的价值。为了将可转换债券的发行价设为面值，则要降低可转换债券中债券的价值。在市场利率既定的情况下，降低债券的价值就相当于降低债券的票面息率。因此，可转换债券的票面息率通常比较低。在实践中，转换溢价和票面息率之间有一定的联动关系，表现为转换溢价比较高的话，期权的价值就降低，债券的价值就相应地提高，从而票面息率也要相应地提高才能保证可转换债券的平价发行。

（三）可转换债券的期限

可转换债券期限的范围比较大。从历史上看，最长的期限能达到20年。近年来，市场上可转换债券的期限以中期为主，即5年到10年。

（四）可转换债券的次级条款

在信用评级中，可转换债券中的债券部分有可能被视同为发行人的其他无担保债务，或被称为次级债务。根据以往的资料，大部分的可转换债券是没有相应的担保的，所以属于次级债券。这意味着，当发行人破产清算时，可转换债券持有的债务偿还优先级要低于优先债权人（Senior Creditor）。这也是为什么可转换债券在一定场合下被视为股权融资工具的原因。

（五）可转换债券的赎回条款

可转换债券的赎回方式有两种：第一种是持有人不执行转换权，而要求发行人在债券到期时全额偿还本金。第二种是债券持有人执行转换权，将债券转换成为相应的股票。通过这样的方式赎回，就会影响到发行人的资产负债表，而且转换行为不会给发行人带来新的现金流入。这里要注意的一点是，转换发生时累积的利息或者股票的股息并不会对转换条款产生影响。对于投资者而言，这意味着债转股时放弃了一部分利息，这部分利息等于在上一次利息支付日到债转股发生的时刻之间所累积的应计利息。

（六）可转换债券中的期权

表 4－1 中的可转换债券既赋予投资者进行债转股的权利，也赋予了发行人提前赎回债券的权利，这相当于嵌入了一个利率期权，类似于可赎回债券。所以该可转换债券嵌入的期权结构是比较复杂的。具体而言，发行人在债券发行后的前 4 年内不能提前赎回债券，但是从第 5 年开始就有提前赎回的权利。也就是说，在前 4 年，投资者获得了强赎回保护（Hard Call Protection）。在实践中还存在一种弱赎回保护（Soft Call Protection），那就是只有当标的物股票的价格在连续 20 个或者 30 个交易日的收盘价均高于转换价格的某一个水平（如 130% 或 150%）时，发行人才有权利赎回。当标的物股票的价格已经比较高，且发行人有赎回意向的时候，投资者为了保护自身的投资收益，通常会选择执行债券中的转换权，获得标的物股票并同时在二级市场中卖出股票，锁定收益。

（七）可转换债券的股本稀释效应

可转换债券的股本稀释效应既影响到现有股东的利益，也影响到可转换债券的投资者利益。发行可转换债券将会稀释现有股东的利益，使得现有股东的持股比例下降，所以，现有股东通常会反对发行这样的债券。为了应对该问题，有些发行人会在发行可转换债券的同时配合进行其他形式的融资，使得公司主要股东的持股比例不发生变化。可转换债券的投资者的利益也有可能受损，表现为当转换成为股票时导致发行人的总股本变大，进而导致每股价格下降。为了保护投资者的利益，发行人通常也会在可转换债券中加入一些反稀释效应的条款。这些条款会根据股票市场交易制度的不同而存在一定的差异，但基本上有两种可能：一是调整转换比率（或者转换价格）；二是在新股发行时给投资者优先购买权。

总而言之，可转换债券虽然属于传统的融资工具，但也具有结构化产品的基本特征。从结构上看，可转换债券中嵌入了普通的固定利率债券和美式看涨期权。在实际中，根据融资的需要，可转换债券中的期权可以变得更加复杂。在表 4 - 1 中，债券的可赎回条款使得该可转换债券中除了嵌入的美式看涨期权之外，还有 6 个生效时间不同、执行价格不同且以利率为标的物的美式期权，那就是其中的可赎回条款。这使得这款可转换债券的结构越发复杂，也就是说，传统的股权类结构化产品也是可以变得很复杂的。

延伸阅读

可转换债券中的术语

转换溢价（Conversion Premium）：可转换债券的价格超过其转换价值的比例，即：

（可转换债券的价格 - 转换价值） ÷ 转换价值

转换价格（Conversion Price）：债券面值转换为股票的价格，相当于期权的执行价格，即：

可转换债券的面值 ÷ 转换比率

转换比率（Conversion Ratio）：特定面值的可转换债券可以转换成股票的数量，即：

可转换债券面值 ÷ 转换价格

转换价值（Conversion Value）：可转换债券所对应的股票的价值，即：

当前的股票价格 × 转换比率

投资价值（Investment Value）：也被称为可转换债券的价格下限，等于可转换债券的总价减去其中嵌入的期权价值。实际上，投资价值相当于与可转换债券具有相同条款，但是不含期权的普通债券的价值。

六、可转换债券对发行人和投资者而言各有何用途?

（一）对于发行人的用途

对于发行人而言，发行可转换债券的作用，主要体现在如下三点。

1. 通过可转换债券进行融资的成本较为有效。融资的成本有效性体现在两个方面：第一，相对于股权融资而言，可转换债券融资使发行人承担利息成本，而利息是可以作为税前扣除项目的，可以降低发行人的税收支出。第二，由于可转换债券中含有期权的价值，所以在其他条件相同的情况下，发行人可以设定较低的票面息率，从而降低利息支付成本。对部分发行人而言，发行可转换债券进行融资可能是降低利息支付成本的唯一手段。当然，这种融资方式的成本也不仅仅是利息支出，另外一部分成本是到期时可能要支付的股票的价值增益，即股票市价高出转换价格的部分。这部分成本其实是机会成本，即发行人本来可以以市价增发股票，但是由于投资者行使转换权，发行人只能以转换价格来增发，导致股票增发的融资量降低了。

2. 可转换债券是股权融资的潜在来源。通过发行可转换债券而募集的资金，从外部来看通常被视为股票，因此，与传统的债务工具相比，可转换债券不会对发行人的资产负债比率形成不利的影响。由于股票联结票据的种类非常多，所以财务上对它们的处理也因各自的结构差异而不尽相同。传统的可转换债券通常被视作债务，但是对于次级的、长期限的可转换债券而言，银行或者其他金融机构在给可转换债券发行人进行贷款评估时也在一定程度上将其视作股权类资产。信用评级机构则通常不会将可转换债券视为股权类资产。

3. 可转换债券的股本稀释效应更低。发行人发行可转换债券，其中的期权的执行价格通常高于发行时的股票价格。标的物股票的价格需要经过一段时间才会超越执行价格。因此，发行可转换债券是一种延迟股权融资的形式。在这样的融资模式下，由于执行价格高于当前价格，则为了融得同样规模的股权类资金，所需发行的股份数量就相对降低，股本稀释的效应也相对降低，且资金融入的时间可以提前。从这个意义上而言，可转换债券在一定程度上具有调整股权融资的时间的功能。

当然，发行人通过可转换债券进行融资也承担一定的风险。风险的一方面是指潜在的稀释效应。当标的物股票价格超过执行价的情况发生时，投资者可以执行转换权利，这时发行人就需要让出一部分股份，从而会稀释现有股东的经济利益。另外一方面的风险则刚好相反，是债转股无法实现的风险。如果发行人期望通过可转换债券而实现股权融资，那么其面临的风险就是债转股无法实现的风险，这就是所谓的不转换风险（Nonconversion Risk）。导致可转换债券无法转为股票的原因可能是股票价格没有如期上涨，也可能是标的物股票计价货币相对于可转换债券计价货币发生贬值。债转股无法实现的风险会给发行人带来流动性紧张和资产负债失衡等财务困境。此外，如果无法实现债转股，有时还可能导致发行新股时遇到更大的困难。

【案例4－2】　可转换债券对发行人的风险——不转换风险（Nonconversion Risk）

可转换债券的不转换风险是针对发行人而言的，是指在债券到期时由于标的物股票实际价格下跌或者其他原因从而无法转换成为标的物股票，这时发行人就要偿还债券的本金，导致大量现金流出，以致可能导致财务危机。

1997年，亚洲金融危机爆发并蔓延到亚洲地区多个国家，多个货币出现大幅贬值。许多发行了可转换债券的发行人遇到了可转换债券的不转换风险。这些发行人在金融危机之前发行了以美元计价的可转换债券，但是汇率的风险并没有被对冲掉。发行人之所以不进行这样的对冲，有以下几个原因：

第一，在危机之前，人们都坚信亚洲的众多货币（尤其是印尼的卢比、马来西亚的令吉以及泰国的泰铢）是钉住美元的。

第二，对冲可转换债券中的汇率风险是比较困难的，因为可转换债券是否会被转换成为股票是不确定的，即发行人未来的美元现金流出是不确定的，或者说汇率风险的敞口是不确定的。具体而言，如果债券转换成了股票，那么发行人就不需要偿还债券的本金，从而不会产生美元现金流出；反之，如果债券不转换成股票，那么发行人就需要在到期时偿还本金，导致美元现金流出。

第三，在金融危机发生之前，亚洲地区的经济发展势头较好，人们对亚洲经济发展的前景比较乐观，因此，可转换债券的标的物股票在未来上涨的可能性较高，债券转成股票的概率较大，投资者债转股的可能性较高，这样发行人的美元风险暴露较低。

1997 年 7 月，泰铢首先发生崩溃，进而引发周边国家的货币相继大幅贬值。贬值的幅度为 50% ~80%。随着货币大幅贬值的发生，这些国家的股票市场也发生崩盘。货币和股票的大幅贬值，使得以美元计价的可转换债券中的期权迅速处于深度虚值状态，债转股的可能性变得非常低。在这样的情况下，可转换债券的发行人将承担沉重的浮动汇兑损失。该浮动汇兑损失将有很大的可能在债券到期时转变成为固定的汇兑损失，从而使债券发行人快速地陷入财务危机当中。

面对这样的困境，亚洲地区的这些可转换债券发行人（上市公司）几乎没有有效的解决方法。其原因是金融危机的发生使得投资者对亚洲的经济前景表现出非常悲观的态度，为了避免进一步损失而撤离资本市场，特别是亚洲的资本市场。

在这场危机中，可转换债券给发行人带来的风险和损失还有另外一个较为关键的诱因，那就是这些债券的期限通常是比较短的（3 ~5 年）。这么短的期限意味着投资者没有足够的时间来等待经济的复苏和资本市场的反弹，而发行人也没有足够的时间来缓释汇兑风险并通过债转股来降低汇兑损失。

（二）对于投资者的用途

对于投资者而言，可转换债券所呈现的优势有以下三点：

1. 投资者承担的股票风险是有限的。可转换债券综合了债券所具有的收益稳定性以及股票所带来的经营收益分享属性，因此特别适合于那些相对保守的投资者。在固定收益证券与波动风险较高的股票这两个极端情形的中间，可转换债券提供了合适的投资工具。

2. 相对于普通股票而言，可转换债券在投资收入方面有一定的优势。投资于可转换债券时，债券所提供的利息通常会高于标的物股票所产生的股息。这种情况在可转换债券存续期间的前期是较为常见的。有些投资者既想得到比较固定的投资收入，又想通过承担股票风险而获得股票升值所带来的收益。对于这样的投资者，可转换债券是非常适合的。

3. 交易机会。对于投机者而言，可转换债券可以作为一个交易工具而进行积极的、频繁的交易。可转换债券与其他的风险资产具有类似的风险，而风险意味着价格波动频繁，从而交易机会较多。虽然可转换债券与普通的股票联结票据一样能够由债券部分提供一定的本金保护，但是相对于普通的债券而言，可转换债券的票面息率是比较低的，因此债券的久期较高，风险较大。在标的物股票价格的下跌趋势过程中，可转换债券的价格通常也会下跌，而且下跌的幅度比较大。其背后的原理在于标的物股票的下跌不仅降低了可转换债券中期权的价值，也很可能会导致发行人的信用评级下降，进而导致债券贴现率上升，债券价值也发生下降。

七、可转换优先股存在怎样的结构化特征?

在传统的可转换债券的基础上进行创新，用优先股代替债券，从而构造出含有优先股和期权的股票联结票据，这就是可转换优先股（Convertible Preferred Stock）。也就是说，可转换优先股除了赋予投资者优先股的股息之外，还赋予投资者在未来某个时间后以既定的价格将优先股转换成为普通股的权利。

假定投资者在 2010 年 6 月 1 日购买了 100 股 XYZ 公司的可转换优先股。根据可转换优先股的约定条款，投资者就有权利在 2011 年 1 月 1 日（转换日期）之后的任意交易日内将 1 份可转换优先股转换成为 3 份（转换比率）XYZ 公司的普通股。如果在转换日期后，XYZ 公司的优先股价格是每股 50 元，普通股价格是每股 10 元，那么这时进行的转换操作相当于用 50 元资金买了仅值 30 元的普通股股票。其中的差值为 20 元，这就是所谓的转换溢价。在实际中，转换溢价通常以某个百分比来表示，如 20% 或 40%。在例子中，通过将 50 元分成 3 份，得到 16.67 元，这表示只有当普通股股价超过 16.67 元时，这个转换才是值得进行的。

为什么需要可转换优先股?

第一，要说明一下优先股的特征。优先股本身就是一种混合证券，兼具了普通股和债券的一些特性。首先，它是一种股权证书，没有偿还期，代表着对公司的所有权，而且股东在股息分配和剩余资产分配上具有优先权，但股东一般无权参加股东大会。其次，优先股具有债券的一些特点，其收益是以发行时事先确定的固定股息率方式来支付，因此，优先股股东将承受利率风险。但是，与债券不同的是，优先股的股息支付可以延期，并累积到未来的一个时间点进行支付。当然，延期的时间通常不能超过规定的一段时间，如不能超过 24 个月或 48 个月等。上市公司发行优先股，主要是基于三个方面的考虑：一是获得长期稳定的资本；二是股息稳定，从而在公司盈利较高时的利润分派负担较轻；三是优先股股东无表决权，避免公司经营决策的改变和分散。

第二，相对于其他融资方式，发行可转换优先股能给上市公司带来一定的好处。与传统的股权融资方式相比，可转换优先股更适合于在股价比较低的情况下发行，同时其股本稀释效应相对较低；与传统的债务融资相比，可转换优先股更适合于当公司的信用评级较低时以相对较低的成本融得同样规模的资金。这里的成本降低是因为上市公司通过可转换优先股融入资金后在未来无须偿还本金。同时，股利的相对确定性也有助于发行价格的提高和融资规模的扩大。此外，监管者通常将可转换优先股当作是股权类工具而非债务类工具，这样的监管处理有助于发行人维持较为合适的资产负债比率。

第三，对投资者而言，可转换优先股更加接近股权，且同时受到利率风险和股票风险的影响，风险要比可转换债券稍高，从而预期收益也稍高。适合于那些较为保守而不愿承担普通股股票风险，但是又想获得高于普通债券收益的投资者。因为有些信用评级较低的发行人可能通过可转换优先股来获取融资，所以可转换优先股的违约风险通常是相对较高的。正因如此，大多数的可转换优先股在发行时需要经过权威的评级机构进行评级。

那么，可转换优先股解决了发行人的所有问题了吗？没有。发行人还面临一个大问题，那就是可转换优先股的股息是税后支出，不像可转换债券的利息那样是税前支出，所以不能用来降低企业税负。这样的困境又导致进一步的金融创新。那就是可转换信托优先股（Convertible Trust Preferred Stock）。这类产品综合了优先股的融资来源长期稳定的优点以及债券的利息避税的优点。

可转换信托优先股主要在发行上对可转换优先股做出了创新，其发行基本流程见图 4－3。

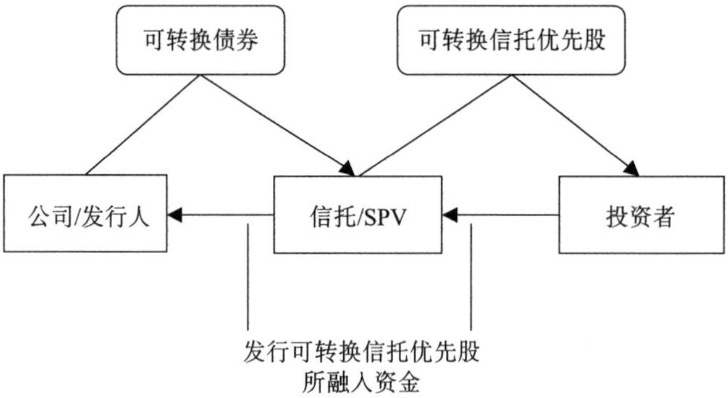

图 4－3　可转换信托优先股的发行流程图

具体而言，可转换信托优先股的发行人先设立一个信托或者特殊目的机构（Special Purpose Vehicle，SPV）作为其全资控股的子公司，然后由该信托向投资者发行可转换信托优先股并融入资金，其实就是前面所说的可转换优先股。信托以其所融入的资金购买其母公司（即发行人）所发行的可转换债券。这个可转换债券在利率、转换溢价、转换价格等条款上与信托发行的可转换优先股相一致。这样，发行人的财务报表上呈现出来的是通过可转换债券进行融资，实际的融资效果却等同于以可转换优先股进行融资。

可转换信托优先股在美国的资本市场中较为盛行，出现最早的是 1993 年 10 月高盛公司（Goldman Sachs）设计的月度收益优先股（Monthly Income Preferred Securities，MIPS），此外还有季度收益优先股（Quarterly Income Preferred Securities，QUIPS），以及美林证券（Merrill Lynch）设计的信托发起优先股（Trust Originated Preferred Securities，TOPrS）等。

可转换信托优先股的投资者主要是个体投资者，在发行之初受到广泛欢迎，以至于到1995年时，这类产品占据了优先股市场份额的70%。

【案例4－3】 德士古公司（Texaco Inc.）的月度收益优先证券（MIPS）

德士古公司是世界著名的跨国石油公司之一，主要从事石油和天然气的勘探、生产、炼制、运输和销售。德士古公司经营策略的目标，是力争成为更强有力和更有竞争性的石油公司。从20世纪80年代中期以来，对那些不符合公司经营计划、盈利水平低的资产进行处置，总资产从1985年的377亿美元降低到1993年的266亿美元，又降到1994年的255.05亿美元。德士古公司为推动公司进一步发展，减少公司支出，决定出售效益低的资产，控制成本，减少管理层次，提高运转效率。这些经营战略也反映在德士古公司的融资策略上面。1993年10月，高盛公司（Goldman Sachs）和德士古公司首次在市场上推出MIPS，发行面向的对象是个体投资者。实际的融资结果是：德士古公司以6.875%的A级股息发行MIPS，而税后的实际融资利率仅为4.6%。

MIPS结合了权益融资和债权融资这二者的特征，其中的权益特征是指支付股息，没有到期日，在公司出现困难时股息可以延期以及在资产负债表上不列为债务；债权特征是指发行人承担固定利息，由评级机构评级以及股息税前扣除。

MIPS与优先股之间也有一定的区别，即MIPS只能延期5年支付股息，而标准的优先股延迟支付的期限可以不确定，这一点使得发行MIPS可能陷入破产。对于发行人而言，这就是MIPS的主要风险所在。

八、股票联结票据中的期权部分构件可以设计出什么样的结构?

正如图4－2所示，股票联结票据嵌入的期权可以有两个方面的结构变化：一个是票据中期权的头寸，另一个是期权的类型。

在前面介绍的众多股票联结票据中，投资者持有票据之后通常相当于获得了一个期权的多头。个别结构复杂的产品同时兼有期权多头和空头。对投资者而言，当产品中的期权头寸为空头时，这样的产品通常就是我们在第一章所介绍的收益增强类结构化产品。在股票联结票据中，具有空头头寸的产品的比较典型的例子就是强制转换债券（Mandatory Convertibles）。强制转换债券属于可转换债券一种，其最终将被强制转换为其所对应的普通股票。投资者可以选择转换的时间，但是最终必须执行这个转换过程。强制转换债券相当于投资者向发行人卖出了一个欧式看跌期权，买入了一份普通债券以及一个美式看涨期权，两个期权的执行价格相同。

强制转换债券具有多种表现形式，例如股权承诺票据（Equity Commitment Note）、可变执行价强制转换债券、有限升值强制转换债券等。在强制转换债券中，由于投资者处于期权的空头地位，可以获得期权费。而发行人通常会将该期权费反映在各种有利于投资者利益的产品条款当中。

【案例4-4】 强制转换债券

1997年5月，戴姆勒奔驰汽车公司通过德意志摩根建富（Deutsche Morgan Grenfell，DMG）以及高盛（Goldman Sachs）这两家投资银行，成功发行了一款强制可转换债券。债券的主要条款见表4-2。

表4-2　戴姆勒奔驰汽车公司强制转换债券的主要条款

条款项目	条款内容
工具	次级强制转换债券
规模	15.4322亿德国马克
期限	5年1个月
票面息率	每年5.75%（每半年付息）
发行价	对现有股东：130.70德国马克（79.67美元） 对新投资者：139.50德国马克（80.99美元）
转换期	从买入持有至债券到期前10天
转换溢价	16%
转换汇率	1.7225德国马克/美元
最高转换价格	151.62德国马克（发行价的116%）
最低转换价格	104.56德国马克（发行价的80%）
债务偿还方式	逐期付息，期末付本金
转换比率	如果公司的股票价格低于最低转换价格，那么每份债券将可以转换为1.25份股票 如果股票价格高于最高转换价格，那么每份债券将可以转换为0.862份股票 如果股票价格在最高转换价格与最低转换价格之间，那么转换比例将依据债券到期前20天的平均股票价格而定，且不能超出0.862至1.25这个区间

上述条款中转换比率的设定，充分体现了强制转换债券的特征。具体而言，由于投资者承担了债转股的义务，需要获得一定的期权费收入；在这里的期权费收入不仅体现在较高的票面息率，也体现在最低转换价格上，也就是说当实际价格低于最低转换价格时，投资者可以按更高的转换比率进行转换。当然，发行人自身也有一定的保护，那就是当股票价格高于最高转换价格时，转换比率不会跟着降低。这两个都是典型的期权结构。

以上从期权多空头寸的角度讲述了股票结构化产品中期权条款的结构变化，下面将从期权类型的角度继续讲述该问题。这里的期权类型，是指普通期权和奇异期权。

将奇异期权加入到股票联结票据中的主要目的，就是为了改变产品的风险—收益结构。奇异期权具有多种多样的类型，本书前面的章节已对其进行了深入的介绍。这里用一个案例来对其做出说明。

【案例4-5】 股票联结票据中的牛市价差期权结构

1991年，瑞士的医药公司罗氏（Roche）为了收购一家生物科技公司Genetech，发行了如表 4－3 所示的具有奇异期权结构的股票联结票据，用以作为并购融资的一部分。

表 4－3　　罗氏股票联结票据的主要条款

条款项目	条款内容
发行规模	10 亿美元
期限	10 年
票面息率	每年 3.5%（每年付息）
票据面值	10 000 美元
期权结构	每份票据含有 73 份牛市价差期权，期权的期限是 3 年，执行价格如下： 如果罗氏的不记名股票（Bearer Shares）的收盘价低于或等于 7 000 瑞士法郎，投资者将得到 7 000 瑞士法郎 如果罗氏的不记名股票（Bearer Shares）的收盘价高于 7 000 瑞士法郎，则投资者可以获得 1 份不记名股票或者执行价为 10 000 瑞士法郎的期权
发行日股价	7 490 瑞士法郎

从图 4－4 中可以看到，投资者实际上购买了执行价为 7 000 瑞士法郎的看跌期权和罗氏股票本身，同时卖出了执行价为 10 000 瑞士法郎的看涨期权。其收益结构是：

◆ 如果罗氏的股价下跌，那么投资者将以 7 000 瑞士法郎的价格执行其所持有的看跌期权，从而获得大约 7.8% 的投资收益。

◆ 如果罗氏的股价上涨，发行人将以 10 000 瑞士法郎的价格执行其所持有的看涨期权，使投资者获得 10 000 瑞士法郎，即相当于约 9.9% 的投资收益。

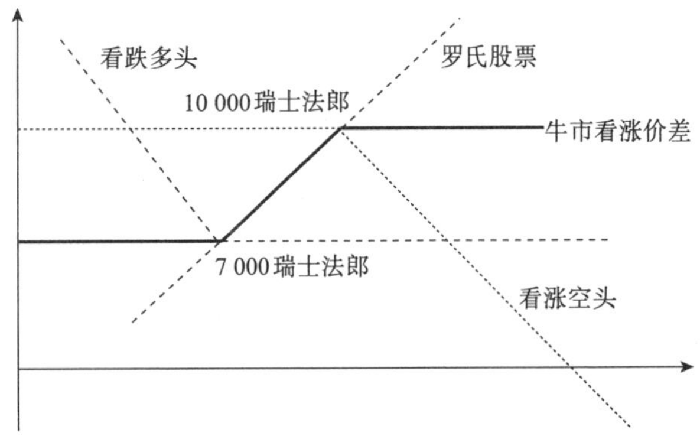

图 4－4　牛市价差期权的收益图示

具有牛市价差期权结构的股票联结票据对罗氏而言有一定的用处，那就是当股票上涨比较大时，罗氏所承受的股本稀释效应较低，当然，这是相对一般的权证而言的。对投资者来说，投资这款产品的好处是可获得相对较高的票面息率，同时还可获得一定程度的股票风险暴露。

九、不支付利息的股票联结票据——对票面息率和期权部分构件的结构化如何设计?

在传统的可转换债券的基础上对债券的票面息率和期权结构进行变化，就可以得到新的股票联结票据。如果用零息债券作为股票联结票据中的债券部分，那么得到的股票联结票据在存续期间就不支付利息了。在目前的市场中，最典型的一个例子是美林证券设计的流动收益期权票据（Liquid Yield Option Notes，LYONs）。LYONs 是零息债券与期权的组合，其中的期权既包含发行人的赎回权（Callable），也包括投资者的转换权和售回权（Puttable）。这个股票联结票据的各个组成部分都是普通的证券。然而，将各个组成部分包装起来形成一个结构化产品，则 LYONs 就具有了非常独特的性质，包括：

◆ 到期时间。通常在 15 年到 20 年。

◆ 票面息率。与所有的零息票据一样，LYONs 在产品到期前不支付利息；产品的赎回价格和发行价格之间的差额就是产品在存续期间所累积的利息。因此，LYONs 通常是折价发行的。通常情况下，折价的幅度大概要达到 20% ~40%，才能保证年化的到期收益率为 4% ~7%。

◆ 转换权。LYONs 具有可转换债券的特征，即投资者在规定期间内有权将其所持有的 LYONs 以特定的转换价格和转换比率转换成为发行人的股票。该转换权所对应的转换溢价通常为 10% ~20%。此外，有的 LYONs 还规定发行人有权在投资者进行债转股的时候以现金结算而非股票进行交割。

◆ 售回权。LYONs 中含有的售回权使投资者有权以特定的价格在特定的时间区间内将 LYONs 售回给发行人并换取现金，从而结束整个投资交易。这与债券逆回购交易比较类似。售回价格的设定要使得投资者售回 LYONs 所获得的收益与同期同级的债券的收益基本相当。

◆ 赎回权。发行人的赎回权使其能够在特定的时间内提前将 LYONs 赎回。其中，赎回价格的设定通常是不利于发行人过早行使赎回权的。

债券的回购和逆回购交易

回购也被称为正回购，是指一方以一定规模债券作抵押融入资金，并承诺在日后再购回所抵押债券的交易行为。这样的操作相当于融资。逆回购则相反，是指一方以一定资金购入一定规模债券，同时与对手方约定在未来某个时间点以约定的价格将先前所购入的债券售回给对手方。这样的操作相当于投资。债券市场中，回购和逆回购是比较常规的交易行为。通过多次回购操作，债券投资也可以实现一定程度的杠杆效应。

【案例4-6】 最早发行的LYONs①

表4-4和表4-5展示了金融市场中最早出现的LYONs。从中可以看到，LYONs的结构可以变得非常复杂。在案例中，LYONs所包含的各个组成部分包括零息债券、转换权所对应的以发行人的股票为标的物的美式看涨期权、售回权所对应的13个以利率为标的物的欧式看跌期权、赎回权所对应的17个以利率为标的物的欧式看涨期权。

表4-4　　最早发行的LYONs的主要条款

条款项目	条款内容
发行人	Waste Management, Inc. ②
发行规模	面值10亿美元
发行日期	1985年4月12日
到期日	2001年1月21日（将近16年）
票面息率	0%（每年）
发行价格	每个面值1 000美元的票据的价格是250美元
到期收益率	9%（每年）
投资者的转换权	在到期前的任何时间内，投资者可以将每个债券转换成为4.36份Waste Management, Inc.的股票
转换价格	在发行时确定的转换价格是每股57.34美元（等于LYONs的发行价格250美元除以转换比率4.36）。由于当时的股价为每股52.25美元，所以相应的转换溢价为9.74%
投资者的售回权	从1988年开始的每年的6月30日，投资者都有权以特定的执行价格将该LYONs售回给发行人。其中，执行价格会随着到期日的临近而递增，且每年调整一次（见表4-5）
发行人的赎回权	发行人有权以既定的赎回价格提前将LYONs赎回。赎回价格也是随时间递增的（见表4-5）

表4-5　　LYONs的售回价格和赎回价格

日期	售回价格（美元）	售回收益率（%，每年）	赎回价格（美元）	赎回收益率（%，每年）
发行			272.50	
1986年6月30日			297.83	14.92
1987年6月30日			321.13	11.62
1988年6月30日	301.87	6	346.77	10.44

① 资料来源：McConneil, John and Schwartz, Eduardo. "*The Origins of LYONs: A Case Study in Financial Innovation*". Journal of Applied Finance vol. 4 no. 4 (Winter 1992).

② 美国最大的一家固体垃圾处理公司，成立于1968年，总部位于美国休斯敦，主要从事完整的固体废物处理业务，服务范围覆盖全球。

续表

日期	售回价格（美元）	售回收益率（%，每年）	赎回价格（美元）	赎回收益率（%，每年）
1989 年 6 月 30 日	333.51	7	374.99	9.85
1990 年 6 月 30 日	375.58	8	406.00	9.51
1991 年 6 月 30 日	431.08	9	440.08	9.30
1992 年 6 月 30 日	470.75	9	477.50	9.17
1993 年 6 月 30 日	514.07	9	518.57	9.08
1994 年 6 月 30 日	561.38	9	563.63	9.02
1995 年 6 月 30 日	613.04	9	613.04	9
1996 年 6 月 30 日	669.45	9	669.45	9
1997 年 6 月 30 日	731.06	9	731.06	9
1998 年 6 月 30 日	798.34	9	798.34	9
1999 年 6 月 30 日	871.80	9	871.80	9
2000 年 6 月 30 日	952.03	9	952.03	9
到期			1 000.00	9

对发行人而言，LYONs 的主要优点体现在两个方面：一是现金流量的一次性。这种债券的发行人不会面临支付现金利息的问题，因为零息债券发行人在到期日之前无须支付任何利息，从而获得最大的现金流量好处。二是税法规定了允许发行人获得由最初折价发行带来的收益，这些获得但没有支付的利息收入减少了应纳税资产的数量，因此带来了相当可观的现金收入。发行人在 LYONs 发行后享受到一系列的税收优惠，直到投资者将其转换成股票为止。

对投资者而言，LYONs 的主要优点也体现在两个方面：一是 LYONs 的收益稳定、投资风险较低，适合稳健型的投资者。LYONs 有债券一样较稳定的收益率，没有再投资风险，同时通过售回权对本金更高程度的保护，能够降低投资者面临的利率风险。二是 LYONs 对那些想依靠组合投资降低风险的个人和机构投资者来说很有吸引力。比如说，一个投资策略就是投资者在购买股票看涨期权的同时，再将部分现金管理账户中的现金投资于债券等低风险资产，这一策略既能保证投资本金的收回和一定的收益率，又能获得股票上涨带来的好处。LYONs 实质上就是模拟了这种投资策略，又能减少构造资产组合的成本。

当然，LYONs 也有一些不足的地方，首先是股本稀释作用，LYONs 转换为股票时，将稀释股本。其次，LYONs 对发行人的要求是比较高的。由于这种票据的发行对象主要是零售市场上的个人投资者，要求发行人必须具有较高的市场知名度和信用等级；同时，可转换性要求发行公司股价具有较大的波动性，而满足这一标准或要求的公司规模往往不大。兼备这些要求的公司较少。

十、相对于可转换债券，现代股票联结票据的转股条款（期权部分构件）有哪些变化？

传统的股票联结票据，如可转换债券规定了投资者执行转股期权的条件，即所谓的转股条款。该条款所确定的转换价格或者转换溢价通常都是固定的，产品存续期间不发生改变。在此基础上创造出来的新的股票类结构化产品，改变了转换溢价的固定性，使得转换溢价随着时间的变化而发生变化。这就是债转股条款的结构创新所在。

那么，为什么要改造债转股条款呢？为了回答这个问题，首先要理解固定的转换溢价给发行人带来的两个问题。

第一，发行人股票的升值导致可转换债券的升值，并提高投资者的资本利得。根据现代的股份制，发行人公司所创造的价值应该全部属于公司的现有股东，但是，可转换债券把公司所创造价值的一部分从现有股东手中转移到可转换债券的投资者手中。

第二，如果标的物股票的价格没有按预期所料的那样上涨并超越转换价格，可转换债券的投资者就不会行使转换权，那么发行人就必须在可转换债券到期时用现金将可转换债券赎回（即偿还债券本金），这就使发行人承担较重的现金流压力或者再融资压力。此外，投资者如果不执行转换权，那么预期的股权资金注入就无法实现，导致发行人的财务杠杆发生变化，可能带来一定的财务风险。

这两个含义分别对应股价上涨和股价下跌的情况。股价下跌可能是由于宏观经济形势变化或者股票市场的系统因素所导致的，因此，发行人对股价下跌的控制能力是有弱点的。但是，总的来说，无论哪种情况发生，都会对发行人带来一定的困扰。正是为了解决这个问题，可转换债券的创设者才会以转换价格为出发点进行创新，改造可转换债券的转换条款。

为了解决第一个问题，创设者将转换价格由固定的改成随时间推移而递增的。这样的结构常被称为重置可转换债券，也被称为递增可转换债券（Step - Up Convertible）。这里的递增方式包含两种：一种是直接提高转换价格，即按照预定的时间安排，逐级降低转换比例，从而在实际上提高了转换溢价，也相当于提高了可转换债券中看涨期权的执行价格；另一种是间接提高转换价格，即以间接的方式提高可转换债券中看涨期权的执行价，如前面 LYONs 所示的那样。

从本质上来讲，递增的转换价格相当于提高了看涨期权的执行价格，使得期权的价值下降，这对投资者而言是不利的。因此，为了弥补投资者的损失，创设者可能要提高债券部分的票面息率或者债券的有效利率，以吸引投资者的资金。

为了解决第二个问题，创设者将转换价格由固定的改成随时间推移而递减的，或者是当发生某个事件时调低转换价格。这里所说的事件通常是标的物股票价格发生长期且幅度较大的下降。当确认事件发生时，发行人就会按照转换条款重置转换价格，将其调到较低水平。调整的方法涉及四个方面：一是在产品合约中规定转换价格重置的日期，可以进行一次或者多次重置；二是重置幅度，可以根据预定的幅度进行重置，也可以根据标的物股票下跌幅度的某个比例进行重置；三是股票价格的观察时间点，可以是每次调整对应一个观察点或者多个观察点，或者可以采用每月均价等；四是当可转换债券的标的物股票和债券本身以不同的货币计价时，货币之间的转换汇率可能也要和转换价格一样进行调整。

通过对转换条款的改造，传统的可转换债券就有了更加复杂的结构，成为具有路径依赖期权的新型股票联结票据。路径依赖期权属于奇异期权中的一类，其定价方式比普通期权复杂许多。

十一、以第三方股票为标的物的股票联结票据——对期权部分标的物如何结构化设计？

传统的股票联结票据所嵌入的期权通常都是以发行人自身的股票或者发行人母公司的股票作为标的物。如果对这个特征进行变化，以第三方的股票作为标的物，那么就创造出了新的股票类结构化产品。

以第三方股票为标的物的股票联结票据通常可以分成四个类型。

（一）可交换债券（Exchangeable Bond）

可交换债券是一种复合型衍生债券。可交换债券的投资人可在约定的期间之后，将债券按比率转换为股票，但转换标的物为发行公司所持有的其他公司的股票。可交换债券一般发生在母公司与其上市子公司之间，即由母公司发行债券，债券到期时可以转换成其上市子公司的股票。可交换债券在融资和投资方面均与普通可转换债券有几乎相同的作用。可交换债券的一个用途体现在下述这种情况中：A 公司由于资本重组或者并购等原因而持有了 B 公司一定规模的股票，这时 A 公司有融资需求，但是又不愿意将所持的 B 公司股票卖出，于是 A 公司发行了以 B 公司股票为标的物的可转换债券，这就是所谓的可交换债券。可交换债券可以使 A 公司以相对较低的成本融入资金，同时不需要立即放弃 B 公司的股票所有权，也避免了发行可转换债券可能导致的股本稀释效应。

（二）上市债券（Going Public Bonds）

上市债券也被称为上市前预售可转换公司债券。这种可转换债券中期权的标的物是一家未上市但是即将上市的企业的股票。对于即将上市的企业而言，发行上市债券有比较重要的用途，那就是当股票市场低迷或者企业目前经营状况不够好而不利于IPO融资时，发行上市债券可以获得成本较低的融资，并把IPO融资的时间延后，以等待资本市场的复苏或者让企业有更多时间进行经营调整。对于投资者而言，上市债券既可以使投资者获得股权风险暴露，同时又有债券所提供的本金保护。

（三）合成股权（Synthetic Equity）

合成股权的基本结构与可转换债券类似，最大的差别是嵌入期权的标的物是与发行人无关的第三方股票或者股票组合（股票指数）。发行人使用合成股权的原因，往往是因为发行人自身没有股份制的特征。

（四）合成可转换债券（Synthetic Convertible Securities）

与普通的可转换债券一样，合成可转换债券的标的物股票也是发行人的普通股票，但是发行人在发行合成可转换债券的同时，对其中的期权进行了对冲，从而避免了股本稀释效应的发生。具体而言，合成可转换债券的发行人（通常是上市公司）在向投资者卖出该产品并融入资金的同时，再与该产品的创设者（通常是投资银行）签订一份期权协议。该期权协议使发行人在投资者行使转换权的时候，有权以事先确定的价格从投资银行手中买入相应数量的股票（发行人自己的股票），而投资银行只能到二级市场中买入相应的股票并交付给发行人。这样，在债转股的时候发行人就不需要发行新股，从而不用担心股本稀释效应。同时，通过发行可转换债券，发行人的融资成本又比普通债券的融资成本低。当然，发行人为了从投资银行那里获得期权，需要交付一笔期权费用。

在某些场合中，合成可转换债券是指通过将二级市场中的证券进行组合打包而形成的一个具有可转换债券特征的资产组合。例如，将某个公司发行的普通债券和该公司发行的认股权证相组合，就得到一个合成可转换债券。

【案例4－7】 合成可转换债券①

1998年，雀巢公司（Nestlé）发行了规模为2.5亿美元、期限为7年的合成可转换债券。该债券的实际发行人是雀巢公司在澳大利亚的分公司。此次发行分为两个阶段。

首先，雀巢公司向投资者发行了常规的可转换债券。投资者有权将该债券转换为雀巢公司的股票。可转换债券使得雀巢公司此次融资的利息成本只有每年1.5%，大大低于当时的市场利率。

① 资料来源：*Synthetic Convertible Bonds*（March 1999），Global Finance.

其次，在向普通投资者发行可转换债券的同时，雀巢公司与该债券的创设者瑞士信贷第一波士顿银行（CSFB）签订了一份期权协议。在该协议中，当可转换债券的投资者行使转换权时，CSFB将向雀巢公司提供所需的股票。这相当于雀巢公司从CSFB那里买入了一个以雀巢公司股票为标的物的看涨期权。这样，当可转换债券的投资者行使转换权的时候，雀巢公司就不需要发行新股，而直接执行其所持有的看涨期权，从CSFB手中购入股票，从而在满足投资者需求的同时，避免了股本稀释效应的产生。

十二、第二类股权类结构化产品——股指联结票据是怎样的？

股指联结票据是股权类结构化产品中的一种，与前文所述的股票联结票据类似，即票据的利息或（和）本金的收回都会受到股票市场行情走势的影响。当然，股指联结票据和股票联结票据之间也存在一定的差异，主要体现在三个方面。首先，股指联结票据嵌入的衍生工具是以股票市场指数为标的物的，这是它与股票联结票据的最大区别，因为后者的标的物通常是单个股票。其次，股指联结票据的发行人通常并不是票据标的物的发行人，而且票据发行的主要目的也不是为发行人融入股权资金。毕竟，股票价格指数没有对应的发行人，这与个股是不一样的。最后，股指联结票据的发行人在发行票据之后，通常会通过交易场内或场外的衍生工具而将票据的衍生工具风险对冲掉；与此相应，股票联结票据的发行人如果通过该票据进行股权融资，通常不会进行这样的对冲操作。

下面用一个案例来进一步介绍股指联结票据。

【案例4－8】 股指联结票据

美国的某投资银行发行了一款5年期100%本金保护的股指联结票据，该票据由普通的零息债券和欧式看涨期权组成，期权的标的物为标准普尔500指数（S&P 500），执行价为1 400。某投资者以1 000美元买入该票据，参与率为100%。投资者买入时指数的点位是1400。在5年后产品到期时，投资者收回的资金的计算公式如下：

收回的资金＝本金＋参与率×Max｛指数升值幅度，0｝×本金

例如，如果指数上涨到了2100（即50%的升值幅度），那么投资者获得的投资收益将是500美元，而收回的资金将是1 500美元，总投资收益率为50%。计算如下：

1 000＋100%×Max｛50%，0｝×1 000＝1 500（美元）

如果到期时指数的水平下跌到了1200，即行情往下走了，这时，在本金保护条款的帮助下，投资者收回的资金将是1 000美元，即初始投资的本金。表4－6显示了这款股指联结票据在股指的不同行情走势下的价值。

表 4-6　　股指联结票据的收益情况

S&P 500	升值幅度（%）	本金（美元）	票据升值（美元）	资金收回（美元）	投资总收益率（%）
2100	50	1 000	500	1 500	50
1960	40	1 000	400	1 400	40
1820	30	1 000	300	1 300	30
1680	20	1 000	200	1 200	20
1540	10	1 000	100	1 100	10
1400	0	1 000	0	1 000	0
1260	-10	1 000	0	1 000	0
1120	-20	1 000	0	1 000	0
980	-30	1 000	0	1 000	0
840	-40	1 000	0	1 000	0
700	-50	1 000	0	1 000	0

案例中的股指联结票据几乎是最简单的股权类结构化产品。投资者在分析该票据是否值得投资时，通常需要注意以下四点。

第一，票据的升值空间。因为该票据嵌入的看涨期权多头，所以票据的升值空间是无限的。也就是说，票据的潜在升值幅度等同于标准普尔 500 指数的升值幅度。

第二，票据的损失风险。在标准普尔 500 指数走势下跌的时候，票据的期权价值为零。但是因为票据附有全额保本条款，所以投资者至少能够收回初始投资的本金，因此，票据的损失风险是有限的。

第三，票据的机会成本。虽然该股指联结票据提供了完全保本，使得投资者投资于该票据时不会承受本金亏损的风险，然而，这样的投资也是有机会成本的。机会成本最保守的算法，是在票据持有期间投资者无法动用该资金（1 000 美元）而丧失的无风险收益，例如 5 年期国债的收益。

第四，票据构造的分解。投资者是否能够通过二级市场中的资产而合成等同于该票据的投资机会呢？假设 5 年期的无风险利率为 6%，投资者可以用 747.26 美元投资于 5 年期的零息债券：由于 $747.26 \times (1+6\%)^5 = 1\ 000$（美元），这样就保证了 5 年后本金的收回。接下来，投资者再利用资金 252.74 美元，投资于一个 5 年期的以标准普尔 500 指数为标的物的执行价为 1 400 的欧式看涨期权，且期权的价值计算公式是针对指数相对升值幅度而非绝对升值幅度来计算的。这样，投资者的初始投资为1 000美元就复制出了该股指联结票据。

然而，在实际的市场中，投资者可能遇到多重的困难，例如二级市场中流动性较高的零息债券和标准普尔 500 指数期权的期限通常是半年或一年，远远短于 5 年。此外，可交易的期权的计算通常是根据绝对变化幅度并乘以特定的乘数来计算货币收益的，如每个指数点对应 25 美元，则升值 100 个指数点时期权升值的幅度至少是 2 500 美元（如果未到期，则还要考虑时间价值)。因此，要通过二级市场中的证券来复制该股指联结票据是比较困难的。

十三、投资者可以用股指联结票据干些什么?

设计股指联结票据的出发点是投资者的资产管理需求。这里的投资者既包括普通的个人投资者，也包括机构投资者。然而，个人投资者获得的效益可能更高，因为相对于机构投资者而言，个人投资者进行股票组合管理（包括股票相关的金融衍生工具)，可能需要承担较高的交易成本并受到一定的投资限制。相对于直接在二级市场中进行股票投资而言，股指联结票据为投资者提供了更有优势的投资选择。这些优势表现在以下四个方面。

(一) 资产配置策略

机构投资者进行资产配置，要甄选出特定的资产种类和市场并进行投资。在股票市场中，机构投资者的投资策略关注于通过股票交易而构造出一个资产组合，使其能够复制股票市场指数的行情表现。由于在评估资产管理者的组合管理绩效时，通常是以特定的股票市场价格指数作为基准，所以资产组合管理者比较重视其所构建的股票组合能否复制甚至超越股指的行情表现。对于这类机构投资者而言，股指联结票据是理想的投资工具，因为资产管理者只需要一次交易就几乎完整地获得了指数的风险暴露，而不像原来那样需要动态地管理资产组合中各个股票的头寸。

个人投资者也能通过股指复制来获得一定的收益，即获得一个充分分散化的投资机会。然而，在通常情况下，个人投资者在复制股指时会遇到很多无法克服的困难。一个最大的困难是个人投资者的资金量往往较小，无法按照指数中的比例进行分散化投资。此外，个人投资者进行指数复制时可能要承担很高的交易成本。股指联结票据能够帮助投资者克服这些困难，使其能够在资金量较小的情况下，以较低的交易成本来获得充分分散化的股票市场风险暴露。

(二) 收益增强功能

在特定的市场情况下，股指联结票据能为投资者带来更好的投资收益。这样的收益增强功能来自以下三个因素。

1. 股指联结票据能够带来的投资收益可能要高于所对应的股票价格指数的升值幅度。这是因为股指联结票据中嵌入了股指衍生工具，而衍生工具的价格除了受股指本身影响之外，还有另外一些影响因素。例如，股指期货的价格可能在一定程度上偏离股价指数，表现为基差绝对值提高，股指期货价格的涨幅略高于现货的涨幅。如果嵌入的衍生工具是期权，那么期权价值变动偏离标的物价格变动的可能性就更高，因为影响期权价格的一个重要因素——波动率，通常与标的物价格本身波动的相关性不是特别高。也就是说，当股票价格小幅变动时，波动率可能受到其他因素影响而突然上升，大幅提高期权的价值。

2. 相对于在二级市场中建立资产组合并复制股票价格指数而言，直接投资于股指联结票据的交易成本比较低，从而使最终的投资收益相对较高。

3. 投资于股指联结票据能获得一定程度的避税效果。例如，投资于股指联结票据能在一定程度上降低股利的代扣所得税，并能重新分配股利收入的免税额度。

对于收益增强而言，上述的后两个因素显得尤为重要。

（三）结构化的收益

股指联结票据市场发展迅速的另一个重要原因是其客制化功能，即能针对投资者的收益模式需求而设计产品。例如，某资产管理者根据其市场研究结果，认为股票市场在未来 3 个月内的走势将处于特定的价格区间；该资产管理者希望能通过调整资产组合而使得该资产组合净值在市场按其预测运行时有较高的增长，且在预期未实现时承担较低的损失。如果直接调整资产组合，可能会违反相关的规章制度或者承担比较高的风险，这时只有针对这种市场情况而设计的股指联结票据能满足该资产管理者的要求。

结构化收益的另外一个表现是股指联结票据不仅能够为投资者带来股票市场的风险暴露，而且能够带来外汇市场的风险暴露。随着金融市场全球化的推进，越来越多的投资者希望将部分资金投入海外的资本市场，以便实现进一步的投资分散化。投资于海外股票市场所获得的收益不仅取决于海外股票市场本身的波动，也取决于两国货币的汇率的变动。在这样的情况下，运用股指联结票据进行投资更易于实现这样的投资策略。

（四）跨境投资

当投资者希望将投资的范围扩展到境外市场时，股指联结票据是比较合适的投资工具。对普通的投资者而言，境外资本市场投资是比较麻烦的，例如要进行货币兑换、境外账户设立、资产组合调整、跟踪误差、股利收入再投资等；直接进行境外资本市场投资的成本也是比较高的，例如资产托管成本、印花税、交易手续费等；此外，某些境外股票所在国家可能实施比较严格的资本管制，以至于使得资金规模较小且资金流动灵活性较高的投资者无法直接投资于这个股票市场。

在新兴市场中，以上所说的这些因素对境外资本市场投资的收益而言显得更加重要。除此之外，境外资本市场投资还要面临监管限制（如不允许个人投资者投资于境外的股票市场）和监管风险（如货币管制等）。在这种情况下，投资者通常只有借助于股指联结票据，才能有效地实现其投资策略。

延伸阅读

资本管制（Capital Control）

资本管制是一国政府用来监管资金从资本市场流入或流出本国的资本账户的措施。这些措施包括交易税、规模限额、滞留时间限额以及其他一些直接的禁止性法规和政策。资本管制的范围可能大到整个国民经济各个领域，也可能局限于某些行业或产业（通常是金融业或者一些战略性的产业），管制的对象可以包括债权和股票投资以及直接投资等。

资本管制的类型包括汇率管制、金融资产国际买卖额度限制、金融交易税、最低滞留时间限额、资本进出境审批制度等，甚至还包括本国居民移民时的资金境外汇转等。其中，汇率管制的主要内容是禁止或者限制居民以市场利率买卖外汇。

新兴市场经济国家大多实施一定程度的资本管制，以防止国际流动资金或者所谓的热钱在本国资本市场上兴风作浪，扰乱本国金融市场秩序。在这种情况下，对市场经济国家的股票市场进行投资时，境外的投资者就面临比较严格的限制，并承担比较高的交易成本。

十四、股指联结票据为何出现多样化结构?

构造股指联结票据的方法与构造其他结构化产品的方法是相一致的，即将一定数量的基本的金融资产组合成一体。其中关键的构件包括两部分：一是固定收益证券，通常是零息债券；二是以股指为标的物的金融衍生工具，通常是股指的远期或者期权合约。其中，如果投资的目的不同，产品的构造就有很大差别。投资股指联结票据的主要目的有三个，分别是收益增强、本金保护和有效分散投资。在本章的后面部分内容中，我们将针对这三个投资目的给出相应的股指联结票据的构造。

本部分所介绍的股权类结构化产品都是嵌入期权合约，因为期权的非线性结构使得产品设计者可以非常便捷地设计出针对客户个性化需求的产品。然而，基于远期的股权类结构化产品也有一定的市场和用途。下文将介绍基于远期的股指联结票据。

远期合约是指交易双方约定在未来特定时间以特定价格交易一定数量资产的合约。股指远期合约的标的物是股票价格指数。在实践中，股指远期合约以两种方式出现：一是普通的远期合约；二是股指互换合约（Swap）。从本质上看，股指互换合约其实就是一系列以股指为标的物的远期合约的组合。换句话说，股指互换合约要求合约双方在未来的一系列时间点上交换现金流，该现金流的方向和规模取决于股指的行情表现。在结构化产品中，股指互换合约比普通的远期合约更为常见，特别是在 OTC 市场。图 4 -5 展示了一个典型的股指互换合约的基本结构。

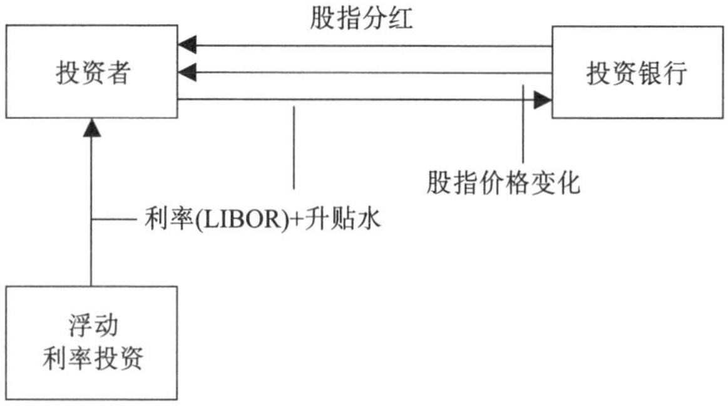

图 4 -5　股指互换合约的基本结构

从图 4 -5 可以看出，股指互换合约实际上是投资者用浮动利率投资的利息来交换股指上涨的收益。股指互换合约中含有名义本金条款，投资者向对手方交付的浮动利息等于名义本金乘以浮动利率，而其从对手方那里获得的股指上涨收益则等于名义本金乘以股指的全收益率（即含有分红和资本利得的总收益率）。要注意的是，当股指上涨的时候，投资者将从对手方获得股指上涨带来的收益，但是当股指下跌的时候，投资者除了要向对手方支付浮动的利息之外，还要向对手方支付等于股指下跌幅度乘以名义本金的现金流。在实际操作中，名义本金可以是固定的，也可以是浮动的。

图 4 -5 所展示的结构是应用股指互换的典型例子，那就是利用浮动利率投资来换取股票市场风险暴露，期望获得来自股票市场更高的预期收益。这样操作的成本和误差通常会低于直接投资于股票资产组合时的情形。此外，通过与跨国经营的投资银行进行场外的股指互换交易，还可以获得境外股票市场的风险暴露，从而有助于投资者分散组合风险。

十五、股指联结票据中的结构之一：如何构造收益增强结构?

股指联结票据的收益增强结构通常需要用到场外交易的远期或者股指期权的空头交易。比较典型的收益增强结构有三种，分别是牛熊结构（Bull Bear Structure）、逆向可转换结构（Reverse Convertible）和期权空头结构。

在具有牛熊结构或者逆向可转换结构的股指联结票据中，票据在到期时的赎回价值都依赖于标的物股指的行情表现，使得赎回价值有可能低于票据面值或者票据的初始投资本金。这是其风险所在。为了弥补投资者所承受的风险，票据通常会提供比市场同期利率更高的票面息率，这就是所谓的收益增强。

相比较而言，期权空头结构在收益增强类的股指联结票据中更为常见。下面将详细解释具有期权空头结构的股指联结票据。

顾名思义，期权空头结构是指股指联结票据中的期权处于空头头寸，也就是说，股指联结票据是由债券的多头和期权的空头组合构成。对投资者而言，债券能在未来带来一定的利息和本金收回，而做空期权将获得期权费收入，但是在未来要承担期权履行的义务，使得未来可能蒙受较大损失。将二者综合起来看，期权费可以叠加到利息中，使得股指联结票据的实际利息高于市场同期同类的普通债券的利息，这就是所谓的收益增强；但是期权的可能损失也要叠加到债券期末的本金收回，使得票据最终收回的投资可能低于初始的投资，这就是投资风险。下面用一个案例来说明具有期权空头结构的股指联结票据。

【案例 4－9】 具有期权空头结构的日经指数联结票据（Nikkei Index－Linked Note）

日本的某家商业银行为了融资而在美国发行了一款以日经指数为标的物的股指联结票据。该票据的计价货币是美元，也就是说，发行人在支付利息和本金时都需要以美元来支付。但是，发行人融入资金后要转换成日元进行本地投资。日经指数联结票据的主要条款见表 4－7。

表 4－7　日经指数联结票据的主要条款

条款项目	条款内容
发行人	信用评级 AA 的商业银行
本金规模	50 亿日元
票面息率	每年 16.5%（每年支付）
发行价格	100.25（百元报价）
费率	0.25%
期限	1 年
赎回价值	$100-\frac{\text{指数期末值}-\text{指数期初值}}{\text{指数期初值}}\times 100$
最大赎回价值	100
最小赎回价值	0

从票据的赎回条款可以看出，投资者卖出了以日经指数为标的物的看涨期权，同时获得了较高的票面息率。这里的看涨期权的执行价格是票据发行时日经指数的价格。如果日经指数在期末比期初有所升值，那么投资者收回的资金就会降低。这是投资该票据的主要风险。

此外，要注意的一点是其中的最小赎回价值条款。我们知道，看涨期权的卖方承担的可能损失在理论上是可以无限大的。如果发生了指数大幅升值的情况，票据的投资者不但失去全部投资本金，而且可能还要承担进一步的亏损。对发行人而言，这样的情况要依赖于投资者的信用状况。发行人通常是不愿意承担这样的信用风险的。所以，票据设置了最小赎回价值条款，使得投资者的最大亏损止于全部的投资本金，这相当于投资者从发行人那里获得了一个执行价格为指数起初价格2倍的看涨期权。

在该股指联结票据发行的时候，日经指数的价位是22 950。根据其基本结构，我们可以模拟出到期时根据日经指数的不同表现而得到的票据投资收益（见表4－8）。

表4－8　　日经指数联结票据的模拟收益

日经指数		票据赎回价值	票面息率	资金收回	投资收益率
期末价位	期末增幅	（面值百分比）	（%）	（%）	（%）
11475	－50%	100	16.5	116.5	16.5
13770	－40%	100	16.5	116.5	16.5
16065	－30%	100	16.5	116.5	16.5
18360	－20%	100	16.5	116.5	16.5
20655	－10%	100	16.5	116.5	16.5
22950	0%	100	16.5	116.5	16.5
25245	10%	90	16.5	106.5	6.5
27540	20%	80	16.5	96.5	－3.5
29835	30%	70	16.5	86.5	－13.5
32130	40%	60	16.5	76.5	－23.5
34425	50%	50	16.5	66.5	－33.5
36720	60%	40	16.5	56.5	－43.5
39015	70%	30	16.5	46.5	－53.5
41310	80%	20	16.5	36.5	－63.5
43605	90%	10	16.5	26.5	－73.5
45900	100%	0	16.5	16.5	－83.5

以上是从投资者的角度对该票据进行的分析。下面从发行人的角度看该票据能带来的风险—收益特征。对于发行人而言，因为其期权头寸是看涨期权多头，所以其期权方面的风险较低。但是，发行人在期末时要将日元转换成美元，已支付利息和本金，因此承担了美元汇率风险。事实上，发行人既不愿意承担期权风险，也不愿意承担汇率风险。这时就要对这两类风险进行对冲。发行人进行风险对冲的基本操作包括两个部分：一是通过货币互换将汇率风险进行对冲；二是通过期权交易对冲期权风险。

图4－6显示了这款股指联结票据的运作流程。具体而言，发行人发行票据之后，融得了一定规模的资金，但是承担了股票市场风险和汇率风险。为了把这两方面的风险对冲

掉，发行人与投资银行签订合约，将期权多头卖给投资银行，同时通过货币互换将汇率风险转移到投资银行手中。投资银行则实施进一步的风险管理，通常情况下是在金融市场中卖出从发行人那里买入的期权，同时也进行下一步的货币互换交易进行风险对冲。在如上的风险管理过程中，投资银行的策略是多种多样的，既可以通过场内交易将大额头寸分割成小头寸进行风险对冲，也可以在场外寻找另一家金融机构对其大额头寸进行一次性对冲。当然，有的投资银行并不进行全额的对冲，而承担一定的风险。这与投资银行自身的经营策略有关。这就是整个风险的流转、传递过程。

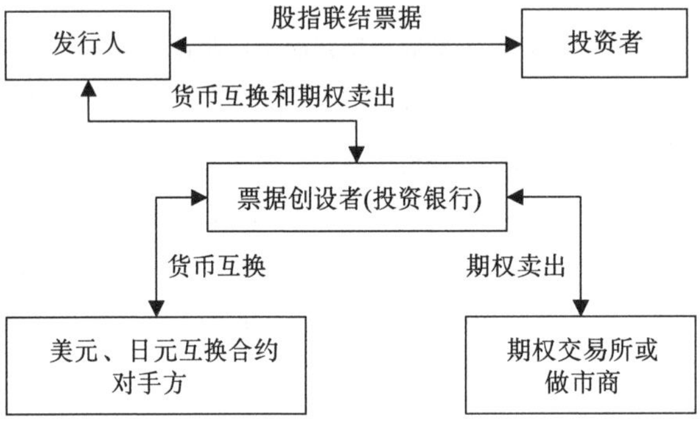

图 4－6　具有期权空头结构的日经指数联结票据运作流程图

案例 4－9 展示了如何通过在固定收益产品中嵌入普通的欧式看涨期权或看跌期权空头来实现收益增强。这样的收益增强结构是最简单的收益增强结构。当金融市场处于低利率的周期中，风险较低的固定收益类资产的收益率较低，难以吸引投资者。因此，商业银行和证券公司等金融机构更倾向于发行收益增强类结构化产品，通过收益增强来提供相对较高的票面收益率。

经过金融市场多年的实践与创新，收益增强型产品的结构逐渐复杂多样化，常常在单个产品中嵌入普通期权和奇异期权的复杂组合，使得产品的结构难以一目了然，但能为投资者提供更加丰富的选择。下面将通过一个案例来展示嵌入自动赎回期权结构（Auto－Callable Structure）的收益增强型产品。

【案例 4－10】 具有自动赎回期权结构的收益增强型股指联接票据

中国的某家商业银行发行了一款以沪深 300 指数为挂钩标的的股指联结票据，其主要条款如表 4－9 所示。

表 4－9　具有自动赎回期权结构的沪深 300 指数联结票据的主要条款

条款项目	条款内容
发行人	中国某商业银行
发行规模	5 000 万元

续表

条款项目	条款内容
面值	100 元/份
最长存续期限	6 个月
敲出观察日	本票据存续期间每个月的最后一个证券市场交易日
敲出价格	期初价格 ×100%
敲入观察日	本票据存续期间的每个证券市场交易日
敲入价格	期初价格 ×80%
票息	面值 ×1.8%
保证金	面值 ×100%
收益计算方法	1. 每月票息收益。如果沪深 300 指数在当月的每一个敲入观察日的收盘价都大于或等于敲入价格，则当月为有效观察月，投资者获得当月票息 = 面值 ×1.8% 2. 敲出赎回。如果沪深 300 指数在任一敲出观察日的收盘价大于或等于敲出价格，则该票据提前到期并赎回。这种情况下，投资者收回的资金 = 保证金 + 有效观察月的个数 × 面值 ×1.8% 3. 未触发敲出赎回。沪深 300 指数在 6 个敲出观察日的收盘价均低于敲出价格，则不发生提前赎回。这种情况下，票据的收益计算分两种情况： （1）敲入：如果沪深 300 指数在任一敲入观察日的收盘价低于敲入价格，则票据敲入，投资者收回的资金 = 保证金 + 有效观察月的个数 × 面值 ×1.8% − 面值 × 沪深 300 指数跌幅 （2）未敲入：如果沪深 300 指数在所有敲入观察日的收盘价均大于或等于敲入价格，则票据未敲入，投资者收回的资金 = 保证金 + 有效观察月的个数 × 面值 ×1.8%

票据带来的最终收益取决于沪深 300 指数在票据存续期间的路径。从该票据的主要条款可以看到，影响该票据收益的主要因素是沪深 300 指数在票据存续期间是否在一定的范围之内波动，以此判断敲出和敲入条件是否被触发。具体而言，若指数上涨，则有可能触发敲出条款，使票据提前到期并被赎回；若指数下跌，且跌幅比较大，则有可能触发敲入条款，使得票据中内嵌的看跌期权空头生效，并降低投资者的最终收益。

下面通过情景分析方法，来展示该结构化产品在不同的情境下所能带来的收益，进而判断产品中所嵌入的期权的结构及其如何发挥收益增强的作用。

情境一：沪深 300 指数先抑后扬，导致票据提前敲出被赎回，其路径如图 4 − 7 所示。

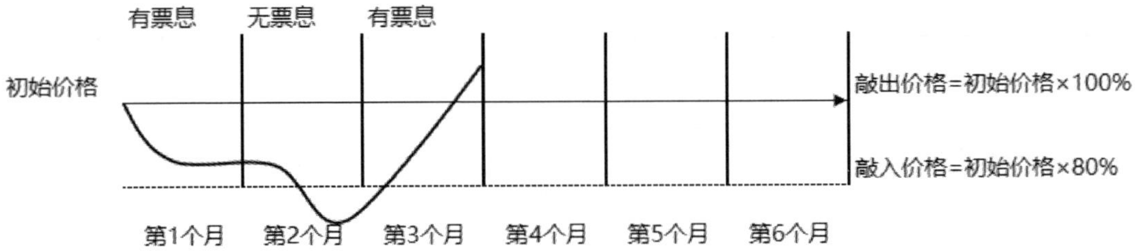

图 4－7　情境一中沪深 300 指数的路径

在图 4－7 中，横轴自左向右表示时间，纵轴自下而上表示价格，其中的曲线表示沪深 300 指数的路径。可以看到，在第 1 个月，沪深 300 指数下行，但是没有跌破敲入价格，即跌幅没有超过 20%，因此该月为有效观察月，投资者在当月获得 1.8% 的票息。在第 2 个月，指数继续下行，并且跌破了敲入价格，致使当月不属于有效观察月，并且触发了产品中内嵌的看跌期权空头。在第 3 个月，指数反弹，并且在月末时的价格超过了敲出价格，因此，当月是有效观察月，且票据提前赎回。在这样的情景下，票据的存续期限为 3 个月，其中有 2 个有效观察月，所以投资者最终收回的资金为：

100 + 100 × 1.8% × 2 = 103.6（元）

也就是说，在这种情境下，投资者在 3 个月的时间里获得了 3.6% 的收益，年化收益率则是 14.4%。该收益率明显高于当时大多数固定收益类产品的到期收益率，体现了该产品的收益增强特征。

情境二：沪深 300 指数缓慢下跌并且持续横盘震荡，致使敲入条件和敲出条件都没有被触发。其路径如图 4－8 所示。

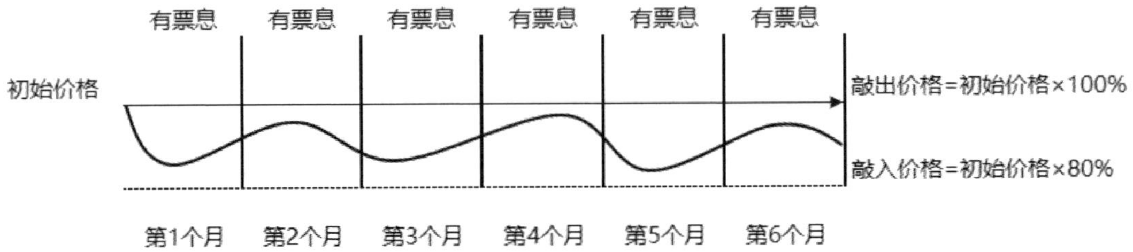

图 4－8　情境二中沪深 300 指数的路径

在图 4－8 中，票据存续的 6 个月内，沪深 300 指数都在敲入价格与敲出价格之间横盘震荡，既没有触发敲出条件，也没有触发敲入条件，所以 6 个月均为有效观察月，投资者最终收回的资金为：

100 + 100 × 1.8% × 6 = 110.8（元）

也就是说，在这种情境下，投资者在 6 个月内获得的收益率为 10.8%，年化收益率则是 21.6%。该收益率也明显高于当时大多数固定收益产品的到期收益率，收益增强的特征较为明显。

情境三：沪深300指数大幅震荡后下跌，随后反弹，但是反弹力度较弱，致使敲入条件被触发，但是在每个月的月末，沪深300指数都没有高于敲出价格，所有敲出条件没有被触发。其路径如图4－9所示。

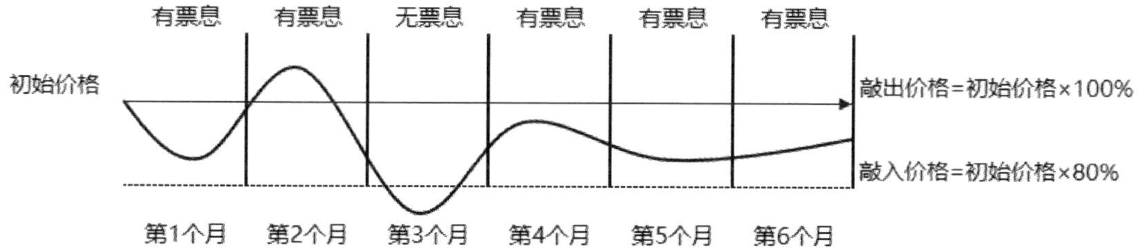

图4－9　情境三中沪深300指数的路径

在图4－9中，第2个月沪深300指数虽然在月中上涨超过了敲出价格，但是下半月回调，以致在月末的观察日的价格低于敲出价格，没有触发敲出，也没有触发敲入，所以第2个月是有效观察月。在第3个月，指数继续下跌并且跌破了敲入价格，触发敲入条件，所以当月不是有效观察月。随后3个月，沪深300指数均在敲出价格与敲入价格之间弱势震荡，所以后续3个月均为有效观察月。因此，在该情境下共有5个有效观察月。此外，第6个月末，沪深300指数的最终价格比初始价格下跌了10%，因此触发后敲入的看跌期权空头导致保证金10%的亏损。简而言之，在产品到期后，投资者最终收回的资金为：

$$100+100\times1.8\%\times5-100\times10\%=99\text{（元）}$$

也就是说，在这种情境下，投资者在6个月内获得的收益率为－1%，年化收益率为－2%，投资者不但没有收益，反而蒙受本金的亏损。这在一定程度上体现了收益增强型产品的风险特征。

情境四：沪深300指数大幅下跌之后持续小幅横盘震荡直至产品到期，敲入条件被触发，敲出条件未触发。其路径如图4－10所示。

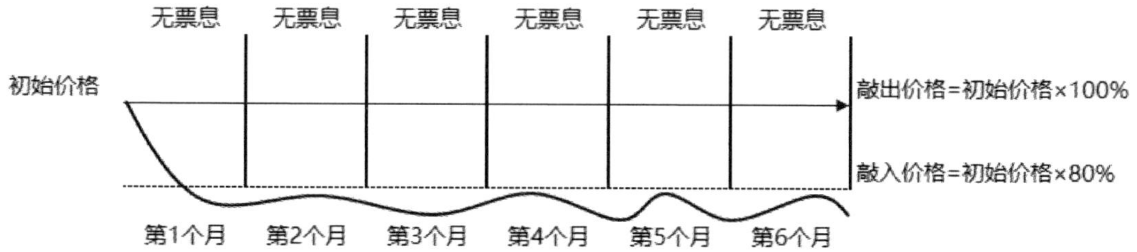

图4－10　情境四中沪深300指数的路径

在图4－10中，沪深300指数在第1个月发生大幅下跌，从而触发了敲入条件。随后，沪深300指数横盘震荡，且在6个月之内始终未能反弹并超过敲入价格，因此这6个月都不属于有效观察月。在第6个月末产品到期时，沪深300指数相比起初已经下跌了30%，因此，产品到期后，投资者最终收回的资金为：

100 + 100 × 1.8% × 0 − 100 × 30% = 70（元）

也就是说，在这种情境下，投资者在6个月内的投资收益率为 −30%，年化收益率则是 −60%。投资者不仅没有获得收益，反而蒙受30%的本金损失。

以上四种情境基本上展示了具有自动赎回期权结构的收益增强型股指联结票据的收益与风险情况。简而言之，如果标的资产在存续期间上涨或者下跌但是幅度不大，投资者都将获得较高的收益；如果下跌幅度过大，那么投资者的收益就可能消失并承担相应幅度的亏损。这种构造的结构化产品被金融业界称为凤凰结构或者凤凰期权（Phoenix Auto – callable）。

另一种与凤凰期权相类似的自动赎回期权结构被称为雪球期权（Snowball Auto – callable）。雪球期权与凤凰期权在大多数条款上是相似的，包括敲入条款、敲出条款等。主要的区别是息票的设定与最终收益的计算。例如，某个具有雪球期权结构的估值联结票据，其主要条款与本案例中的凤凰期权结构相同，息票和收益计算条款如表4 – 10所示。

表4 – 10　雪球期权结构与凤凰结构的主要差异

项目	差异
票息	面值 × 16%（年化）
收益计算方法	1. 票息收益。若存续期间未发生敲入事件，则支付全额票息，支付时间与敲出事件的发生时间相同，若未发生敲出事件，则到期支付 2. 敲出赎回。如果沪深300指数在任一敲出观察日的收盘价大于或等于敲出价格，则该票据提前到期并赎回。这种情况下，投资者收回的资金 = 保证金 + 从起始到敲出赎回日的实际存续月数 × 面值 × 16% ÷ 12 3. 未触发敲出赎回。沪深300指数在6个敲出观察日的收盘价均低于敲出价格，则不发生提前赎回。这种情况下，票据的收益计算分两种情况： （1）敲入：如果沪深300指数在任一敲入观察日的收盘价曾低于或等于敲入价格，则票据敲入，投资者收回的资金 = 保证金 − 面值 × 沪深300指数跌幅 （2）未敲入：如果沪深300指数在所有敲入观察日的收盘价均大于敲入价格，则票据未敲入，投资者收回的资金 = 保证金 + 6个月 × 面值 × 16% ÷ 12

对于投资者而言，如果预期未来的走势有非常强的支撑，不会跌破支撑，而是弱势震荡甚至有可能反弹，那么这两种收益增强结构是比较适合的结构化产品。

对于发行者而言，无论是凤凰结构还是雪球结构，都嵌入了路径依赖的障碍期权，属于奇异期权的组合，难以分解为简单的期权所构成的组合。因此，发行人在给这类产品定价和风险对冲时，面临相对较大的困难。尤其是对于具有敲出/敲入条款的障碍期权，当标的价格临近障碍水平时，期权组合的Delta和Gamma等风险指标都变得极不稳定，难以实施动态对冲。为了给这类期权定价，常用的方法是基于Black – Scholes

偏微分方程，根据期权所给出的各个边界条件，通过有限差分等数值方法进行定价。

在实践中，自动赎回期权结构不仅仅可以把股票价格指数作为标的资产，普通的股票或者ETF等指数基金也可以作为标的资产。考虑到产品发行后发行人需要动态对冲产品的各个风险敞口，因此，标的资产通常需要满足流动性高、易于做空等条件。

十六、股指联结票据中的结构之二：如何构造本金保护结构？

具有本金保护结构的股指联结票据通常是为那些风险厌恶程度较高同时又愿意在一定程度上承担股票市场风险暴露的投资者而设计的。这类产品的基本组成部分是固定收益证券和期权多头，其中的债券利息通常会被剥离出来作为构建期权多头头寸所需的费用。图4-11表示了这样的结构。

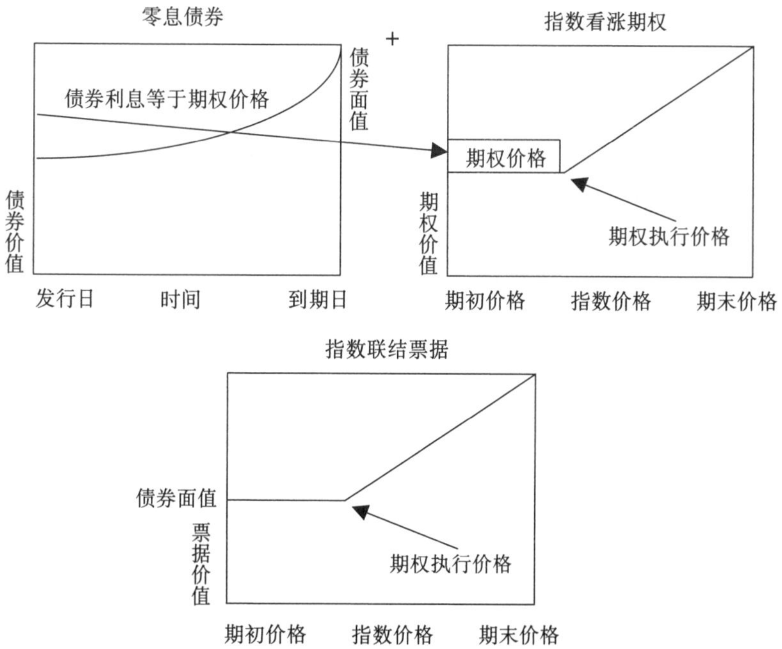

图4-11　具有本金保护结构的股指联结票据

对于发行人而言，发行股指联结票据之后，通常还需要进行进一步的对冲操作。典型的对冲操作见图4-12。

以上是具有本金保护结构的股指联结票据的基本结构和运作方式。在实践中，股指联结票据还有其他的结构变化，使得股指联结票据的实际投资收益具有较高的复杂性。导致这些结构变化的要素有五个，即：

◆ 投资者对票面息率的要求。

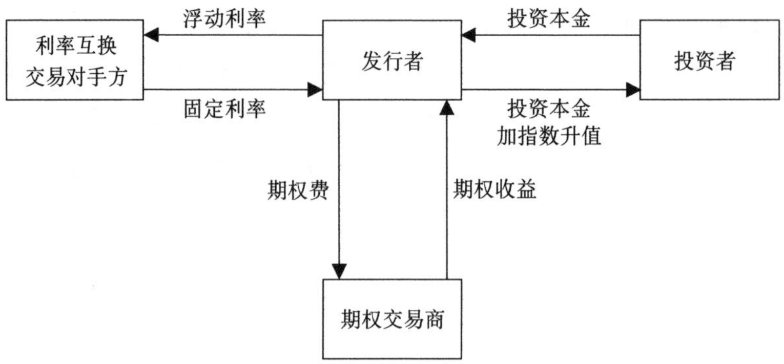

图 4－12　保本结构中发行人对冲风险的方式

◆ 投资者对特定水平的指数风险暴露的要求。

◆ 投资者对本金保护水平的要求。

◆ 市场利率水平影响到可用于建立期权头寸的费用。

◆ 期权的成本。

根据上述这些因素，本金保护类型的股指联结票据就产生了以下三个方面的结构变化。

第一，参与率的变化。不同的参与率对应着不同程度的投资收益和风险。此外，参与率的大小也与票面息率和期权费的大小有关。如果要提高债券的票面息率，那么就要降低参与率；如果期权的费用比较高，以至于债券的利息无法全部覆盖期权费，那么参与率也要降低。参与率的提高，则可以通过提高期权的头寸来实现。

第二，收益封顶结构。如果股指联结票据的本金保护是 100% 水平，而且期权的参与率也是 100%，那么当期权的费用比较高以至于债券的利息无法覆盖时，为了获得这个期权，就要在更高水平的执行价上卖空一个看涨期权，利用做空期权的期权费收入弥补原来的期权费不足。这种情况下，期权空头就会对冲掉原来的期权多头的一部分可能收益，造成收益封顶的结构。

第三，低于 100% 的本金保护水平。当债券的利息不足以构建所需要的期权头寸时，一种解决办法就是降低本金保护水平，即从本金中拿出一部分来弥补期权建仓时的资金不足。这就是所谓的部分本金保护结构。

以上三个方面的结构变化，使得本金保护型的股指联结票据拥有多种多样的风险—收益特征，从而有助于满足投资者的个性化需求。

十七、股指联结票据中的结构之三：如何构造有效分散投资结构?

具有有效分散投资结构的股指联结票据能使投资者特别是个人投资者获得在

通常情况下无法获得的风险暴露和投资分散结果。个人投资者在股票市场投资时通常会遇到一定程度的监管方面的约束。这在投资境外股票市场时特别显著。有效分散投资结构大多是针对这种情况设计的。

有效分散投资结构的股权类结构化产品的标的物通常是单个股票。例如在某些股票市场中，监管当局要求某一类投资者对特定的股票的持股比例不得超过一定的范围。我国的合格境外机构投资者（QFII）制度就具有这样的特征。所以，针对个股的、用于有效分散投资的结构化产品相对较多，当然，也有针对股指的有效分散投资类结构化产品。下面用一个案例来说明股指联结票据的有效分散投资结构。

【案例4－11】 巴西 BOVESPA 股票价格指数联结票据的有效分散投资结构

进入21世纪后，新兴市场经济国家的经济发展速度处于全球领先地位，这些国家的股票市场具有很好的成长性。这吸引了一些来自欧美等地区的投资人，他们期望投资于新兴市场经济国家的股票市场，目的之一在于充分分散其资产组合的风险，目的之二在于获得新兴市场经济国家经济发展所带来的超额收益。然而，部分新兴市场在资本跨境流动方面有非常严格的限制，汇率没有实现完全的市场化，而且会对较短时间流进流出的境外投资资金征收较高的税。

当然，这些新兴市场经济国家并非不欢迎来自境外的投资资金，监管的目的只是在于防止境外资金大规模且短周期的跨境流动进而冲击本国的金融市场稳定。所以，有些新兴市场经济国家对来自境外的、投资于境内的机构投资者进行一定程度的投资范围和规模的约束，使其在境内的资本市场投资处于较为透明的监管环境中。这就是所谓的 QFII 制度。

巴西是执行 QFII 制度的新兴市场经济国家。根据该制度，并不是所有的境外投资机构都有资格投资于境内市场。为了满足那些没有资格的美国机构投资者，美国的一家投资银行开发了一款以巴西 BOVESPA 股票价格指数为标的物的股指联结票据，并通过美国的一家具有 AAA 信用等级的商业银行发行给这些没有资格投资于巴西股市的美国机构投资者。

票据的结构较为简单，就是通常的保本票据即零息债券加上巴西 BOVESPA 股票指数看涨期权，票据的期限为3年。这样，那些没有资格直接投资于巴西股票市场的美国机构投资者就间接地通过该保本票据而获得了巴西股票市场的风险暴露和预期收益。

在这里，满足美国机构投资者需求并不是我们讲述的重点，真正的重点是作为发行人的这家商业银行如何对冲这样的风险。首先，发行人的风险来自两个方面，分别是巴西股票市场的风险和巴西货币雷亚尔对美元的汇率风险。为了对冲股票市场风险，发行人要从投资银行那里买入看涨期权；为了对冲汇率风险，发行人要与投资银行签订货币互换协议。这样，发行人所承担的全部风险就转移到了投资银行那里。然而，美国的这家投资银行并没有拿到巴西的 QFII 资格，所以，为了对冲其所承担的巴西股票市场风险，投资银行要从某家巴西 QFII 那里买入看涨期权；同时，为了对冲汇率风险，投资银行要在外汇市场上做货币互换。这家巴西 QFII 在卖出 BOVESPA 看涨期权给投资银行后，需要在巴西利用 BOVESPA 的期货来动态对冲期权的风险。这就是具有有效分散投资结构特征的 BOVESPA 指数联结票据的全部操作过程（见图 4－13）。

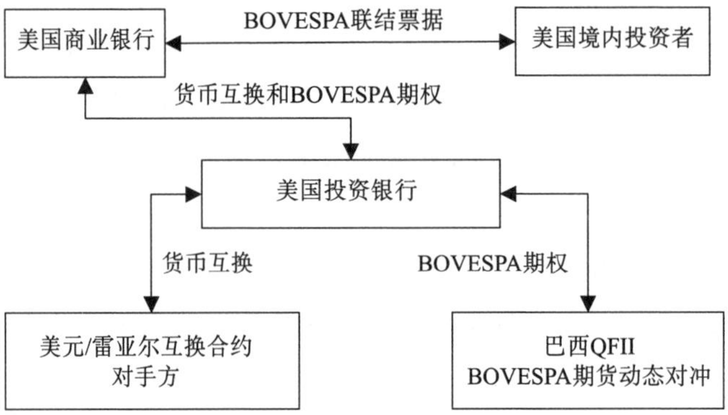

图 4－13　具有有效分散投资结构的 BOVESPA 指数联结票据的运作过程

延伸阅读

有效分散投资

在金融学中，分散投资是指通过投资于多样化的金融资产来降低风险。如果资产组合中各个资产价值的波动并非完全同步，那么分散化的资产组合的风险将低于组合中各个资产的风险的平均值，有时甚至会低于组合中风险最小的资产的风险。因此，任何风险厌恶的投资者都应该尽量进行分散投资，而且风险厌恶程度越高，投资的分散化程度应该越高。

影响投资分散化程度的主要因素有两个：一是投资者可以投资的资产范围；二是在可投资范围内各个资产的价格相关性。其中，价格相关性是客观存在的，而可投资范围常常受到一定的人为约束。这就是在实际资产管理中为什么无法实施有效的分散投资的主要原因。当我们投资于股票市场指数基金时，有没有实现有效的分散投资呢？事实上，没有。因为股票市场上各个股票的相关性通常比较高，而且股票市场仅仅是金融市场的一部分，金融市场还包括债券市场、外汇市场乃至商品期货市场等。此外，在全世界范围内有众多股票市场，一国的股票市场指数与另一国的股票市场指数可能相关性不高，例如新兴市场经济国家的股票市场与发达国家的股票市场的相关性不是特别高。因此，为了实施有效的分散投资，应该将可投资的资产范围扩展到全球金融市场的范围。

十八、如何评估和管理股权类结构化产品的风险？

评估股权类结构化产品的风险，其实是参与股权类结构化产品运作流程的各个主体评估其参与产品交易而承受的风险。因此，这里首先要明确两个问题：一是谁在承担风险，即风险主体问题；二是风险源包括哪些，即风险类型问题。不同的风险主体所承担的风险是不同的，而不同的风险对应着不同的评估方法。

通过上述对股权类结构化产品的论述，我们可以知道产品的运作过程中有多个参与者，分别是投资者、发行人、产品创设者，以及其他一些必要的机构，如互换合约对手方、期权做市商等。

对于发行人而言，票据的市场风险基本上转移给了创设者，转移工具通常是场外交易的金融衍生工具，所以，发行人的市场风险是很低的，最大的风险应该是创设者的信用风险。为了评估信用风险，发行人通常要考察创设者的历史业绩、财务状况和抵押品等状况。

对创设者而言，如果其也和发行人一样不愿意承担市场风险，那么他也要将市场风险通过交易相应的衍生工具转移出去。转移的方法有两种：一种是创设者自己在流动性较好的二级市场中建立相应的衍生工具头寸并动态调整，从而将市场风险转移到市场规模更大、市场深度更高的二级市场中，这时主要风险是不同衍生工具之间的基差风险；另一种是找到另外的交易对手，并通过场外合约的方式将市场风险全部转移出去，这时创设者面临的风险就是交易对手的信用风险，而风险评估方法则类似于发行人所用的信用风险评估方法。

其他一些非投资者的参与者通常作为创设者的交易对手出现，如互换合约交易对手或者期权做市商等，其处理市场风险的方式其实与创设者处理风险的方式几乎是一样的。

最后是股权类结构化产品的投资者。投资者作为发行人的对手方，承担了市场风险和发行人的信用风险。前文已述，发行人通常是具有较高的信用评级的金融机构。所以投资者的主要风险是市场风险。事实上，投资者投资于股权类结构化产品的主要目的，就是通过该产品获得股票市场的风险暴露和预期收益。为了评估市场风险，投资者可以使用的方法与第三章中所论述的风险评估方法相一致。

第五章 利率类结构化产品

本章要点

在本章中，我们将分别介绍利率联结票据、以固定期限国债或互换协议利率为标的物的产品、指数分期偿还债券、可赎回或售回债券和债券认购权证这五大类结构化产品。由于产品类型较多、相互之间又有相似之处，往往容易导致读者产生混淆。为了更加清晰地掌握利率类结构化产品的整体框架和各自特征，建议读者从各个利率类结构化产品的拆分结构、收益情况、产品久期与凸性特征三个维度来学习和掌握。其中，对于产品拆分结构的学习不仅是理解产品收益构成的基础，还能有助于了解不同产品的相应对冲操作。关于产品久期和凸性特征方面，可赎回债券负凸性的发生条件和原因是本章的另一学习重点，这部分内容对于利率风险管理显得尤为重要。此外，为了加深读者对利率类结构化产品的认识，我们将在每个问题的最后部分或是小贴士中介绍我国金融市场上对应的结构化产品。

一、利率类结构化产品有哪些主要类型?

利率类结构化产品通常是由普通的债券以及各种利率类的衍生工具所构成。利率类的衍生工具包括以利率为标的物的远期、期货、期权和互换，也包括以债券价格为标的物的远期、期货、期权和互换。因为利率的种类和债券的种类繁多，而且利率市场是历史最悠久、规模最庞大的金融市场，所以利率类的衍生工具种类也是纷繁复杂的。在此基础上，可以构造出风格各异、结构或简单或复杂的利率类结构化产品。

随着金融衍生工具市场的快速发展、利率类结构化产品的推陈出新，各类创新品种不断出现以满足投资者对于利率风险暴露的不同要求。根据不同产品的主要特征，可将利率类结构化产品分为利率联结票据、以固定期限国债或互换协议利率为标的物的产品、指数分期偿还债券、可赎回或售回债券、债券认购权证这五大类。其他利率类结构化产品基本上是在这五类产品的基础上融合或发展起来的。利率类结构化产品中既可以嵌入远期，也可以嵌入期权，某些产品中嵌入的衍生工具属于远期，典型的代表是嵌入远期的利率联结票据；也有些利率类结构化产品中嵌入的衍生工具通常是期权，例如赎回权、售回权等。

二、中国金融市场中利率类结构化产品的特点如何？

我国金融市场中利率类结构化产品主要的类型是在普通债券中嵌入特殊条款而构成的，这些债券特殊条款设置包括赎回权、回售权、调整票面息率、可提前偿还、可定向转让和可延期等。其中，赎回权、调整票面息率、可提前偿还、可延期是以债券发行人为权利主体；而回售权、可定向转让是以投资者为权利主体。有些结构化产品的债券甚至包含不止一种特殊条款。

具体来说，各种特殊条款的解释如下：

赎回条款：债券赎回是指债券发行人可在债券到期前，因某些约定事项的发生，以约定赎回价格提前部分或全部偿还本息的选择权。本质上赎回是看涨期权。

回售条款：是指投资者在一定条件下，可要求发行人按约定价格，通常是以面额加计利息补偿金的价格回售（即卖出）给发行人的选择权。对于投资者来说，本质上是一种欧式看跌期权。

调整票面利率：是指债券发行人在满足一定条件时，上调、下调或者不调整票面利率的选择权。

延期：是指发行人在发行债券时可在条款中预先设置延付条款，使投资者在债券到期后继续持有债券，直至预设日期。

提前偿还条款：是指发行人在约定时点至债券到期日之间，每年年末提前偿还一定比例的本金，提前偿还的本金将不再计息。

定向转让条款：是指给予投资者在债券存续期内的约定时点将所持有债券定向转让给主承销商的权利。

随着中国信用债市场的扩容，国内的债券投资者也开始更多地关注特殊条款的设置。

三、第一类利率类结构化产品——利率联结票据是怎样的?

作为结构化产品的重要成员之一，利率联结票据的收益结构是根据指定的利率水平或特定债券价格来决定最终票面息率或返还的本金。利率联结票据与其他利率类结构化产品最大的不同在于，利率联结票据是可以基于特定产品或指数，并根据投资者的风险收益要求构建的创新性金融产品。利率联结票据可分为两大类：

◆ 结合远期的利率类结构化产品：包括逆向/反向浮动利率票据（Inverse/Reverse FRNs）、超级浮动利率票据（Super Floater Notes）和 LIBOR 延期重设票据（Delayed LIBOR Set）等。

◆ 结合期权的利率类结构化产品：包括封顶浮动利率票据（Capped FRNs）、封底浮动利率票据（Fcoored FRNs）和区间浮动利率票据（Collared FRNs）等。

本部分将介绍结合远期合约的利率类结构化产品。由于此类结构化产品较多，我们将选取逆向浮动利率票据进行重点介绍，其他相关产品将在扩展阅读中涉及。对于嵌入期权的利率类结构化产品，将在后面进行介绍。

（一）逆向浮动利率票据的基本结构

逆向浮动利率票据所确定的浮动利率票面息率通常是由一个固定利率减去货币市场的浮动利率所得。当货币市场的浮动利率下降时，根据公式计算出的逆向浮动利率票据的票面息率将有所增加，即票据的票面息率与货币市场浮动利率呈反向关系。另外，考虑到票据票面息率不能小于零，在构建逆向浮动利率票据时，还需加入利率封顶期权。

【案例 5-1】 逆向浮动利率票据的一个典型结构

◆ 总额：10 亿美元。

◆ 期限：3 年期。

◆ 票面息率：11.25% -6 个月 LIBOR，票面息每半年支付一次。

◆ 最低票面息率：票面息率不得小于 0，意味着当 6 个月 LIBOR 上升至 11.25% 以上时，投资者将不能获得任何利息收入。

通过上面的条款可以看到，逆向浮动利率票据的结构通常可分解为三个部分：一个固定利率债券，一个利率互换（投资者收取固定利率，支付浮动利率）和一个利率封顶期权。上述的逆向浮动利率票据，可拆分为如图 5-1 所示的结构。

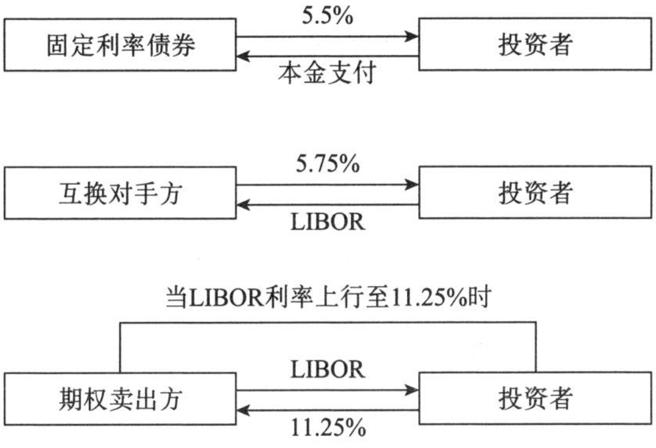

图 5－1 针对逆向浮动利率票据的结构拆分

对于投资者来说，在市场利率整体走低且收益率曲线的正向市场特征明显的情况下，逆向浮动利率票据却能提供稳步升高的收益，这一点与传统浮动利率票据正好相反。也正是因为这一特征，在 1985～1986 年和 20 世纪 90 年代的美国市场，逆向浮动利率票据受到货币市场或传统浮动利率票据投资者的追捧。在上述市场情况中，投资者过往主要采用延长资产组合的久期，或是在衍生工具市场上购买远期合约，以及投资于收取固定利率、支付浮动利率的利率互换来提高收益。但是，对于那些不愿延长组合久期或是不熟悉衍生工具市场的投资者来说，逆向浮动利率票据成为他们提高收益的有效工具。

投资于逆向浮动利率票据的投资者主要从两个方面赚取收益。第一方面是市场利率的降低，即随着市场利率的走低，逆向浮动利率票据中包含的债券和利率互换部分都将盈利。第二方面是正向的收益率曲线。由于收取的固定利率超过支出的浮动利率，因此投资者将从互换合约中获得正持有收益。

买入逆向浮动利率票据等同于投资者卖出了相关货币市场指数（如案例 5－1 中 LIBOR）的远期利率，因此，目前市场收益率曲线隐含的远期利率超出利率实际增长的部分，就是逆向浮动利率票据投资者可获得的收益。

（二）逆向浮动利率票据的定价

对于逆向浮动利率票据的定价，我们可以从它自身被拆分后的结构入手。根据针对逆向浮动利率票据的风险对冲案例 5－1，可以推导出逆向浮动利率票据的价值等于固定利率债券和相应互换合约的价值，减去购买利率封顶期权的价格。除此之外，还需考虑发行人对于对冲后浮动债务融资成本的目标；同时，可以总结出逆向浮动利率票据的价值主要受利率期限结构和当前利率水平两方面变化的影响。

（三）逆向浮动利率票据的风险对冲方法

在利率下行的环境中，逆向浮动利率票据发行人将遭受损失，因此，在大多数情况下，发行人通常利用利率互换合约把由于发行逆向浮动利率票据而面临的风险完全规避。同时，发行人参与的利率互换合约名义本金需是所发行票据面额的 2 倍，才可有效地将发行的逆向浮动利率票据转变为普通支付浮动利率的票据。若发行人希望合成支付固定利率的债务，则参与的利率互换名义本金应该与逆向浮动利率票据面值相等。我们以案例 5－2 来具体说明。

【案例 5－2】 对逆向浮动利率票据的对冲操作

逆向浮动利率票据的发行人可通过交易下列互换合约，将承担的债务转变为普通的支付浮动利率的票据。假定发行人 A 发行了逆向浮动利率票据，该票据每半年支付 17%－LIBOR。由于发行人担忧未来 6 个月 LIBOR 将出现持续走低，希望对冲面临的利率风险。该发行人可进行如下操作：

◆ 名义本金价值：1 亿美元。

◆ 互换合约期限：5 年。

◆ 支付的浮动利率：LIBOR－0.2%。

◆ 收取的固定利率：8.5%（每半年支付一次）。

通过互换合约与所发行的逆向浮动利率票据进行对冲，整体交易流程见图 5－2。

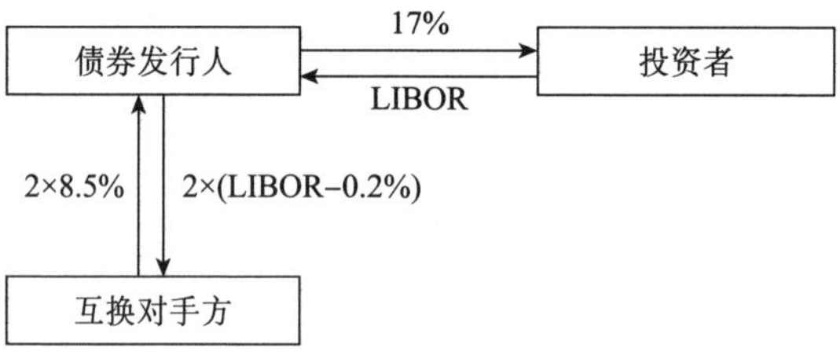

图 5－2　逆向浮动利率票据的对冲操作结构

债券发行人通过参与收取固定利率、支付浮动利率的互换合约，将承担的债务转变为支付浮动利率（LIBOR－40 个基点）的票据。只要 LIBOR 不超过 17% 的水平，债券发行人实际需要支付的利率都是 LIBOR－40 个基点。另外，由于发行人卖给了投资者一个执行价格为 17% 的利率封顶期权，当 LIBOR 大于 17% 时，债券发行人不需要支付利率，但在互换交易中却仍需支付较高的浮动利率，两方面组合将导致债券发行人支付的利率超过 LIBOR－40 个基点。因此，为了达到完全对冲效果，债券发行人还需买入一个执行价格为 17% 的利率封顶期权。

通过对逆向浮动利率票据结构和对冲手段的分析和说明，我们认识到由于逆向浮动利率票据同时包含了固定利率债券和利率互换合约，因此它对于利率风险的敞口比普通债券要大。例如在案例 5 – 1 中，支付浮动利率 11.25% – 2 × LIBOR 的逆向浮动利率票据则是包含了 2 倍的利率杠杆。根据投资者的不同需要，逆向浮动利率票据中的杠杆比例可根据不同的利率互换合约名义本金的大小而进行调整。在案例 5 – 3 中，我们构建了一个 5 倍杠杆比例的逆向浮动利率票据。

【案例 5 – 3】 5 倍杠杆的逆向浮动利率票据

◆ 总额：1 亿美元。

◆ 期限：5 年期。

◆ 票面息率：48.5% – 5 × 6 个月 LIBOR，票面息率每半年支付一次。

◆ 最低票面息率：票面息率不得小于 0，意味着当 6 个月 LIBOR 上升至 9.7% 以上时，投资者将不能获得任何利息收入。

由图 5 – 3 所示的三个拆分结构，可以推导出该逆向浮动利率票据在 LIBOR 小于 9.7% 时，所需支付的利息公式：

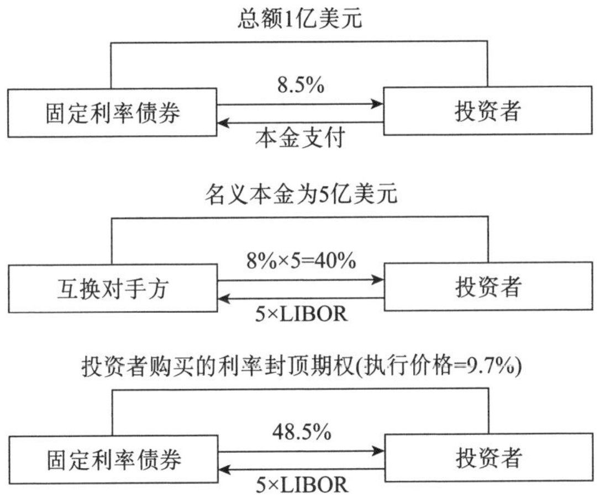

图 5 – 3　5 倍杠杆的逆向浮动利率票据的拆分结构

固定利率债券利息 + 5 倍 ×（互换收取的固定利率 – 互换支付的浮动利率）

$= 8.5\% + 5 \times (8\% - \text{LIBOR})$

$= 48.50\% - 5 \times \text{LIBOR}$

（四）基于逆向浮动利率票据的衍生工具

上文介绍了在市场利率整体走低且收益率曲线的正向市场特征明显的情况下，逆向浮动利率票据能带给投资者稳步升高的投资收益。为了适应收益率曲线的各种变化和与之相对应的投资需要，金融工程师们设计了许多基于逆向浮动利率票据的衍生结构化产品。这类产品虽然在形式上各有不同，但基本思想和设计原则十分相似。以下分别介绍不同收益率曲线变化对应的三种利率类结构化产品（见表 5 – 1）。

表 5-1　　逆向浮动利率票据的衍生工具列表

收益曲线变化特征	对应结构化产品名称
当市场出现反向收益率曲线，并且预期货币市场短期利率将下降时	延期逆向浮动利率票据 (Deferred Inverse FRNs)
当预期收益率曲线呈现阶梯式变化，并希望从收益率曲线结构变化中获利最大化	阶梯式浮动利率票据 (Step-Up FRNs)
市场出现正向收益率曲线，并且预期货币市场短期利率将上升时	超级浮动利率票据 (Superfloater FRNs)

其中，延期逆向浮动利率票据包含了固定利率票据、远期利率互换和延期利率封顶期权三个部分。假定投资者购买了 1 份期限为 5 年、支付固定利率 6% 的票据，同时买入 1 份 2 年后可收取固定利率 5%、支付 6 个月 LIBOR 的远期利率互换，以及买入 1 份执行价格为 11% 的延期利率封顶期权，通过以上三个产品的组合，该投资者可获得票面息率为：

◆ 第一年至第二年：5%。

◆ 第三年至第五年：11% -6 个月 LIBOR。

当我们认为货币市场短期利率将下降，并且呈现出一种阶梯式的下降方式时，可将一组远期互换合约和延期利率封顶期权组合，从而构建出阶梯式浮动利率票据。假定投资者买入 3 年期、收取固定利率 10% 的票据，同时买入的远期互换合约和延期封顶利率期权组合如下：

◆ 1 年后可收取固定利率 5%、支付 6 个月 LIBOR 的 1 年期远期利率互换与延期 1 年、执行利率为 15% 的利率封顶期权组合。

◆ 2 年后可收取固定利率 6%、支付 6 个月 LIBOR 的 1 年期远期利率互换与延期 2 年、执行利率为 16% 的利率封顶期权组合。

◆ 3 年后可收取固定利率 7%、支付 6 个月 LIBOR 的 1 年期远期利率互换与延期 3 年、执行利率为 17% 的利率封顶期权组合。

持有该资产组合的投资者，在 3 年内获得的票面息率水平为：

◆ 第一年票面息率为 15% -6 个月的 LIBOR。

◆ 第二年票面息率为 16% -6 个月的 LIBOR。

◆ 第三年票面息率为 17% -6 个月的 LIBOR。

超级浮动利率债券是浮动利率票据与收取浮动利率的互换合约的组合。假定投资者购买了支付浮动利率 6 个月 LIBOR 的 2 年期票据，以及同样期限的收取浮动利率 LIBOR、支付固定利率 7% 的利率互换合约。通过以上组合，投资者每半年可收到的票面息率为 2×LIBOR - 7%。如若 6 个月 LIBOR 未来两年变化符合投资者预期，表现为逐步上行趋势，则投资者收取的票面息率也将随之稳步升高。

四、支付浮动利息的利率类结构化产品有哪些?

早期比较传统的利率类结构化产品是可赎回债券、可回售债券等，其所支付的利息是固定的，即债券具有固定的票面息率。如果在此基础上再做出结构变化，那么又可以得到新型的、现代的利率类结构化产品。这就是利率类结构化产品的历史发展进程。下面将通过封顶浮动利率票据、封底浮动利率票据和区间浮动利率票据这三个利率类结构化产品，介绍支付浮动利息的利率类结构化产品。

从发行人的角度来看：

发行封顶浮动利率票据 = 卖出浮动利率票据 + 买入利率封顶期权

发行封底浮动利率票据 = 卖出浮动利率票据 + 卖出利率封底期权

发行区间浮动利率票据 = 卖出浮动利率票据 + 买入利率封顶期权

+ 卖出利率封底期权

= 卖出浮动利率票据 + 买入利率区间期权

（一）封顶浮动利率票据

封顶浮动利率票据由浮动利率票据和利率封顶期权组合而成，并且利率封顶期权可以看作是一系列利率看涨期权的组合，组合中每个期权的到期日对应着每次标的物浮动利率票据的利率重设日，期权的执行价格等于上限利率。当参照的利率水平高于约定的上限值时，封顶期权买入方将获取当前利率水平高于上限值部分的收益。因此，利率封顶期权限定了浮动利率借款人的最高借款成本。假定一个利率封顶期权标的物债券总额为 1 亿美元，每半年支付浮动利率 LIBOR，利率封顶期权的执行利率为 10%，有效期为 1 年，如果半年后 LIBOR 为 8%，则期权持有人放弃执行权利；如果半年后 LIBOR 为 11%，则期权持有人将执行期权，获得 100 万美元的收益。另外，由于在封顶期权有效期内标的物债券将支付两次利息，因此，也可以将封顶期权看成是有效期为半年和有效期为一年的两个利率看涨期权的组合。

利率封底期权同样可被看成是一组利率看跌期权的组合。利率封底期权锁定了浮动利率票据投资者能收取的最低利率水平。在利率出现持续下滑的市场中，利率封底期权成为投资者管理利率风险的有效手段。

利率区间期权则是封顶期权和封底期权的组合。浮动利率债券发行人通过买入利率区间期权可以锁定支付的最大利率，但同时也确定了最低应支付的票面息率水平。发行人卖出封底期权获得的期权费可以用于补偿购买封顶期权支付的成本。

【案例 5 - 4】 金融市场第一个封顶浮动利率票据

在市场中第一次引入封顶浮动利率票据的金融企业是希尔盛雷曼公司和法国东方汇理银行。在该交易中，法国东方汇理银行发行了为期 12 年、总价值 2 亿美元的浮动利率债券，该债券每季度支付 3 个月伦敦银行间同业平均利率（Limean）加 37.5 个基点，并约定最高支付的利率水平为 13.0625%。同时，东方汇理银行将发行的封顶浮动利率票据中包含的封顶利率期权证券化，卖给希尔盛雷曼公司。希尔盛雷曼公司承担了承销封顶利率期权的责任。东方汇理银行向希尔盛雷曼公司收取期权费 0.375%，导致东方汇理银行实际支付的浮动利率由 Limean 加 37.5 个基点，降低到 Limean。整个交易结构见图 5 - 4。

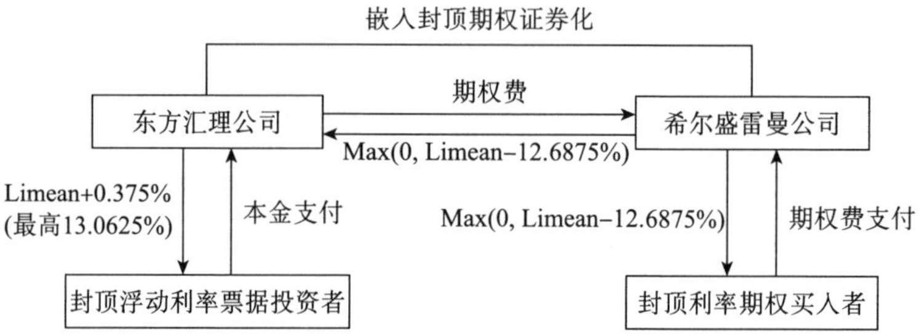

图 5 - 4　希尔盛雷曼公司和法国东方汇理银行交易结构

假定半年后 Limean 为 13.875%，即 Limean + 0.375% 超过 13.0625%，封顶利率期权买入者将执行期权，获取 1.1875%（13.875% - 12.6875%）的收益。同时，东方汇理公司向票据投资者支付最高票面息率 13.0625%。

假定半年后 Limean 为 10.875%，即 Limean + 0.375% 小于 13.0625%，期权买入者放弃执行期权，东方汇理公司向票据买入者支付 11.25% 的票面息率。

（二）区间浮动利率票据

区间浮动利率票据由浮动利率票据、利率封顶期权和利率封底期权三部分组成，第一章已经给出了一个区间浮动利率票据的例子，这里用一个虚拟的案例进一步说明。假设一个支付浮动利率 LIBOR，封顶和封底利率分别为 8% 和 4% 的区间浮动利率票据，其基本结构拆分见图 5 - 5。

在图 5 - 5 中，区间浮动利率票据的发行人持有利率封顶期权的多头和利率封底期权的空头。如果发行人希望对冲期权组合带来的利率风险，可通过卖出利率封顶期权和买入利率封底期权，将区间浮动利率票据转变为普通浮动利率票据。

收益率曲线的倾斜度以及实际 LIBOR 远期利率超出根据当前收益率曲线隐含的远期利率的程度，决定了利率封顶期权和利率封底期权的价值，进而决定了区间浮动利率票据的价值高低。当实际远期利率高于隐含远期利率时，意味着投资者买入利率

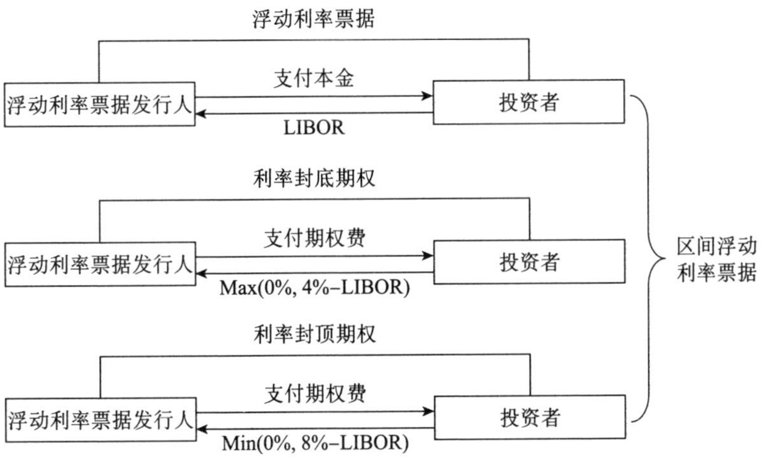

图 5－5　区间浮动利率票据拆分图

封底期权在初期属于实值期权，但在剩下的大部分时间则是虚值期权。在同样的条件下，由于远期利率经常处于利率封顶期权的执行价格以上，导致利率封顶期权价值较高。

五、第二类利率类结构化产品——以固定期限国债或互换协议利率为标的物的利率类结构化产品是怎样的？

固定期限国债利率（Constant Maturity Treasury Rates，以下简称 CMT 利率或固定期限利率）是某一特定期限的国债的市场利率水平，反映的是国债市场的交易信息，可以根据国债市场的交易价格将其推算出来。固定期限互换协议利率（Constant Maturity Swap Rates，以下简称 CMS 利率）则是某一特定期限的利率互换协议固定端的互换利率，反映的是利率互换市场的交易信息。关于 CMT 利率和 CMS 利率的更详细内容，可以参见本章以后内容。

那么，基于这两种利率而设计的结构化产品又是怎样的呢？这里将重点介绍基于 CMT 利率的结构化产品——CMT 浮动利率票据。而基于 CMS 的结构化产品与基于 CMT 的结构化产品基本类似，故略去不提。

CMT 结构化产品通常是由浮动利率票据与收益率曲线互换或收益率价差期权进行组合而得到的。关于收益率曲线互换和收益率价差期权可以参见本章第六个问题的介绍。CMT 结构化产品主要包括基于 CMT 的浮动利率票据（CMT－FRNs）、基于 CMT 的收益率曲线票据（CMT Yield Curve Notes）和 CMT 期权票据（CMT Option Notes）；同时，在这三类结构化产品的基础上还衍生出了许多其他结构化产品，但基本原理仍然保持一致。

（一）CMT 浮动利率票据

从历史上看，在货币政策日益收紧、收益率曲线极度陡峭的市场环境中，基于 CMT 的浮动利率票据开始萌芽和发展。由于收益率曲线极端陡峭，导致基于 LIBOR 的浮动利率债券缺乏吸引力；如果选择通过延长资产组合中债券期限的方式，又会使资产组合承担更大的利率风险。在这样的市场环境中，基于 CMT 的浮动利率票据作为一种另类浮动利率投资获得了投资者的青睐。

案例 5－5 展示了一个典型 CMT 浮动利率票据的条款，该票据票面息率为 2 年期固定期限国债收益率减去 20 个基点，每半年支付一次利息，且在付息日重新设定下一期应支付的利息水平。简单来说，CMT 浮动利率票据与常见的支付 6 个月 LIBOR 的浮动利率票据本质上没有任何差异，只是利息支付参照的利率水平是 CMT 利率。

【案例 5－5】 一个典型 CMT 浮动利率票据

◆ 发行总额：5 亿美元。

◆ 债券期限：3 年。

◆ 票面息率：2 年期 CMT，每半年支付一次利息。

对于投资者来说，上述 CMT 浮动利率票据还可通过买入一个支付 6 个月 LIBOR 减去 10 个基点的 3 年期浮动利率债券，并同时交易一个支付 6 个月 LIBOR、收取 2 年期 CMT 减去 10 个基点的互换合约来组成，如图 5－6 所示。

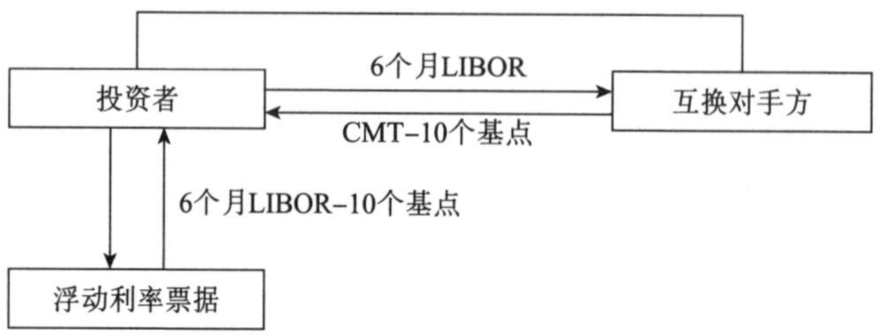

图 5－6　CMT 浮动利率票据结构拆分图

从投资者的角度来看，CMT 利率和相应期限的 LIBOR 利率之间的价差关系决定了选择投资的产品。当投资者认为 CMT 利率与相应期限 LIBOR 利率之间的价差不会显著收敛，或者说是收益率曲线变平坦的概率较小，则会选择买入基于 CMT 的浮动利率票据。例如，假定根据收益率曲线测算，2 年期 CMT 远期利率与 6 个月 LIBOR 远期利率之间的价差在 3 年后为 20 个基点。目前二者之间的价差为 60 个基点。这就意味着如果投资者认为二者之间的价差在未来 3 年内不会收敛 40 个基点，就会选择投资案例

5－5 中的 CMT 浮动利率票据。因此，只要价差实际收敛的幅度小于根据收益率曲线测算出的幅度，投资于 CMT 浮动利率票据的收益就将超过传统支付 LIBOR 的浮动利率票据。

（二）基于 CMT 的收益率曲线票据

基于 CMT 的收益率曲线票据产生于 20 世纪 90 年代的美国金融市场，当时市场利率水平整体偏低，收益率曲线极度陡峭。这类票据中的典型代表是逐级偿还浮动利率票据（Step－Up Recovery FRNs），也被称为去杠杆化浮动利率票据（Deleveraged FRN），它是被广泛使用的一类金融创新产品。

去杠杆化浮动利率票据（以下简称去杠杆化 FRN）所支付的票面息率水平与某一固定期限国债收益率水平相挂钩（例如 5 年期国债收益率水平）。但在计算票面息率的方式上，去杠杆化 FRN 与我们已经介绍的 CMT 的浮动利率票据则完全不同。去杠杆化 FRN 票面息率的计算公式如下：

去杠杆化 FRN 票面息率＝杠杆比例 × CMT 利率加上（或减去）某一固定基点

其中，杠杆比例的范围为 0 至 100％。由于杠杆比例的存在，去杠杆化 FRN 的票面息率变动幅度将小于指定的固定期限利率指标。

去杠杆化 FRN 同样可被拆分为以下两种形式：

（1）固定利率债券与嵌入收益率曲线互换合约相结合，其中嵌入收益率曲线互换合约的名义本金等于债券发行总额与约定杠杆比例的乘积。

（2）固定利率债券与 CMT 浮动利率票据的组合，其中固定利率债券发行总额与资产组合整体价值的比例为 1 减去杠杆比例，CMT 浮动利率票据的总额在整体资产组合中的占比为杠杆比例。

为了避免去杠杆化 FRN 的票面息率水平过低，去杠杆化 FRN 经常会与利率封底期权相结合，从而保证投资者所能获取的最低票面息率。

【案例 5－6】 去杠杆化 FRN 结构特征和风险对冲方法

◆ 总额：5 亿美元。

◆ 票据期限：5 年。

◆ 票面息率：（固定期限国债收益率 ×0.5）＋2％。

其中，选定的固定期限国债收益率为 10 年期国债收益率。

◆ 最低票面息率：0。

表 5－2 反映了针对不同固定期限国债收益率条件下，去杠杆化 FRN 的票面息率变化情况。

表 5－2　　去杠杆化 FRN 票面息率测算表　　（单位：%）

10 年期 CMT	去杠杆化 CMT
3	3.5
3.5	3.75
4	4
4.5	4.25
5	4.5
5.5	4.75
6	5
6.5	5.25
7	5.5
7.5	5.75
8	6

为了对比基于 LIBOR 的浮动利率票据、CMT 浮动利率票据和去杠杆化 FRN 三者之间的收益率情况，以及如何根据市场预判做出投资决策，我们将对比以下三个浮动利率产品：

◆ 案例 5－6 中的去杠杆化 FRN。

◆ 票面息率为 10 年期固定期限国债收益率减去 100 个基点的 CMT 浮动利率票据。

◆ 支付 6 个月 LIBOR 的浮动利率票据。

假定 6 个月 LIBOR 恒定为 1.5%，我们分别测算出 10 年期固定期限利率从 3% 到 9% 的区间内不同产品支付的票面息率水平和之间的价差情况（见表 5－3 和表 5－4）。

表 5－3　　三个产品票面息率测算表　　（单位：%）

10 年期 CMT	CMT 浮动利率票据	去杠杆化 FRN	LIBOR
3	2	3.5	1.5
3.5	2.5	3.75	1.5
4	3	4	1.5
4.5	3.5	4.25	1.5
5	4	4.5	1.5
5.5	4.5	4.75	1.5
6	5	5	1.5
6.5	5.5	5.25	1.5
7	6	5.5	1.5
7.5	6.5	5.75	1.5
8	7	6	1.5
8.5	7.5	6.25	1.5
9	8	6.5	1.5

表 5-4　　三个产品票面息率价差测算表　　（单位:%）

10 年 CMT	CMT 产品 - LIBOR	去杠杆化 CMT 产品 - LIBOR
3	0.5	2
3.5	1	2.25
4	1.5	2.5
4.5	2	2.75
5	2.5	3
5.5	3	3.25
6	3.5	3.5
6.5	4	3.75
7	4.5	4
7.5	5	4.25
8	5.5	4.5
8.5	6	4.75
9	6.5	5

根据表 5-3 和表 5-4 的测算可以知道，当 10 年期固定期限利率绝对水平较高，且预期未来 10 年期 CMT 利率与 6 个月 LIBOR 之间的价差收敛幅度较小时，CMT 浮动利率票据的表现将强于去杠杆化 FRN 和普通浮动利率票据。如果表 5-3 的 10 年期利率水平是 8%，CMT 浮动利率票据表现将超越其他两类产品。如果出现 10 年期固定期限利率绝对水平较低，且预期未来 10 年期 CMT 利率与 6 个月 LIBOR 之间的价差收敛幅度较小时，去杠杆化 FRN 的表现将强于 CMT 浮动利率票据和普通浮动利率票据。另一方面，如果表 5-3 的 10 年期 CMT 利率水平是 3%，对应的去杠杆化 FRN 票面息率将超过 CMT 浮动利率票据。此外，去杠杆化 FRN 的初始票面息率可以通过降低杠杆比例来获得提升，但降低杠杆比例会导致未来 CMT 利率上升时票据收益相应有所减少。因此，去杠杆化 FRN 的杠杆率设定代表了投资者在初始票面息率与未来预期收益之间的取舍。

无论当前 10 年期 CMT 利率水平的高低，如果在票据有效期内 10 年期 CMT 利率与 6 个月 LIBOR 之间利率的收敛幅度大于根据目前收益率曲线测算出的二者之间的收敛程度，则投资传统浮动利率票据的收益都可能强于 CMT 浮动利率票据和去杠杆化 FRN。

这就是去杠杆化 FRN 的结构特征。发行人应该如何对冲去杠杆化 FRN 的收益率曲线风险，从而将去杠杆化 FRN 债券有效转换为支付浮动利率的票据呢?

可行的方法是交易两类互换合约。具体而言，假定发行人 A 发行的去杠杆化 FRN 支付的票面息率为 0.5×5 年期固定国债收益率加上 25 个基点，且该票据发行总额为 1 亿美元，为了将债务转换成支付浮动利率 LIBOR 的债券，可参与以下两个互换合约：

（1）参与收取5年期固定国债收益率、支付LIBOR－25个基点的互换合约，并且该合约的名义本金为5 000万美元。

（2）参与收取固定利率3%、支付LIBOR－25个基点的互换合约，并且该合约的名义本金同样为5 000万美元。

通过以上两个互换合约，发行人A所需承担的融资成本如下：

0.5×5年CMT＋25bps＋0.5（LIBOR－25bps－5CTM）＋0.5×（LIBOR－25bps－3%）＝LIBOR－1.5

由此，发行人A所承担的融资成本由5年期CMT利率加上25个基点，转换至支付LIBOR－1.5%。如若发行人A在去杠杆化FRN中加入了利率封顶或封底期权，则在对冲过程中还需对于包含的利率期权进行相关操作。

（三）CMT期权票据

为了交易收益率曲线的变动，投资者还可以把针对固定期限国债收益率的看涨或看跌期权与债券相结合，构造出CMT期权票据。例如当投资者认为5年期固定期限国债收益率与3年期固定期限国债收益率之间的价差将会拉大，或者说收益率曲线将更加陡峭，投资者可以构建买入3年期CMT利率的看跌期权和卖出5年期CMT利率看跌期权的资产组合。假定在交易初期5年期CMT和3年期CMT的价差为50个基点，如果收益率曲线变得更为陡峭，价差超过50个基点，则投资者将获得收益。但在价差拉大过程中，我们并不能判定3年期和5年期看跌期权是否是实值期权或虚值期权，还需具体分析收益率曲线形状的变动和两个期权的执行价格之间的关系。同样的原理，当投资者预期收益率曲线将会变得平坦，可以选择买入3年期CMT利率看涨期权和卖出5年期CMT利率看涨期权。

此外，除了构建固定期限利率期权的组合之外，投资者也可以通过互换合约与期权的组合，以及债券与期权的组合来达到交易预期收益率变化的目的，在此不再一一列举。

六、固定期限国债利率和固定期限互换协议利率及其衍生工具有哪些？

CMT利率和CMS利率在固定收益证券市场中有重要的地位，通常由市场中的权威机构根据市场交易状况进行编制并公布。以我国市场为例，中央国债登记结算有限责任公司自1999年起开始编制中国国债收益率曲线，现在每天提供161条各类收益率曲线。编制各类中债收益率曲线的数据来源有银行间双边报价数据、结算数据、柜台双边报价数据、交易所债券交易数据和市场成员收益率估值数据五个方面。可依据收益率类型、交易场所和债券品种等标准对收益率曲线进行区分。以收益率类型划分，收益率曲线包括到期收益率曲线、即期收益率曲线和远期收益率曲线。按交易场所划分，收益率曲线包括银行间收益率曲线、交易所收益率曲线和全市场国债收益率曲线。在组成收益率的固定期限方面，各条收益率曲线会有所不同。以市场关注度较高的银行间固定利率国债到期收益率曲线来说，包括了 1 个月、2 个月、1 年、2 年等共 19 个关键固定期限。图 5－7 展示了我国银行间固定利率国债各个期限的收益率曲线。

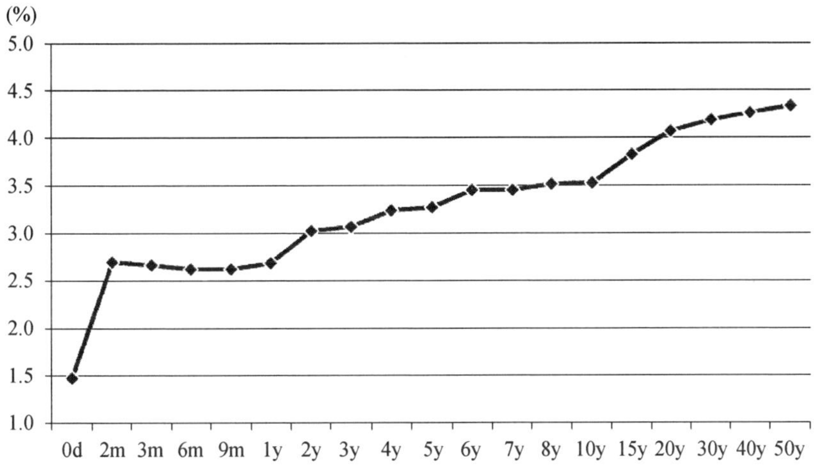

图 5－7　我国银行间固定利率国债各期限收益率

在美国的债券市场上，美国财政部每日会公布当天的收益率曲线，该曲线是基于场外市场中活跃交易的国债在收盘时的收益率出价而形成的。纽约联邦储备银行将接收全美五大国债交易商的报价，并以此计算市场收益率曲线。每日公布的固定期限利率目前包括 1 年、2 年、3 年、5 年、7 年、10 年和 30 年期的利率。美国市场已将 CMT 利率作为金融市场的基准利率，其他许多国家则采用 CMS 利率作为基准利率。

采用 CMS 主要出于以下几点原因：

（1）互换利率在许多市场上已被用作市场利率方向的主要指标。

（2）互换市场的流动性高于其他固定收益产品市场的流动性。

（3）互换利率具有固定期限的独特性。

固定期限国债利率和固定期限互换协议利率有什么用途呢？

从投资者的角度来说，CMT 利率和 CMS 利率首先可被用于比较和交易某一固定期限的利率，避免了交易债券时面临有效期不断缩短的问题。其次，交易 CMT 利率和 CMS 利率的另一好处就是在交易针对固定期限利率的期权时，同样可避免基于债券的期权所面临的由于标的物债券有效期不断缩短并导致期权估值困难的问题。

从发行人的角度来说，CMT 利率为发行各类债券提供了合理的收益率参照水平，有利于发行人制定合理的发行计划。对于监管部门来说，CMT 利率为监管部门提供了目前市场的基准收益率水平，从而成为监管部门制定货币和财政政策的重要考虑因素。

既然 CMT 利率和 CMS 利率是固定收益证券市场的基准利率，那么市场上有没有根据它们而设计的衍生工具呢？有，这类衍生工具的结构类型主要有两种，分别是：

◆ 收益率曲线互换（Yield Curve Swap）：通过一组远期合约组合，交易两个 CMT 利率的远期价差。

◆ 收益率价差期权（Options on Yield Curve Spread）：针对两个 CMT 利率之间价差的看涨或看空期权。

收益率价差期权本质上属于价差期权的一种。价差期权是指期权的偿付条件根据两种不同标的物债券之间价格差值来确定的特殊期权。价差期权属于较为特殊的一类多因子期权。多因子期权属于奇异期权，它与普通期权的最大不同，在于多因子期权的偿付由超过一个标的物的价格变动来决定。由于价差期权的独特性，价差期权的看涨期权与看跌期权的定义也与普通期权有所不同。

价差看涨期权等同于持有有效期较短债券的多头和持有有效期较长债券的空头。买入价差看涨期权的投资者将从变陡峭的收益率曲线中获利。

价差看跌期权等同于持有效期较短债券的空头和持有有效期较长债券的多头。如果相对于长期利率，短期利率的上升速度较快（下降速度较慢），买入价差看跌期权的投资者将获得收益。可以说买入价差看跌期权的投资者将从变平缓的收益率曲线中获利。

七、第三类利率类结构化产品——指数分期偿还债券是怎样的？

（一）指数分期偿还债券的基本概念和特征

指数分期偿还债券（Index Amortizing Notes，INA）是指存量本金总额按照约定计划分期偿还的一种债券，分期偿还计划通常与某一利率指数挂钩，如 LIBOR、CMT 等。由于债券本金偿还与 LIBOR 或 CMT 等指标挂钩，债券未来现金流、到期收益率和到期日等都不再确定。典型的指数分期偿还债券的设计为：一旦市场利率高于约定的指标利率触发点，债券的寿命延长；一旦市场利率低于约定的指标利率触发点，债券还本时间将显著缩短。下面以一个案例来具体说明。

【案例 5－7】 典型的指数分期偿还债券结构分析

发行人 A 发行了面值 1 亿美元、支付固定利率 6% 的指数分期偿还债券。该债券执行分期偿还所参照的利率为 3 个月 LIBOR，并且在发行后 2 年内将不执行偿还条款。

目前3个月LIBOR为3%，具体分期偿还条款如下：

◆ 当3个月LIBOR不高于3%时，债券偿还本金比例为100%。

◆ 当3个月LIBOR不高于4%时，债券偿还剩余本金比例为50%。

◆ 当3个月LIBOR不高于5%时，债券偿还剩余本金比例为10%。

◆ 当3个月LIBOR高于5%时，债券偿还剩余本金比例为0。

当参照利率落于两个调整比例之间时，使用线性内插法计算债券应偿还本金的比例。例如当3个月LIBOR为3.5%时，债券偿还本金比例为75%，即：

$$(100\% + 50\%) \times \frac{3.5\%}{3\% + 4\%} = 75\%$$

此外，在指数分期偿还债券中通常还包含清理条款，例如针对上述债券可约定，当出现仍流通的债券总额小于原始发行总额的10%时，债券自动到期。

分期偿还条款是当债券流通总额小于某一约定水平时，发行人有义务将剩余债券赎回。分期偿还条款的存在主要是从实际操作的层面出现。当仍在流通的债券总额已十分微小时，继续保留该债券已没有任何意义。

指数分期偿还债券对于投资者或是基金经理的吸引力主要在于两个方面。

第一，相对于普通的固定利率债券，指数分期偿还债券支付的票面息率较高，但投资者从指数分期偿还债券中获取的较高票面息率，是以承担提前还本的风险为代价的。投资者通常将指数分期偿还债券视为期限较短、投资收益相对较高的结构化产品。指数分期偿还债券可提高投资者收益的特征和多级可赎回债券十分相似。从本质上来说，无论是指数分期偿还债券还是多级可赎回债券之所以能起到提高收益的功能，均是因为投资者向发行人卖出了某种形式的期权。因此，超出普通债券的额外收益部分对应着发行人向投资者支付的期权费。

第二，不同于普通固定利率债券凸性为正的特征，指数分期偿还债券的凸性可以是负的。原因在于分期偿还债券的期权空头结构。由于指数分期偿还债券具有凸性为负的特征，它也被用于对冲组合中其他固定利率债券正凸性，从而提升对于资产组合利率风险的管理能力。

（二）我国金融市场中的分期偿还债券

我国金融市场中的分期偿还债券是指发行单位规定在债券有效期内某一时间偿还一部分本息并分期还清的一种债券。这种债券可减少一次集中偿还的财务负担，一般还本期限越长、利息越高。这种债券通常采用抽签方式或按照债券号码的次序进行偿还。我国早期发行的国库券即属此种债券。分期偿还债券可以看作是若干偿还期不同的定期偿还债券的组合，因此，分期偿还债券发行价格的确定、折价或溢价的摊销等都可以参照定期偿还债券的程序进行处理。

【案例5-8】 我国金融市场中的分期偿还债券实例

表5-5是滁州市城市建设投资有限公司市政项目建设的主要内容。

表5-5　　滁州市城市建设投资有限公司市政项目建设债券

债券项目	债券内容
发行人	滁州市城市建设投资有限公司
债券名称	2011年滁州市城市建设投资有限公司市政项目建设债券（简称11滁州城投债）
发行总额	人民币10亿元
债券期限	10年期，第5年末附发行人上调基本利差选择权及投资者回售选择权，并在本期债券存续期后5年设置分期偿还条款，即自第6年起逐年分别按照回售后剩余本金的10%、10%、20%、30%和30%的比例分期偿还债券本金
债券利率	浮动利率。本期债券票面息率根据每个计息年度Shibor基准利率［Shibor基准利率为当期起息日前10个交易日全国银行间同业拆借中心在上海银行间同业拆放利率网（www. shibor. org）上公布的1年期Shibor（1Y）利率的算术平均数，基准利率保留两位小数，第三位小数四舍五入］加上基本利差确定。本期债券在债券存续期前5年基本利差为3.05%，并在债券存续期内前5年固定不变；在本期债券存续期的第5年末，发行人可选择上调基本利差0至100个基点（含本数），债券基本利差为债券存续期前5年基本利差3.05%加上上调基点，在债券存续期后5年固定不变。本期债券采用单利按年计息，不计复利，逾期不另计利息
发行价格	本期债券面值100元，平价发行，以1 000元为一个认购单位，认购金额必须是1 000元的整数倍且不少于1 000元
发行人上调基本利差选择权	发行人有权决定在本期债券存续期的第5年末上调本期债券后5年的基本利差，上调幅度为0至100个基点（含本数）
发行人上调基本利差公告日	发行人将于本期债券第5个计息年度付息日前的第15个工作日刊登关于是否上调本期债券基本利差以及调整幅度的公告
投资者回售选择权	发行人作出关于是否上调本期债券基本利差及上调幅度的公告后，投资者有权选择在本期债券第5年期满时将所持的全部或部分债券（以1 000元人民币为一个回售单位，回售金额必须是1 000元的整数倍）按面值回售给发行人；或选择继续持有本期债券

通过将分期偿还债券与指数分期偿还债券的概念和案例进行对比可以发现，虽然二者在形式上有相似的地方，但在本质上完全不一样，差别之处有如下几点：

第一，分期偿还债券的分期偿还条款是在发行债券时已经约定好的，在不考虑包含的可赎回或可售回条款的情况下（以下对分期偿还债券的讨论假设不存在可赎回或可售回条款），该债券的现金流和到期日等都十分确定，不存在提前支付风险。但指数分期偿还债券的本金偿付的规模和速度却是挂钩于参考利率，因此不确定债券的现金流和到期日，提前支付的风险较大。

第二，分期偿还债券可以看作是若干不同偿还期的定期偿还债券的组合，而指数分期偿还债券却是支付固定利率债券与嵌入期权的组合。

第三，由于分期偿还债券投资者并没有向发行人卖出期权，因此分期偿还债券凸性为正；指数分期偿还债券的凸性却为负。

第四，分期偿还债券发行的主要目的在于减轻发行人一次性还本付息的压力。

巴西发行的“分期偿还全球债券”

巴西国库局于2005年7月22日宣布，将从7月25日开始以招标方式发行“分期偿还全球债券（Amortization Global Bonds：A－Bond）”，发行额约44亿美元，用来替换于1994年发行的巴西主要外债债券——融资债券（Capitalization Bonds：C－Bond）。融资债券的到期期限为2014年4月，新发行的替换债券到2018年1月15日，这样巴西可在2006年和2007年的还债高峰期后赢得更多重组债务的时间。本次发行债券的主承销商是摩根大通和瑞士信贷第一波士顿银行，为不可赎回债券。债券的年利率为8%，从2006年1月15日开始付息，2009年7月15日起开始还本，本息的支付周期均为半年。巴西国库局负责人称，因为债券无交易涨跌幅的限制而受到市场的欢迎，且巴西因推迟3年半支付本金可节省成本约15亿美元。

八、第四类利率类结构化产品——可赎回债券和可售回债券是怎样的？

可赎回债券和可售回债券都是在普通债券的基础上嵌入了一个期权。本节主要讨论可赎回债券。

（一）可赎回债券的基本概念

可赎回债券（Callable Bond）是普通债券与看涨期权的结合体，它赋予了发行人在特定时间按照某个约定价格从债券持有人手中将债券全部或部分赎回的权利。

为什么要发行具有可赎回条款的债券呢？主要的驱动因素是发行人可以通过该条款择机进行再融资，从而降低融资的整体成本。发行可赎回债券时，发行人的主要成本是该债券的利息支出，通常以票面息率作为度量。根据可赎回条款，在市场利率显著低于可赎回债券的票面息率时，债券发行人可以将债券赎回，并参照目前市场较低的利率重新发行债券，将债券的票面息率降低到市场利率的水平，或者保持原来的票面息率而提高债券的发行价，从而在融入同等规模资金的情况下降低债券发行的份额。无论怎样都能降低发行人的融资成本。

通过可赎回条款，债券发行人将再融资风险转移给了投资者。因此，投资者面临着未来现金流的不确定性风险，因而需要获得一定的风险补偿。该风险补偿的方式通常体现在可赎回债券的票面息率上，即可赎回债券的票面息率通常比相同条件下普通债券的收益率高。我们可将这部分超出的收益理解为债券持有人将看涨期权（赎回条款）卖给债务人所获得的期权费。简而言之，可赎回债券的隐含期权可被理解为对标的物债券的看涨期权，或是对市场利率的看跌期权，赎回价格即是期权的执行价格。可赎回债券的发行人是期权的买入方，而可赎回债券的持有人是期权的卖出方。

（二）可赎回债券的结构

通常来说，可赎回债券的条款和结构中会明确设定赎回保护期、多个可赎回日以及相对应赎回的价格等条款。其中，赎回保护期是指债券在发行后不可被赎回的规定期限。在多个赎回日中，首个赎回日对应的赎回价格一般高于债券面值。随着时间接近债券到期日，债券的赎回价格也呈现下降趋势，并最终等于面值。例如，某个 20 年期限的可赎回债券在条款中明确约定赎回保护期为 5 年，5 年保护期结束后该债券可以 110 元的价格被赎回，10 年后赎回价格下滑至 105 元，15 年后赎回价格进一步下滑至面值 100 元。

我国发行的可赎回债券实例

为了补充二级资本，经中国银保监会和中国人民银行批准，中国工商银行股份有限公司于 2019 年 3 月 25 日在全国银行间债券市场发行二级资本债券（第一期）。此次发行总规模为人民币 550 亿元，分为两个品种。其中，品种一为 10 年期固定利率品种，在第 5 年末附有条件的发行人赎回权，发行规模为人民币 450 亿元，票面利率为 4.26%；品种二为 15 年期固定利率品种，在第 10 年末附有条件的发行人赎回权，发行规模为人民币 100 亿元，票面利率为 4.51%。

（三）可赎回债券的价格与风险特征

隐含期权在赋予债务发行人可赎回债券权利的同时，也改变了传统债券的价格与收益率曲线图，以及久期和凸性等风险衡量指标的特征。假定一家公司 A 同时发行了可赎回债券 a、普通债券 b 和普通债券 c，其中债券 a 和 b 在期限、信用评级、市场流动性和发行规模等方面完全一致。根据上文对于可赎回债券的介绍，可以推论出如下公式：

可赎回债券 a = 普通债券 b + 隐含期权

隐含期权购买方是公司 A，因此该公司需要向投资者支付相应的期权费，这将导致可赎回债券 a 的票面息率会比普通债券 b 高。而债券 a 与债券 c 在发行时票面息率相同，且均以面值发行。假定发行后市场利率持续走高，则此时可赎回债券 a 的价格特征与普通债券 c 基本一致。债券价格随着利率的上升而下降，呈现出反向关系，并且债券交易价格将低于面值。同时，由于卖出的隐含期权的期权费下降，可赎回债券 a 持有者的投资收益将强于买入普通债券 c 的投资者所能获得的收益。当市场利率回落并显著低于可赎回债券 a 票面息率时，债券发行人 A 可通过执行看涨期权赎回原有债券，并以目前市场较低的利率再次融资，降低融资成本。因此，在市场利率逐步下降的过程中，普通债券 c 的价值和隐含期权费都会上涨，但由于债券 a 的投资者持有的是期权空头，因此可赎回债券 a 的价格涨幅将小于普通债券。如图 5－8 中所示，随着市场利率的下降，同等条件的普通债券价格与可赎回债券价格差距将会拉大，二者之间的差值即为隐含期权的期权费。

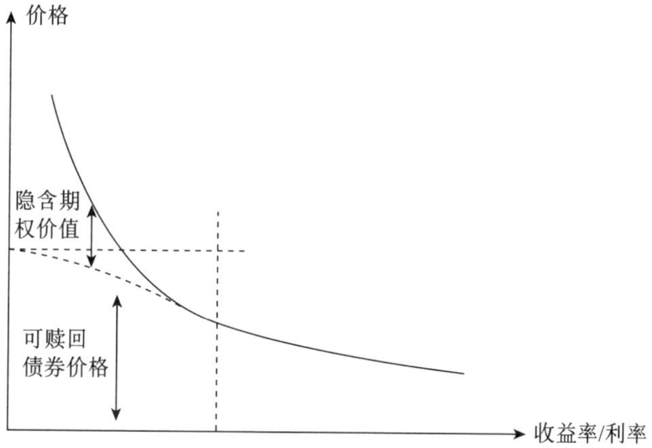

图 5－8　可赎回债券与普通债券价格特征对比图

作为衡量债券价格对于利率变化敏感性的重要工具，久期的概念同样可用于衡量可赎回债券的利率敏感性。但我们必须考虑到在不同利率环境下，可赎回债券展现出了不同的久期特征。当市场利率高于可赎回债券的票面息率时，发行人未来执行隐含期权的可能性相对较低，对应可赎回债券到期还本付息可能性较高，可赎回债券与普通债券久期特征较为一致。当市场利率大幅低于可赎回债券的票面息率时，债券到期日将缩短至期权执行日，久期也随之减少。鉴于可赎回债券的到期期限和未来现金流存在不确定性，传统的基于债券到期期限和未来现金流来计算久期的方法将不再适用。对于可赎回债券，我们主要采用实际久期（Effective Duration）来衡量债券利率风险。实际久期是指在利率水平发生特定变化情况下，证券价格变动的百分比。它充分考虑了隐含期权对证券市场价格的影响，其计算公式为：

$$D = \frac{P_{-} - P_{+}}{P_0(y_{+} - y_{-})}$$

D 为债券的实际久期，P_0 为债券的初始市场价格；P_{-} 和 P_{+} 分别为利率上升和下降 a 个基本点时债券的市场价格；y_{-} 和 y_{+} 分别为初始收益率减去和加上 a 个基本点，而初始收益率是指可赎回债券的初始到期收益率，由无风险市场利率加上期权调整价差（Option - Adjusted Spread）构成。期权调整价差是相对无风险利率的价差，通常以基点的方式进行量度。一般以国债即期利率曲线（或同一发行人的即期利率曲线）为基准，在此基准上水平浮动一定利差，综合考虑利率的波动，将期权调整后的现金流进行贴现，得到含权债券的理论价格，最终使理论价格等于市场价格的利差水平就是期权调整价差。由上面的公式可以看出，计算可赎回债券实际久期的核心在于期权调整价差的计算。

作为衡量债券价格风险的另一重要参数，凸性（Convexity）描述了价格/收益率曲线的弯曲程度，是债券价格对收益率的二阶导数。对于不含期权的债券来说，凸性总大于0，即利率下降，债券价格将以加速度上升；当利率上升时，债券价格以减速度下降。但对于可赎回债券，当利率水平远低于可赎回债券票面息率时，隐含期权费的变动成为债券价格变动的主导因素，甚至可能出现市场利率与可赎回债券久期同时下降（或上升），这时可赎回债券凸性为负，负凸性的存在会放大投资者承担的利率风险。因此，在度量可赎回债券的利率风险时必须结合市场利率情况考虑久期和凸性可能展现的特征。

延伸阅读

期权调整价差的计算

对于期权调整价差的计算主要遵循以下五个步骤：

（1）找出作为期权调整价差比较的基准利率，市场上通常会采用国债各期限即期利率曲线作为比较基准。

（2）以适当的模型刻画利率变动过程。一般认为利率是遵循正态随机游走或对数正态随机游走过程。

（3）沿每一条利率路径，依据债券相关条款和其中包含的衍生工具触发条件，计算每个时间节点的自由现金流。

（4）在基础利率水平上加上一定利差（OAS）作为贴现率，将自由现金流依利率路径贴现，形成零时刻（当前时点）的债券价值。

（5）将零时刻各利率路径的贴现值加权，得到含权债券的模型理论价值。不断重复第四、五步使得理论价值等于市场实际价格，最终可得到相应债券的期权调整价差。

厦门大学学者贺涛和陈蓉在《期权调整价差（OAS）估值模型对含权债券定价的运用》一书中，对于国开行含权债券04国开02和03国开22进行了定价分析。通过使用基准利率二叉树分析，测算出在2004年6月29日，03国开22和04国开02的期权调整价差分别为27.25个基点和0.60个基点。

九、可赎回债券具有哪些用途?

对于债券持有人来说，投资于可赎回债券的第一个重要作用在于提高投资的预期收益。投资者可通过买入并持有策略和相对价值策略这两种方式来提高投资预期收益。其中，买入并持有策略的可行性来自可赎回债券的票面息率高于同等条件下普通债券的票面息率。相对价值策略是指将可赎回债券运用到套利交易中，也就是说，投资者可以组合可赎回债券与普通债券进行配对交易，当二者之间的差值超过合理区间时，投资者可进行套利操作。

可赎回债券另一个重要作用是进行利率风险管理。通过匹配负债与资产的久期，导致负债与资产对利率敏感性相同，这是金融机构对自身资产负债表进行风险管理的基本原则。但是这样的风险管理方式忽略了由于凸性的不同带来的利率风险。根据公式：

$$\text{债券价格的变动百分比} = \text{久期影响} + \text{凸性影响}$$
$$= -\text{久期} \times \text{利率变动} + \text{凸性} \times (\text{利率变化})^2 \times 100$$

对于利率较大的变化Δy，为了做到完全规避利率风险，资产管理者不仅需要考虑久期的影响（久期$\times\Delta y$），还需要考虑负债和资产在凸性影响［凸性×$(\Delta y)^2$］上的不同。在利率逐步下降趋势中，可赎回债券所特有的负凸性特点正好可用于调整资产组合的凸性。因此，资产管理人可通过加入可赎回债券而灵活地调整资产负债组合的凸性，提升利率风险管理的效率。在实际投资中，资产管理人应同时考虑可赎回债券的两大功效，兼顾资产组合收益的提升和风险管理目标的实现。

延伸阅读

利差久期概念和计算

利差久期是指假定基础利率不变来衡量价格对贴现利差的敏感性，也可以将利差久期理解为市场利差变化1个百分比所导致债券价格变化的百分率。利差久期越大，当市场利差发生变化时，债券价格面临的价格风险越大。利差久期的公式为：

$$\text{利差久期} = \frac{\text{债券价格变化百分率}}{\text{市场利差变化百分比}}$$

$$=\frac{\text{债券价格变化百分率}}{\text{贴现利差变化百分比}}$$

假定债券现值为PV，市场利差为S，基础利率为R，总贴现利率为r（即S+R），那么上述利差久期公式可表示为：

$$Duration_{DM}=-\frac{1}{dPV}\cdot\frac{dPV}{dS}=\frac{100}{PV}\cdot\sum_{i=w}^{w+n-1}\frac{1}{(1+r)^{i}}$$

利差久期的运用与传统的修正久期十分相似，可根据利差久期估算出利差微小变化引发的债券价格变化百分比。例如，我们测算出某浮动利率债券的利差久期为4.205，则当利差下降1%时，债券价格变化为：

浮动利率债券价格变化 = −4.205×1% = −4.205%

十、一种管理利率风险和套利的策略——组合运用可赎回债券和利率互换期权是怎样的？

利率互换（Interest Rate Swap）是指双方约定在未来的一定期限内根据同种货币和相同名义本金进行现金流交换，其中一方的现金流根据事先选定的某一浮动利率计算，而另一方的现金流则根据固定利率计算。

利率互换期权（Swaption）（简称互换期权）是一种期权，能使持有人有权利（但非义务）在未来与对手方按照预定的执行利率执行一个利率互换协议，如果在当时的互换利率高于执行利率，持有人会选择执行该期权；反之，如果互换利率低于执行利率，持有人将放弃执行该期权。在互换期权中，看涨期权代表的是可以选择在未来一定期间内是否执行支付固定利率并接受浮动利率，这也成为支付端互换期权（Payer's Swaption）；而看跌期权则表示支付浮动利率并接受固定利率的权利，也被称为接受端互换期权（Receiver's Swaption）。通过互换期权的操作，可以帮助该期权持有人在支付期权费而获得期权时，锁定未来特定期间内资金成本或收益的水平，避免未来利率不利于期权持有人时所产生的损失。

（一）发行人如何管理风险

通过发行可赎回债券，发行人获得了以约定价格在约定时间买回债券的权利。但是，为了获得该权利，发行人需要向投资者支付相应的期权费，或者说发行人需要以较高的票面息率吸引投资者购买。这相当于发行人持有一个以普通债券为标的物的看涨期权。如果在发行了可赎回债券之后，市场利率没有出现下滑，反而逐渐攀升，这时，普通债券的价格将逐渐下降，因此，发行人所持有的看涨期权的价值将会下跌。这就是发行人所面临的来自期权的风险。

为了管理和对冲嵌入期权的风险，可赎回债券的发行人可以通过利率互换以及利率互换期权这两类利率衍生工具来实现。下面通过案例 5－9 来具体描述发行人如何管理可赎回债券的期权风险概念。

【案例 5－9】 可赎回债券发行人如何管理债券中嵌入期权的风险

债券发行人 A 于 2004 年 5 月 1 日发行了为期 7 年的可赎回债券，该债券票面息率与市场利率一致，为 8%，债券以面值发行。债券保护期为 5 年，即从 2009 年 5 月 1 日起可被赎回，赎回价格为 100 元。债券的利息支付结构见图 5－9。

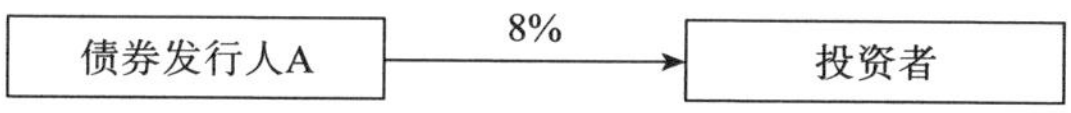

图 5－9　可赎回债券的简单结构

如果发行人 A 希望将目前支付固定利息的可赎回债券转变为支付浮动利率 LIBOR 的普通债券，可进行嵌入期权货币化的操作。具体来说，发行人 A 首先需要买入一个收取固定利率并支付浮动利率的利率互换合约。其次，发行人 A 还需要卖出收取固定利率之利率互换期权（Receiver's Swaption）。这样一个利率互换与利率互换期权的组合也被称为可赎回互换（Puttable Swap），可赎回互换赋予了购买者提前终止互换的权利。

设定可赎回互换的到期日为 2011 年 5 月 1 日，可赎回互换支付的固定利率为 8%，收到的浮动利率为 LIBOR；条款还约定固定利率支付方有权分别在 2009 年 5 月 1 日和 2010 年 5 月 1 日取消原有互换合约。因此，如果可赎回债券到期前市场利率变动较小或呈现上升趋势，可赎回条款和利率互换期权将不会被执行，债券发行人在可赎回债券到期前以浮动利率融资，参与各方的现金流结构见图 5－10。

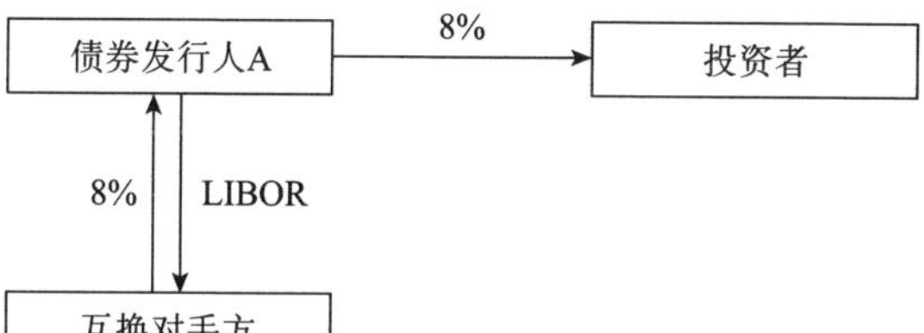

图 5－10　可赎回债券和利率互换的组合结构

由于互换对手方支付的是固定利率，收取浮动利率（LIBOR），互换对手方在利率出现显著下滑的情况下将遭受损失。为了避免损失的发生，互换对手方可通过执行收取固定利率的利率互换期权来对冲原有互换合约；同时，债券发行人可立即赎回债券，并以较低的市场利率发行到期日与原可赎回债券相同的浮动利率债券。这样的操作同样保证了债券发行人在可赎回债券到期前以浮动利率融资。整体操作流程见图 5－11。

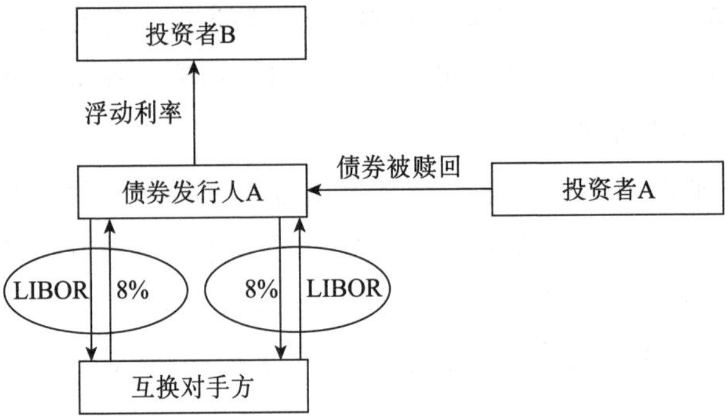

图 5-11　可赎回债券嵌入期权货币化

从图 5-11 中可以看出，利率互换期权避免了互换对手方在利率下降时遭受损失，而嵌入期权则避免了可赎回债券发行人以显著高于市场利率的水平进行融资。因为两个利率衍生工具给资产组合带来的收益相同，或者说债券发行人 A 买入的嵌入期权与卖出的利率互换期权可以完全对冲，所以利率互换期权的价值也应该与可赎回债券的嵌入期权价值相等。

（二）投资者如何管理风险

对投资者而言，利率互换与利率互换期权的组合同样可被用于管理可赎回债券的风险。当投资于可赎回债券之后，投资者将获得来自该债券的、相当于票面息率的固定利息收入，这时，即使市场利率水平稳步上升，投资者也无法获得市场利率上升所带来的收益的上升，而只能获得可赎回债券的固定利率。这相当于投资者承担了一定的机会成本。这就是投资者投资于可赎回债券时所面临的风险。

为降低机会成本，投资者可以参与利率互换合约，约定支付固定利率并收取浮动利率。然而，如果利率方向与投资者预期相反，市场利率出现快速下降，发行人将以约定价格赎回债券，停止支付固定利息，这时，投资者由于签订了利率互换协议，所以还需继续向互换协议的对手方支付高额固定利息，并收取目前市场较低的浮动利率；而且，在市场利率下降的时候，投资者无论是选择购买一个方向相反的互换合约，还是直接卖出原有互换合约的成本都将十分昂贵。也就是说，利率互换协议在降低机会成本的同时，也带来新的风险。为了有效管理新出现的风险，投资者还需要在建立利率互换协议的同时购买一个收取固定利率、支付浮动利率的互换期权。

【案例 5-10】　投资者如何管理可赎回债券的风险

投资者 A 购买了支付固定利息的可赎回债券，并通过加入可赎回互换将固定收益资产转变为以浮动利率为参照的资产组合。可赎回债券和可赎回互换条款如下所示：

◆ 发行日：2005 年 1 月 1 日。

◆ 到期日：2015 年 1 月 1 日。

◆ 票面息率：每年7%。

◆ 发行价格：以面值发行。

◆ 可赎回条款：赎回保护期5年，以2010年1月1日为起始，每年的付息日该债券可被赎回。

可赎回互换条款细则：

◆ 到期日：2015年1月1日。

◆ 固定利率端：投资者支付5%每年的固定利息。

◆ 浮动利率端：投资者收取LIBOR（假定该浮动利率已扣除购买可赎回互换中互换期权所需支付的期权费）。

◆ 可赎回条款：从2010年1月1日至到期日，投资者有权在每年1月1日终止该互换合约（等同于投资者购买了收取固定利率的互换期权合约）。

在市场利率高于5%并且债券发行人没有赎回债券的意向时，投资者构建的资产组合见图5-12。

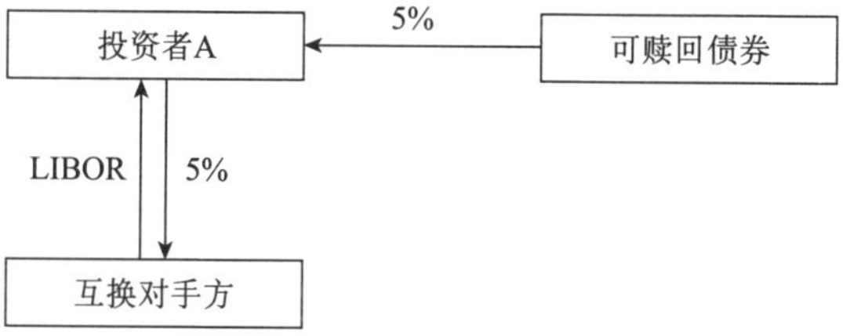

图5-12　可赎回债券和利率互换的组合结构

当市场利率低于5%时，债券发行人进行赎回操作。为了避免承担支付固定利率的互换合约带来的损失，投资者可使用赎回条款终止互换合约，同时投资于到期日与原可赎回债券相同的浮动利率债券。这样的操作保证了投资者的资产组合在2015年1月1日（原可赎回债券到期）前持续获得浮动利息（见图5-13）。

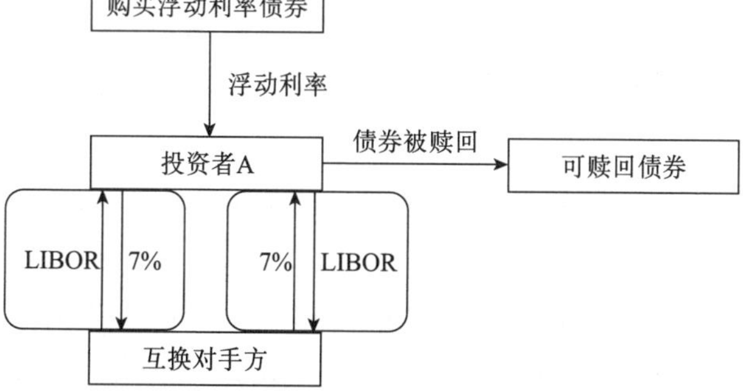

图5-13　可赎回债券嵌入期权货币化

（三）如何运用可赎回债券和利率互换期权进行套利

上述所介绍的发行人和投资者管理可赎回债券的风险方法和策略，从一个侧面说明了可赎回债券与利率互换期权之间有着较为密切的价格关系。这样的价格关系可以被用来进行套利操作，具体而言，通过比较可赎回债券中期权与利率互换期权的价格差异，可以在某些时候发现套利机会。实际上，在发行方对嵌入期权货币化的实例分析中，我们已经说明了发行人 A 买入可赎回债券嵌入期权与卖出的利率互换期权可以相互对冲，因此利率互换期权的价值也应该与可赎回债券的嵌入期权价值相等。

在实际市场中，可赎回债券中的期权与利率互换期权的价值并不总是一致的。导致价值不一致的原因主要有两个方面：第一，固定收益市场与互换市场的隐含波动率不一致，而且大部分可赎回债券的投资者通常只关注于可赎回债券中债券属性部分所能提供的收益，忽略了可赎回债券的整体收益，这导致可赎回债券中的期权价值被低估的概率较大。第二，收益率曲线在互换市场和公司债券市场上存在不同。以美国市场为例，美国互换市场的收益率曲线主要参照评级为 A 类或 AA 类美国公司债券整体收益率曲线，但发行可赎回债券公司的评级可能并不是 A 类或 AA 类。

由于可赎回债券中嵌入的期权和互换市场中的利率互换期权的价格经常出现不一致的现象，市场参与者可以通过类似于上述的风险管理策略来进行套利。例如，当发行人 A 认为买入的可赎回债券嵌入期权价值小于互换市场的相应期权价值时，发行人可以对嵌入期权货币化，以较高的市场价格在互换市场上卖出期权，赚取利润。从中赚取的价差可以用于降低债务发行人 A 的融资成本。

十一、可赎回债券还可以演化出哪些结构变化？

根据前面关于可赎回债券特性的介绍，我们了解到嵌入期权的价值主要受债券票面息率和当前收益率曲线隐含的远期利率两个方面影响，因此当市场出现利率水平较低且隐含远期利率较高的情况时，嵌入看涨期权成为虚值期权，可赎回债券市场也变得无人问津。

为了改变这样的局面，需要在可赎回债券的基础上对其进行结构改造，进而提升可赎回债券中嵌入期权的价值，使其对投资者更有吸引力。在目前的金融市场中，改造可赎回债券结构的方式有两种，对应于两类比较新颖的利率类结构化产品，分别是票息递加可赎回债券（Step - Up Callable Notes）和多级可赎回债券（Multi - Step Callable Notes）。

（一）票息递加可赎回债券和多级可赎回债券的基本含义

票息递加可赎回债券包含两个等级的票面息率，债券在可赎回日前按照较低的票面息率发放利息，如果债券没有被赎回，债券票面息率将有一定程度的上升。按照约定上升的票面息率通常高于根据目前市场环境测算的远期利率水平。

对于递加和多级可赎回债券产品，我们可将其理解为在普通可赎回债券的基础上植入了更多的看涨期权。作为嵌入期权的卖出方，投资者将收到相应的期权费，这必然导致递加和多级可赎回债券票面息率水平高于普通可赎回债券。同理，在卖出期权组合的同时，债券的价格和风险特征也发生了根本性的变化，这一点将在以后的问题中详细描述。

【案例 5－11】 一个经典递加可赎回债券的结构

- 总额：10 亿美元。
- 到期期限：5 年。
- 发行价格：面值发行（100 元）。
- 票面息率：在 1 到 3 年，票面息率为 6.75%。
  在 4 到 5 年，票面息率为 8.00%。
- 嵌入期权：债券可在 3 年后被赎回。

假设 3 年后市场利率低于 6.75%，发行人将执行嵌入期权、赎回债券。如果发行 3 年后，市场利率大幅上行至 7.5%，则发行人将放弃执行嵌入期权，并且将在随后的两年支付 8% 的票面息率。

多级可赎回债券是在票息递加债券基础上的进一步延伸。与递加债券相比较，多级可赎回债券主要有两方面不同。第一方面的不同表现为多级可赎回债券通常赋予发行人多次赎回债券的机会，债券赎回日对应着利息支付日。第二方面的不同表现为如果在赎回日多级可赎回债券未能被赎回，则票面息率通常会在赎回日发生变化。对于如何确定多级可赎回债券票面息率的问题，发行机构通常会参照当时的市场整体收益率曲线。如果假设市场收益率正向特征明显，那么多级可赎回债券的票面息率也将表现为稳步上行。

【案例 5－12】 一个经典多级可赎回债券的结构

- 总额：1 亿美元。
- 到期期限：5 年。
- 发行价格：面值发行（100 元）。
- 票面息率：第 1 年，票面息率为 4.5%。
  第 2 年，票面息率为 4.75%。
  第 3 年，票面息率为 5.25%。

第 4 年，票面息率为 6.00%。

第 5 年，票面息率为 7.00%。

◆ 嵌入期权：该债券可在发行一年后被赎回，每年赎回日与债券付息日相同。

（二）递加可赎回债券和多级可赎回债券的价格和风险特征

递加和多级可赎回债券的价格和风险特征主要依赖于久期和凸性、期权调整价差（Option – Adjusted Spread）和延期风险（Extension Risk）。其中，由于债券现金流与利率价格高度相关，且难以确定，导致对递加和多级可赎回债券久期的测算变得十分复杂和困难。

我们可以通过一个简单的对比来简述递加可赎回债券的久期和凸性特征。对于普通债券来说，市场利率的上行将导致债券久期出现下降，反映了债券凸性为正的特征。对于多级可赎回债券来说，当市场利率稳步上升时，可赎回债券久期特征与普通债券十分相似。当市场利率逐步下降时，随着可赎回债券被赎回的可能性日益增加，债券久期将与利率同方向变化，反映出可赎回债券负凸性的特征。因此，由于递加可赎回债券存在被提前赎回的可能性，它的久期将小于同等条件下的普通债券。多级可赎回债券由于被提前赎回的可能性更高，它的久期甚至比递加可赎回债券的久期更小。

由于测算递加和多级可赎回债券传统久期的复杂性较高，市场普遍采用期权调整价差来估算它们的久期特征。期权调整价差是可赎回债券相对于国债基准水平的价差。期权调整价差通过计算普通债券价差减去期权成本而获得，通过预测的未来利率走势，可以根据无风险套利模型计算出期权成本。理论上来说，在一个有效市场中，可赎回债券的期权调整价差应该等于同等条件下非可赎回债券的价差。

在实际运用中，延期风险对于分析可赎回债券风险因素至关重要。延期风险在一定程度上反映了发行人的行为特征。发行人通常设定前期的票面息率远高于正常融资成本，但持续时间较短，随后将根据隐含远期利率设定逐步升高的票面息率。从投资者的角度来说，他们通常将递加和多级可赎回债券看成是有延期风险的短期债券。只有当市场利率实际上涨的幅度等同于远期隐含利率时，可赎回债券才不会被赎回，票面息率也将根据约定随之提高。因此，投资者为了获取较高的短期收益，需要承担到期日延期的风险。

（三）递加和多级可赎回债券的应用

递加和多级可赎回债券对于发行人的吸引力主要集中在套利交易上。大部分递加和多级可赎回债券是高信用评级机构主导发行的，其在发行的同时已通过互换合约将固定融资转变为支付浮动利率，主要目的在于挖掘递加和多级可赎回债券的嵌入期权与互换市场中同等期权之间的不合理价差关系。当然，也有例外情况，一些提供住房抵押贷款的金融机构交易可赎回债券的目的在于对冲其持有的抵押贷款所面临的提前偿还风险。

对于投资者来说，递加和多级可赎回债券能提升投资收益的特性是颇具吸引力的。尤其是在20世纪90年代的美国市场，在当时整体市场利率偏低和收益率曲线正斜率较高的情况下，投资者都在积极寻求可提高投资收益的工具。由于市场预期未来利率走势将弱于收益曲线中隐含的远期利率，投资于递加和多级可赎回债券成为提高投资收益的有效工具。同时，在市场上还有其他类似可提高投资者收益的产品能与可赎回债券竞争，如抵押担保债券和指数分期偿还票据等。但如果综合考虑相对稳定的平均年限、较低的延期风险和提前支付的可预测性等方面，递加和多级可赎回债券相对其他类似产品还是要更胜一筹。

十二、普通债券和期权如何进行可赎回债券的合成?

前述的可赎回债券通常是由单一发行人发行的。虽然可赎回债券在结构上可以分解为普通的债券和债券看涨期权，但是，在实际的市场交易中，可赎回债券是作为单一的证券进行交易的。如果市场上没有可赎回债券，而投资者又想交易可赎回债券，这该怎么办呢?

一个可行的办法就是构建合成可赎回债券（Synthetic Callable Bonds）。合成可赎回债券是通过将普通的债券与互换期权或其他利率衍生工具进行组合而得到的。近几年来，合成可赎回债券的规模日益扩大，尤其当出现互换期权的价值低于可赎回债券嵌入期权时，合成可赎回债券更是受到市场追捧。

那么，应该如何构建一个合成可赎回债券呢?虽然合成可赎回债券的组成方式较多，但基本原则和思路基本相同。本部分将以三个案例来说明在市场上构建合成可赎回债券的三种较为流行的方式。

【案例5-13】 购买长期债券，卖出收取固定利率的互换期权

假定投资者A买入1份10年期、票面息率为5%的普通债券，卖出相应份数的、收取固定5%利率并支付1年期SHIBOR浮动利率的互换期权，该期权可在5年后被执行。

那么，当市场利率高于5%时，投资者放弃执行互换期权的权利，则10年债券到期前，资产组合的利息流见图5-14。

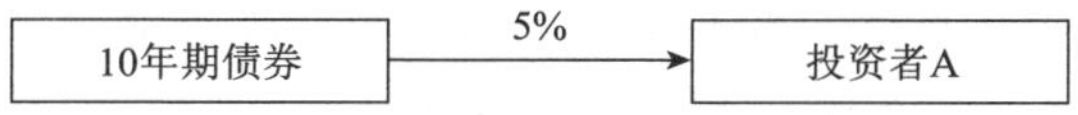

图5-14　市场利率高于5%时收益结构图

如果在5年后市场利率低于5%，投资者将选择执行互换期权，将从10年期债券上获得5%的收益支付给互换对手方，并换取浮动利率SHIBOR。此时资产组合的利息流见图5－15。

图5－15　市场利率低于5%时收益结构图

通过这样的操作可以看出，当利率高于5%时，投资者将获取固定利息，而当利率低于5%时，投资者将获得浮动利率。这样的收益结构特征与投资于常规的可赎回债券时所获得的收益特征是一致的。这是第一种构建合成可赎回债券的方式。

【案例5－14】　购买浮动利率票据，投资于收取固定利率、支付浮动利率的互换，并卖出收取固定利率的互换期权

假定投资者B买入一份为期10年的SHIBOR浮动利率票据，投资于同样期限的、支付浮动利率SHIBOR的互换，以及卖出收取固定利率5%的互换期权（与前述案例相同）。

当市场利率高于5%时，投资者将从浮动利率票据中获得的SHIBOR支付给互换对手方，换取固定收益5%。同时，互换期权买入方将放弃执行互换期权的权利，则10年浮动利率票据到期前，资产组合现金流见图5－16。

图5－16　浮动利率票据与利率互换的组合

如果在5年后市场利率低于5%，互换期权买入方将选择执行互换期权，投资者B支付给期权买入方固定利率5%，换取浮动利率SHIBOR。此时资金组合的现金流结构见图5－17。

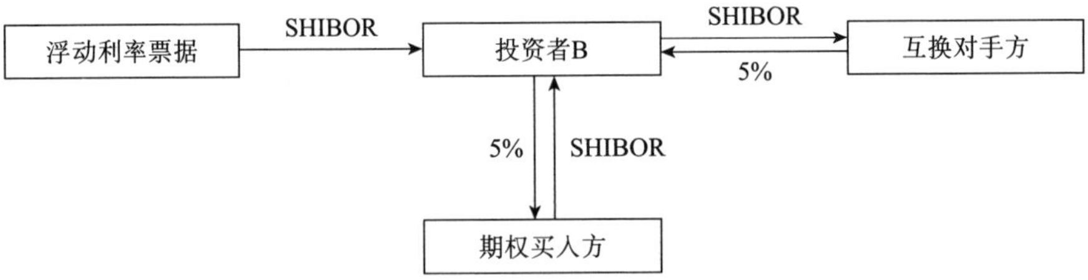

图5－17　浮动利率票据、利率互换和利率期权的组合

其中，期权买入方与互换对手方可为同一机构。

通过这样的组合可以看出，当利率高于5%时，投资者将获取固定利息；当利率低于5%时，投资者将获得浮动利率。这样的收益结构特征与投资于常规的可赎回债券时所获得的收益特征是一致的。这就是第二种构建合成可赎回债券的方式。

【案例5-15】 买入短期债券，卖出支付固定利率的互换期权

假定投资者C买入一份为期5年、支付固定利率5%的债券，同时卖出相应份数支付固定利率5%的互换期权，该期权可在5年后被执行。

如果在5年后市场利率高于5%，支付固定利率互换期权的买入方将执行期权。另外，由于5年期固定利率债券到期，投资者收回的本金可投资于期限5年、票面息率为1年期SHIBOR的浮动利率票据，则5年期固定利率债券到期后资产组合的现金流结构见图5-18。

图5-18 浮动利率票据和利率互换的组合

如果在5年后市场利率低于5%，互换期权买入方将不会执行互换期权。由于5年期固定利率债券到期，投资者收回的本金可投资于期限5年、票面息率为SHIBOR的浮动利率票据。5年期固定利率债券到期后资产组合的现金流结构见图5-19。

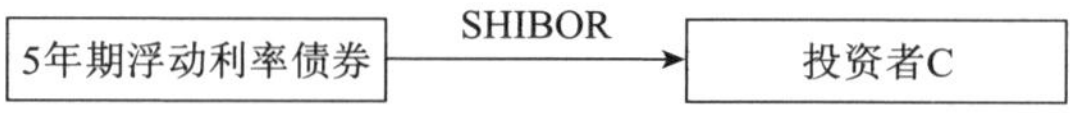

图5-19 5年后投资者收益情况

简而言之，对于短期债券多头和互换期权空头的组合而言，当利率高于5%时，该组合将产生固定利息；当利率低于5%时，投资者将获得浮动利率。这样的收益结构特征与投资于常规的可赎回债券时所获得的收益特征是一致的。这就是第三种构建合成可赎回债券的方式。

通过以上三个案例分析，可以清晰地看到三种方式均能构成一个有效期10年、可在5年后被赎回的合成债券。在实际投资中，资产管理人应综合考虑各种构建合成可赎回债券的方式，并选择其中交易成本最低的作为最优选择。

延伸阅读

棘轮债券（Ratchet Bonds）简介

赎回债券的独特性是赋予了债券发行人在市场利率大幅下降的情况下赎回债券的权利，有效降低了债券发行人的融资成本。但发行人赎回债券并以较低市场利率再次融资的过程中产生的相应费用却是不可避免的。为了在发挥可赎回债券特性的同时，降低甚至是完全减免再融资交易成本，金融工程师们引入了棘轮债券的概念。这一品种最初是由田纳西河谷当局于1998年6月推出的PARRs，当时售价5.75亿美元，初

始利率为6.75%，30年期，5年后，每年调整一次利率。利率的调整方式是：高于30年期CMT94个基点，债券发行时30年期CMT的利率为5.81%，则初始票面息率为6.75%。第5年起，票面息率每年调整一次，如果公式计算的票面息率低于先前所使用的票面息率，则以新的较低票面息率替换原来的票面息率，否则维持先前利率不变。即，债券的票面息率只降不升，好像单向的棘轮，只能向一个方向转动。

由上述条款可以看出，棘轮债券保留了可赎回债券的特性，融资成本跟随市场利率的下降而降低，但市场利率上升时却维持不变。同时，棘轮债券避免了赎回和再发行的复杂操作和相关费用，仅需调整票面息率就能达到降低融资成本的目的。

十三、可售回债券的镜像结构——可售回债券所具有的结构特征是怎样的？

（一）可售回债券的基本概念

可售回债券（Puttable Bond）是将普通债券与利率期权组合而成，该嵌入期权赋予债券持有人以约定的价格在约定的一个或多个时间点将债券售回给发行人的权利。我们可以将可售回债券的嵌入期权理解为持有市场利率的看涨期权，或是针对标的物债券价格的看跌期权。为了获得售回期权，债券投资者需要以接受较低的收益率为代价。因此，同等条件下普通债券的收益率与可售回债券收益率之间的差值可看作为嵌入期权的期权费。站在可售回债券发行人的角度来说，虽然赚取了嵌入期权费，降低了融资成本，但相应的也需要承担更大的利率风险和债券到期日缩短的风险，即所谓的再融资风险。

可售回债券和可赎回债券作为利率类结构化产品的代表，都是由普通债券与嵌入期权构成的。为了避免读者混淆这两类产品，我们总结了可赎回债券和可售回债券在以下四方面的主要区别（见表5-6）。

表5-6　可赎回债券与可售回债券的对比分析

不同点	可赎回债券	可售回债券
期权持有人的不同	可赎回债券的发行人有权在赎回日以约定价格买回债券，因此嵌入期权的持有人为债券发行人	可售回债券的持有人有权在可售回日，以约定价格将债券售回给发行人，因此嵌入期权的持有人为债券投资人
债券票面息率的高低	可赎回债券的发行人为了持有嵌入期权，需要支付相应期权费，支付的期权费体现为较高的票面息率	可售回债券的持有人为了买入嵌入期权，需要向债券发行人支付期权费。期权费通常被用于冲抵债券票面息率，因此可售回债券票面息率相对较低

续表

不同点	可赎回债券	可售回债券
债券有效期风险不同	当市场利率高于可赎回债券票面息率时，债券发行人通常不会执行嵌入的看涨期权，债券可持有至到期日；当市场利率低于可赎回债券票面息率时，债券发行人执行嵌入期权，债券的有效期将缩短	当市场利率高于可售回债券票面息率时，债券持有人执行嵌入看跌期权，债券的有效期将缩短；当市场利率低于可售回债券票面息率时，债券持有人通常不会执行嵌入的看涨期权，债券可持有至到期日
债券久期和凸性特征的不同	当市场利率高于可赎回债券票面息率时，债券久期与普通债券相同；当市场利率低于可赎回债券票面息率时，债券久期将小于普通债券。可赎回债券凸性小于同等条件下的普通债券	当市场利率高于可售回债券票面息率时，债券久期将小于普通债券；当市场利率低于可售回债券票面息率时，债券久期与普通债券相同。可售回债券凸性大于同等条件下的普通债券

我国的可售回债券实例

代码为03国开15（0302150. IB）的可售回债券在2003年8月20日发行，债券期限为10年，票面息率为2.77%。本期债券的任何持有人均可选择在2008年8月28日由发行人以本金全部或部分赎回债券，但需至少提前一个月，即于2008年7月28日之前告知中央国债登记结算有限责任公司托管部。

（二）可售回债券的价格和风险特征

与可赎回债券相似，影响可售回债券价格和风险的因素仍然是普通债券和嵌入期权这两方面。但由于可售回债券中嵌入期权的持有人是债券投资方，而非发行方，导致可售回债券的价格和风险特征与可赎回债券大相径庭。可售回债券的价格和风险特征主要包括：

1. 当市场利率显著高于可售回债券票面息率，债券价格低于面值时，债券持有人可执行嵌入的价格看跌期权，以约定价格将债券卖回给发行人。因此，由于嵌入期权的存在，利率上行引发的债券价格下跌的幅度将十分有限。此外，可售回债券的久期变化表现出非对称的特征。当市场利率高于可售回债券票面息率并继续上行时，债券久期将逐步降低，但当市场低于可售回债券票面息率并延续下滑趋势时，债券久期却不会上升。

2. 可售回债券的有效期和支付票面息率的次数与市场利率呈现反向关系。当市场利率下降时，可售回债券的有效期将延长，票面息率支付次数增加；当市场利率上升时，可售回债券的有效期将缩短，票面息率支付次数也会减少。

3. 受嵌入看跌期权的影响，可售回债券的凸性也与普通债券有所不同。当市场利率低于可售回债券票面息率时，嵌入期权对债券凸性影响很小，此时可售回债券凸性为正；当市场利率高于可售回债券票面息率时，嵌入期权价值变化成为债券价格变化的主导因素，此时可售回债券凸性为负。

（三）可售回债券对投资者的吸引力

可售回债券从以下两个方面吸引了大量投资者的购买。

第一，可售回债券在利率走势不利于投资者时，提供了一定程度的保护；在利率走势有利于投资者时，为投资者提供赚取更多利润的机会。具体来说，当市场利率呈现上升趋势时，投资者可以在约定时点以约定的价格（通常为债券面值）将债券卖回给发行人，这样的操作保证了投资和本金的安全。同时，在收回本金后，投资者可投资于收益更高的其他债券产品。此外，在利率逐步下降的情况下，投资者资产组合中的资产支持证券将可能给整个组合引入负凸性。可售回债券高于普通债券的正凸性正好可用于对冲资产支持债券的负凸性。

第二，可售回债券满足了投资者对于长期债务或权益联结交易信用评级提升的要求。例如，投资者买入 1 份 10 年期的可售回长期债券，债券持有人有权在 5 年后每年的付息日以面值将债券卖回给发行人。除了利率上升将引起投资人执行嵌入看跌期权之外，在发行人信用评级下降导致债券价格下跌时，持有人同样可以选择执行期权，以面值将债券售回给发行人。这样有效规避了债券发行人的信用风险，从而在效果上提升了可售回债券的信用评级。发行 20 年至 30 年的长期债券，且信用评级处于 A 级或 BBB 级的发行人经常以发行可售回债券的形式提升信用评级。

延伸阅读

负凸性与正凸性的深度认识和投资策略

对于凸性总为正的普通债券来说，市场利率下降导致债券价格上涨的速度将快于利率上升引起的债券价格下降的速度，普通债券凸性为正的特征是有利于债券持有人的。投资者通常也希望所投资的债券正凸性特征更为明确。但是，在市场是有效率的情况下，投资者为了获得更多的正凸性就需要支付一定的代价。这一点在可售回债券中体现得很明显，可售回债券的凸性高于普通债券，而投资者则需要忍受较低的票面息率。因此，必须认识到投资于正凸性越高的债券并不一定就能获得更高的回报；还必须考虑预期利率的波动率，来确定债券凸性的投资策略。通常，如果投资者预期市场利率相对比较稳定，并且目前债券凸性价格较高，投资者就应该选择投资于票面息率较高且凸性为负的债券产品。如果投资者预期利率将出现较大波动，并且目前债券凸性的市场价格相对较低，那么尽管凸性较高的债券的收益比较低，但投资正凸性较高的债券仍然是较为明智的投资选择。

可将一部高性能的法拉利看作是负凸性债券的对等物，带有四个轮的吉普车则可以类似于具有正凸性的债券对等物。如果前面的路平坦的话，法拉利会比吉普车更快地将你带到目的地；类似地，在市场平稳的情况下，一种高收益的负凸性的债券也会很快带来预想的回报。不过，如果前面的道路预计是比较颠簸的话，大多数人会同意选择吉普车，而放弃高速度的法拉利；即在预期利率上下波动较大的情况下，牺牲收益换取债券价格的稳定性似乎是稳健的选择。

十四、第五类利率类结构化产品——债券认购权证是怎样的?

（一）债券认购权证的基本概念

债券认购权证（Debt Warrant）是普通债券价格的看涨期权，在市场利率下降时，债券价格会上涨，这时债券认购权证持有人将执行权利，要求债券认购权证卖出方根据事先约定的条款向权证持有人发行额外的债务。因为债券认购权证买入方只会在市场情况有利于自身的情况下才会选择执行，所以对应债券所能提供给投资者的利率必然会高于当时市场同等期限利率水平。债券认购权证是由债务发行人卖出的（在下文中将债券认购权证卖出方视同为债券发行人），债务发行人处在债券价格看涨期权的空头地位，因此获得期权的期权费，并用于降低融资成本。

通过将债券认购权证、可赎回债券和可售回债券三个产品进行对比可以看到，债券认购权证与可售回债券中的期权卖方都是债券发行人，而可赎回债券的嵌入期权卖方是债券持有人。此外，债券认购权证与可赎回债券之间的关系可以看作债务发行人从投资者手中购买嵌入看涨期权，随后将嵌入看涨期权证券化形成债券认购权证，卖给其他投资人。

债券认购权证有两种类型。第一种是独立发行的债券认购权证，所发行的债券认购权证并不针对任何已发行的债券，在行权时，发行人需要向权证持有人发行新债券。第二种类型的债券认购权证则是以已经发行的债券为标的物，即行权时交割的债券是已经发行了的债券。在实践中，第二种类型的债券认购权证通常体现为发行人在发行普通债券的同时发行以该债券为标的物的债券认购权证，且该债券认购权证中约定的债券条款与主体债券相似。在这种情况下，所发行的普通债券通常被称为主体债券或主体债务（Host Bond or Host Debt）。发行依托于现有债券的债券认购权证的主要目的，是寻求债券认购权证和互换市场互换期权之间的套利机会。

债券认购权证与主体债券的组合可形成两种具备不同特征的方案。

第一种是整体组合的有效期和到期期限具有不确定性的特点。例如，当市场存在利率将持续下滑的预期时，投资者将会积极购买债券认购权证，期望在利率下降预期被证实的情况下执行债券认购权证，以一个高于市场水平的利率借出资金。作为债券认购权证的卖出方，债券发行人将收取一定费用，这部分收入有助于降低发行人发行债券的融资成本。另外，债券认购权证对应的标的物债券票面息率通常会比主体债券的票面息率低。根据美国市场的统计数据显示，在两方面因素叠加的影响下，依据债券认购权证发行债券的融资成本通常比现有固定利率债券的融资成本低大约 100 个基点。为了获得这 100 个基点的成本节省，债券发行人必须承受债券认购权证执行数量和时间难以确定以及额外债务增加总量不可知的风险。对于一些只发行固定利率债券的发行人来说，他们的目标只着眼于锁定支付固定利息，对于债券总量的变化却并不看重，债券认购权证和主体债券的第一种组合方案就很好地满足了他们的需要。

第二种是整个组合的债务总量是确定的，并且债券发行人的成本比较确定，不受债券认购权证是否被执行而影响。对于其他一些债券发行人来说，他们并不是以固定利率融资为主要目的，而是要求控制利率下行时债券认购权证所带来的损失，以及要求控制债务总量。为了达到风险管理的要求，债券发行人应该发行可赎回主体债券和债券认购权证的组合，同时买入触发式利率互换期权。由于债券认购权证和互换期权将被同时执行，债券发行人将从互换合约中收取固定利率、支付浮动利率，并将获得的固定利率支付给债券认购权证持有人。此外，由于主体债券为可赎回债券，并假设可赎回债券的嵌入期权为百慕大期权（可在到期日前所规定的一系列时间行权的期权）。每当债券发行人应债券认购权证持有人要求发行约定好的额外债券时，债券发行人可赎回等额的主体债券，这保证了债券发行人的债务总量维持恒定。上述主体债券和债券认购权证的组合也被称为无损型债券认购权证（Harmless Debt Warrant）。

（二）债券认购权证发行人的风险管理方法

债券认购权证产品的蓬勃发展出现于 20 世纪 80 年代的美国市场，当时市场利率持续走低，投资者对于能在这样的市场情况下获取收益的金融产品需求强烈，同时还希望该产品风险可控。虽然债券认购权证能很好地满足投资者的产品需要，但对于债券认购权证的卖出方或者说是债券发行人来说，卖出债券认购权证意味着他们必须以高于市场利率的条件发行债券，这并不符合债券发行人自身的利益，因此债券发行人对于创设债券认购权证的积极性不高。直到互换市场出现全面大发展，债券认购权证供给不平衡的困局才开始改观。当债券认购权证被执行时，债券发行人可以通过在互换市场中建立互换期权合约而对冲面临的利率风险。具体而言，债券发行人在卖出债券认购权证的同时可买入收取固定利率的互换期权，且互换期权中确定的固定利率应与债券认购权证中约定的支付利率一致。当市场利率持续走低，债券认购权证被执行时，债券发行人可执行收取固定利率的互换期权，将发行的固定利率债券转变为浮动利率债券，有效规避了利率风险。

但是，上述的风险管理措施并未完全有效地对冲风险。因为在何时执行债券认购权证是由持有人决定的，所以债券认购权证的执行时间并不确定。为了保证债券发行人能有效对冲利率风险，债券发行人与互换期权卖出方所制定合约的执行时间应该与债券认购权证的执行时间相一致。当债券认购权证被执行时，债券发行人买入的互换期权同样将被执行，这样的期权结构也被称为触发式利率互换期权（Contingent Interest Rate Swap）。以下以具体案例来说明独立发行的债券认购权证和触发式利率互换期权的运作流程。

【案例 5－16】 发行人用触发式利率互换期权来管理债券认购权证的风险

金融机构 A 发行了一期债券认购权证，该债券认购权证数量为1 000 000份，每份债券认购权证对应 1 000 美元的债券。该认购权证有效期为 5 年，可在发行后一年至到期日前任何时间点执行。金融机构 A 对应发行的债券总额为 10 亿美元，该债券每年支付 5% 的固定利率。

同时，假定金融机构 B 与金融机构 A 约定了 1 份触发式利率互换期权合约，将收取固定利率的互换期权卖给了金融机构 A。该触发式互换期权的名义本金总额为 10 亿美元，有效期为 5 年，可在发行 1 年后至到期前任何时点行权。该互换期权对应的互换每年收取固定利率 5%，支付 1 年期浮动利率 LIBOR。

如果 1 年后市场利率高于 5%，债券认购权证买入方将放弃执行权利，机构 A 和机构 B 也不会产生任何额外的收入或费用。

如果 1 年后市场利率低于 5%，债券认购权证人将执行权利，债券发行人按照约定发行票面息率为 5%、总额 10 亿美元的债券。

买入债券的过程见图 5－20。

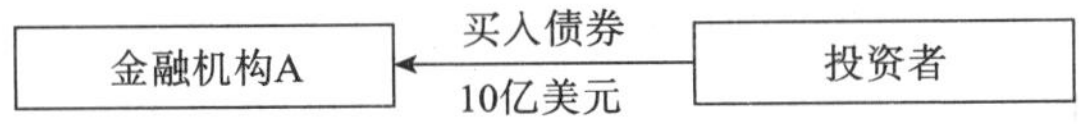

图 5－20　投资者执行债券认购权证

获得利息收入见图 5－21。

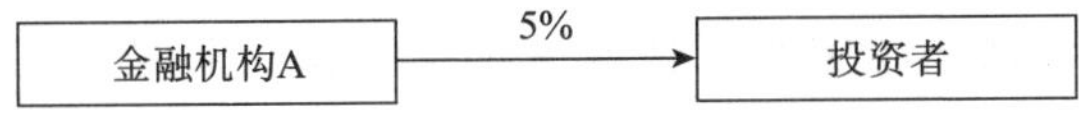

图 5－21　执行债券认购权证后获得利息收入

在投资者执行债券认购权证的同时，触发式互换期权也被执行，其整体现金流见图 5－22。

图 5－22　债券认购权证和触发式互换期权的组合

从图 5－22 中可以看到，机构 A 通过执行触发式互换期权，将自身承担的固定利率债务转换成了浮动利率债务，有效规避了利率下行风险。

触发式货币互换与债券认购权证的组合应用

在某些特定情况下，债券发行方所卖出的债券认购权证对应的是外币债券。例如，在案例 5－16 中，将债券总额、互换期权价值总额改为 1 亿英镑货币，并且机构 A 卖出的每份债券认购权证对应 1 000 英镑的债券。当遇到这样的特定债券认购权证时，机构 A 买入利率互换期权只能保证对利率风险的规避，但还需承担美元和英镑之间的汇率风险。为了满足机构对风险有效管理的需求，触发式货币互换应运而生。触发式货币互换可以仅是一个单纯的利率互换，但通常是由货币互换和利率互换两个产品组成的。

对于外币债券认购权证的持有者来说，他们同时持有一个利率互换期权和一个货币互换期权。因此，即便市场利率维持恒定或变化不大，但在外币相对于本币升值（如英镑相对于美元升值）时，债券认购权证的价值也会随之升高，持有者执行债券认购权证的可能性也会增加。

十五、如何为利率类结构化产品定价？

由于定价方式的不同，我们可以将利率类结构化产品分为两个类别。第一类是利率封顶、利率封底、利率区间和利率互换等利率衍生工具与标的物债券组合构成的产品，这类结构化产品几乎涵盖了所有利率联结票据类产品。这类结构化产品的定价方式较为简单，我们可将结构化产品进行拆分，针对每一个拆分后的单一利率类产品进行定价。以逆向浮动利率票据和封顶浮动利率票据为例：

◆ 逆向浮动利率票据＝固定利率债券＋利率互换（投资者收到固定利率，支付浮动利率）＋利率封顶期权

◆ 封顶浮动利率票据＝浮动利率票据＋利率封顶期权

因此，我们可以分别测算固定利率债券、利率互换合约和利率封顶期权来确定逆向浮动利率票据的价格。同样可通过加总浮动利率票据和利率封顶期权的价值来获得封顶浮动利率票据的价值。其中，对于利率互换和利率封顶期权可采用传统的布莱克－斯科尔斯模型进行估值。

第二类利率类结构化产品的主要特征是嵌入期权的价值依赖于对应债券的价值变化，如可赎回债券和可售回债券等。因此，在对嵌入看涨或看跌期权进行定价时，必须考虑到债券自身的特征。首先，布莱克－斯科尔斯期权定价模型假设标的物价格波动服从几何布朗运动（对数正态分布）。由于债券价格变动由复杂的利率变动而决定，即使利率变动符合对数正态分布，债券价格分布符合对数正态分布的概率也不大，这一点不符合传统的期权定价模型的要求。其次，布莱克－斯科尔斯期权定价模型假设波动率是常数，但对于债券产品来说，随着到期日的临近，债券价格波动率也会逐步减小。只有在债券到期日和债券期权合约到期日之间有较大的时间间隔时，我们才能假设波动率是常数。最后，股票价格的运动接近随机游走，可是债券在临近到期日会趋于面值。由于债券的以上特征，对于嵌入期权的估值采用传统的布莱克－斯科尔斯模型将产生偏差。对于嵌入期权的定价方式，市场主要采用以下方式：

◆ 蒙特卡洛模拟：这种方法先根据一定的利率动态模型建立风险中性世界中利率的各种演变路径，然后通过求各条路径利率衍生工具价值的平均值来定价。

◆ 二叉树法或三叉树法：这种方法通过离散的利率树图描述利率的动态过程，然后从后面回推衍生工具的价格。

◆ 有限差分法：这种方法通过将偏微分方程离散化来求利率衍生工具的价格。

第一种方法适合对路径依赖的衍生工具进行定价，而当我们必须推导期权的最优执行策略时，通常用第二种和第三种方法对期权定价。以下通过案例分别说明可赎回债券和可售回债券价格计算方法中的二叉树法。

【案例 5－17】 利用利率二叉树为可赎回债券定价

假定发行人 A 发行了为期 3 年、票面息率为 6.5% 的可赎回债券，该债券每年付息一次，并可在 1 年后每个付息日以价格 100 元被发行人赎回。目前市场利率为 3%，假设每次利率上升或下降幅度为 10%。首先根据二叉树定义测算出在不同情境下对应的市场利率情况（见图 5－23）。

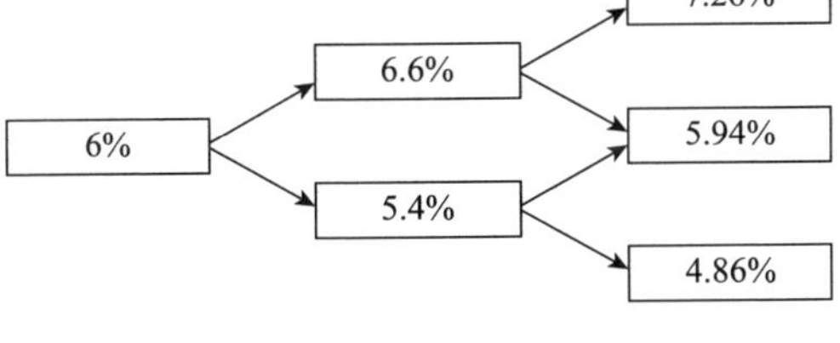

图 5－23　初始利率走势预测

因为我们已经知道在第 3 年之后，该可赎回债券将会偿还本金 100 元，支付利率 6.5%，所以可以测算出第 2 年在不同条件下的债券价格。但由于可赎回条款的存在，将计算出的债券价格与面值 100 元进行比较，取二者之中的最小值，由此可得到不同情境下债券价格。采用同样的方式可最终推算出该可赎回债券价格，具体过程见图 5－24（r＝市场利率，P＝债券价格，C＝票面息率）。

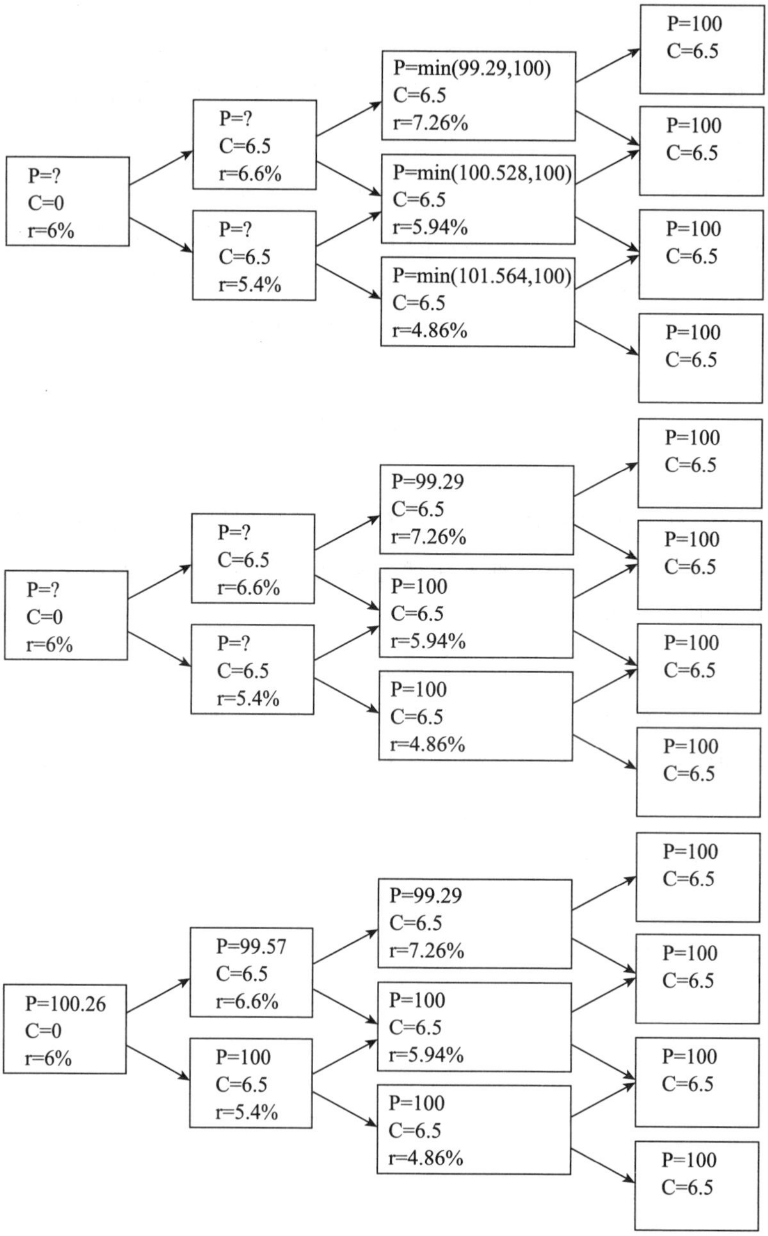

图 5－24　利用利率二叉树为可赎回债券定价步骤

根据以上步骤，我们可以测算出该可赎回债券价格为100.26元。根据二叉树法，同样可以计算出可售回债券的价格。由于可售回债券的持有人有权将债券以约定价格卖给发行人，因此与可赎回债券有所不同，在每个时点将计算出的债券价格与债券可赎回价格（设定为100元）进行对比，取二者之间的最大值。

延伸阅读

关于我国可赎回债券和可售回债券定价的探究分析

我国学者郑振龙博士与康超锋博士曾针对国家开发银行可赎回债券和可售回债券的定价问题进行深入分析。两位学者首先采用流行的BDT模型（Black、Derman和Toy，1990）估计利率动态。在基于BDT模型的基础上估计利率的二叉树图，并以此计算国开行从2001年至2004年6月期间可赎回和可售回债券的理论价格。分析中最终选定的样本包括6只可赎回债券（02国开06，02国开15，02国开18，03国开02，03国开13，03国开14）和5只可回售债券（01国开20，02国开05，03国开15，03国开16，04国开02）。

通过测算发现，可赎回债券的价值普遍存在被高估的情况，这说明投资人没有认识到赎回权对投资收益带来的限制。可售回债券的价值则存在被低估的情况，原因可能是当时市场处于降息通道，从国债数据估计出来的利率动态上升的概率很小，几乎不会触发回售，同时也造成投资者没有充分认识到售回权对规避利率上升风险的好处。这一点也与美国市场情况十分相似，投资者对于嵌入期权价值的认识不充分，导致了嵌入看涨或看跌期权价值低于互换期权合约，从而为发行人提供了良好的套利交易机会。

第六章　信用类结构化产品

本章要点

> 信用类结构化产品（也被称为信用联结票据）的核心是针对信用风险的剥离、重构和交易。为了达到这个目的，投资银行和对冲基金等发行机构将总收益互换、信用违约互换等信用衍生工具与传统债券产品相结合，构造出信用类结构化产品。在这样的结构中，传统债券产品仅仅是一个载体，在这个载体上植入的不同衍生工具决定了整个结构化产品的收益结构和信用风险特征。因此，我们建议投资者在研究实际案例之前，必须深入掌握各类基础信用衍生工具的特点和相互之间的区别。
>
> 根据产品结构上的难易程度，本章将先后介绍信用联结结构化票据、重新包装信用联结票据和担保债务凭证。其中，担保债务凭证作为本章的重点，我们详细列举了三类担保债务凭证的运用方式和区别。

一、为什么说信用衍生工具是信用类结构化产品的基石？

信用类结构化产品（也被称为信用联结票据，Credit - Linked Notes）是普通的固定收益证券与信用衍生工具的组合。信用衍生工具是以远期、互换或期权合约为形式的金融资产，其价值水平和变动取决于某些经济主体的信用风险状况。这里的信用风险是指资金的借款人在借款存续期间无法按时足额地支付贷款合约中约定的借款的利息或（和）本金的风险，也被称为违约风险。因此，信用衍生工具的价值变动取决于基础债务是否发生违约事件，或者说取决于基础债务的信用风险程度。同样，信用联结票据的本金偿还或（和）利息支付情况取决于选定的基础债务的信用风险。也就是说，通过投资于信用联结票据，投资者获得了特定的信用风险暴露，从而获得一定的预期收益。

信用贷款类业务是金融市场中的传统业务，也是广泛覆盖各类经济主体、交易规模庞大的金融业务，由此引发的信用风险是金融市场中的常规风险，是各类经济主体都可能面临的风险。信用衍生工具和信用联结票据为信用风险管理提供了创新型的工具，所以，信用衍生工具和信用联结票据的交易者范围相当广泛，从大型金融机构到各类实业公司均有不同程度的参与。对于银行来说，交易信用衍生工具和信用联结票据的主要目的在于对冲信用风险、提高资产组合的信用分散化程度和提升信用风险管理能力三个方面。对于企业来说，管理信用风险和项目风险以及规避原料提供商和货物购买方的违约风险，则是参与信用衍生工具和信用联结票据的主要目的。当然，还有大量的对冲基金公司以投机和博取套利收益为主要目的。

进入 20 世纪 90 年代以来，信用衍生工具和信用联结票据在国际金融市场上获得了长足发展，被投资者普遍接受。然而，在信用衍生工具市场快速发展的过程中，合约或文件欠标准化、监管层对于信用衍生工具市场态度摇摆不定、信用衍生工具定价复杂和围绕该市场的会计和税务制度尚未健全等问题也日益突出，成为市场继续高速发展的主要障碍。受此影响，信用联结票据的市场在规范性上也存在一定的欠缺。然而，毋庸置疑的是，各类信用联结票据的创新都是基于市场发展的需求而设计的，是为了促进信用风险管理而创造的。

信用衍生工具主要分为四个类型，分别是总收益互换、信用违约互换、信用违约期权和信用价差远期。

（一）总收益互换（Total Return Swap）

总收益互换在形式上与利率互换较为相似。在该互换合约中，合约主体分别是支付方和接受方。支付方把从信贷资产或选定的参照信用资产中获得的收益全部转移给交易对手。接受方将支付给总收益支付方与信用资产的信用值无关的浮动利率或者固定利率。

（二）信用违约互换（Credit Default Swap）

信用违约互换也属于一类互换合约，合约主体分别是购买方和出售方。违约互换购买方将定期向违约互换出售方支付一定费用（被称为信用违约互换点差），而一旦选定的信用资产出现信用类事件，违约互换购买方有权将债券或其他信用类资产以约定价值递送给违约互换出售者，要求对方代偿该信用类资产，或是要求出售方补偿约定价值与剩余价值之间的差额，从而完全规避了信用风险。信用违约互换与总收益互换的最大区别在于总收益互换不仅在交易过程中转移了信用风险，也将如利率风险、汇率风险等同时转移了出去；信用违约互换只是针对信用事件发生而进行偿付的转移，但利率风险、汇率风险甚至是信用价差风险并没有发生转移。

（三）信用违约期权（Credit Default Option）

信用违约期权是指买方通过向卖方交付手续费（期权费）来获取一个权利，该权利使买方有权在选定的信用类资产发生信用事件时可以要求期权卖方执行清偿支付。信用违约期权与信用违约互换较为相似，主要区别在于信用违约互换合约的买方通常要在合约有效期内定期地多次支付，而信用违约期权合约的买方则只需在签约的时候一次性地支付一笔期权费即可。

（四）信用价差远期

信用价差远期类似于标准的远期合约，唯一的差别就是选择的标的物不同。信用价差远期选择的标的物是标的债券（也被称为参考债券）与无信用风险债券或是其他债券之间的价差。信用价差期权与标准期权基本一致，只是选定的标的物为信用价差。

因为信用联结票据嵌入信用衍生工具，所以我们可以通过交易信用联结票据而有效地达到交易、转移和对冲信用风险的目的。这是信用联结票据与普通的信用衍生工具的共性。除此之外，信用联结票据还有自身的个性特征。吸引投资者交易信用联结票据的，正是这些个性特征。它们表现为：第一，投资者通过交易信用联结票据可参与到一些未被允许进入的市场或投资标的物；第二，可投资于目前不能在市场中直接获得的金融产品；第三，有助于投资者分散资产组合中的信用风险；第四，可提高资产组合的预期收益。以上这些特征是信用联结票据共有的。在本章中，我们还将针对不同类别的信用联结票据，详细介绍和分析每类产品的独有特征。

二、信用类结构化产品有哪些主要类型?

信用类结构化产品（信用联结票据）的分类有多种标准。在这里，可根据不同信用类结构化产品构成的机制和特点，将信用类结构化产品分为信用联结结构化票据（Credit - Linked Structured Notes）、合成信用联结票据和信用资产证券化（Credit Portfolio Securitization）三大类。

（一）信用联结结构化票据

信用联结结构化票据是指该票据的本金偿还和利息支付与选定的信用类资产信用

风险相挂钩。如果参照的信用类资产信用风险在票据有效期内并未发生变化，信用联结结构化票据与普通票据一致，发行人定期支付利息，并在票据到期时偿还本金。

（二）合成信用联结票据

合成信用联结票据是通过特殊目的机构（Special Purpose Vehicle，SPV）创设和发行的，主要目的在于复制某些投资者尚未能参与的债券产品。该票据又可分为重新包装信用联结票据和合成债券这两种类型。

（三）信用资产证券化

信用资产证券化是三类信用类结构化产品中最为复杂的，其所包含的产品类型也非常丰富。信用资产证券化产品通常通过特殊目的机构设立和发行。特殊目的机构首先买入并构建一个信用类资产组合，基于该资产池设计出不同信用等级的批次或分档，分别卖给对风险要求不同的投资者。

三、中国金融市场中的信用衍生工具和信用类结构化产品有哪些?

（一）信用风险缓释工具

在我国银行间市场交易商协会主导下，目前我国银行间市场有信用风险缓释工具和信用风险缓释凭证等主要信用衍生工具。2010 年 11 月 22 日，代码为 10 民生银行 CRMW001 的信用风险缓释工具（Credit Risk Mitigation Warrant，CRMW）向市场发行。这是我国金融市场第一只信用衍生工具。该工具的创设机构为中国民生银行股份有限公司，标的债券为 10 云铜 CP01，发行对象为经中国银行间市场交易商协会备案的信用风险缓释工具核心交易商或信用风险缓释工具交易商，发行规模为 2 亿元。

虽然从创设第一只信用风险缓释工具至今已有较长时间，但我国信用风险缓释凭证还处在初级探索阶段，尚存在较多的问题有待解决，并且在发展过程中还可能遇到一些新的问题。一是信用风险缓释凭证在法律上仍处空白，并且新巴塞尔协议所强调的法律上的可执行性在国内有一定的障碍。二是该工具的参与主体受到限制，主要是银行等信誉高的金融机构，中小企业、个人等主体很难介入，这不易于风险的分散化。三是信用风险缓释凭证合约的条款、格式等设计还不够严密，容易引发法律纠纷。四是我国的市场运行机制还不够完善，信用评级机构发展比较晚，加大了信用风险缓释凭证的定价难度，信息的缺失和不对称也容易引发流动性不足。五是信用风险缓释凭证合约的会计、税收环境和监管制度还有待进一步完善。

基于以上原因，我国信用风险缓释工具的管理相对落后，规模相对较小。我国要加快发展信用风险缓释技术，就应加快信用管理体系的建设，完善法律制度和市场监管，促进信用风险缓释工具的不断完善和创新。

（二）银行发行的信用挂钩理财产品

2006 年 4 月光大银行推出了我国首个信用挂钩的产品——光大银行阳光理财“C 计划”。此后多年，商业银行发行的信用挂钩理财产品发展迅猛，但是缺乏有效的规范和监管。2018 年底，中国银保监会公布《商业银行理财业务监督管理办法》，我国商业银行信用挂钩理财产品市场进入相对规范的时期。

根据该办法，银行发行的信用挂钩理财产品可以挂钩于在银行间市场或证券交易所市场交易的企业债务工具、非标准化债权类资产、信贷资产受益权或收益权等信用类别的资产。根据该办法，挂钩于某实体信用情况的结构性存款虽然不被认定为完全属于信用挂钩理财产品，但是同样要受到监管；除此以外，结构性存款还适用商业银行存款业务相关的监管规范。

（三）资产支持证券

自 2005 年 12 月发行的“建元”“开元”两只信贷资产支持证券开始，中国信贷资产证券化进入试点阶段。但我国资产证券化的发展道路可以说是步履蹒跚，一路走走停停。2008 年 5 月以来，受美国次级抵押贷款市场危机所带来的“蝴蝶效应”以及国内宏观金融政策连续调整的影响，信贷资产证券化陷入停滞。该局面直到 2012 年 6 月中国人民银行、原中国银监会、财政部共同发布《关于进一步扩大信贷资产证券化试点有关事项的通知》后才出现改变，停滞 4 年之久的信贷资产证券化进程重新启动。资产支持证券对应的基础资产类型包括住房抵押贷款、汽车贷款、优质信贷资产以及不良贷款等。

四、第一类信用类结构化产品——各种类型的信用联结结构化票据及其结构化特征有哪些?

根据嵌入的信用衍生工具的不同类型，信用联结结构化产品可以细分为嵌入总收益互换票据、信用价差联结票据和信用违约联结票据。

（一）嵌入总收益互换票据

一个典型的嵌入总收益互换票据（Total Return Swap - Embedded Notes，以下简称总收益互换票据）可被分拆为两部分：一部分是收取固定或浮动利率的普通债券；另一部分是总收益互换合约。对于买入总收益互换票据的投资者来说，总收益互换票据可视为将普通债券利息支付给总收益互换对手方并换取约定参照资产所有收益的合约。通过参与总收益互换票据，投资者可达到不直接投资于标的物却能获得标的物所有投资收益的目的。标的物可以是单一债券，也可以是一个基于一篮子债券的指数。

【案例 6-1】 总收益互换票据的案例

发行人 A 发行了一款为期 1 年的总收益互换票据，发行规模为 10 亿美元，每季度支付 3 个月 LIBOR 加上 100 个基点。该总收益互换票据中约定的信用类资产为 C 公司发行的无抵押债券。票据到期偿还的本金与 C 公司发行的债券价格挂钩。本金偿还的公式为：

本金偿还额 = 票据面值 + 票据面值 × C 公司债券价格的变化率

其中，C 公司债券价格的变化率是指该公司发行的无抵押债券的价格在票据存续期间的升值或贬值幅度。如果该无抵押债券升值了，那么本金偿还额将高于票据的面值；反之，如果该无抵押债券贬值了，那么本金偿还额将低于票据的面值。当然，总收益互换票据通常有最低赎回条款，规定本金偿还额的最低值。在本案例中，本金偿还额最低值是零，也就是说 C 公司的无抵押债券在票据期末时的价格变成零（完全破产以至于无法偿还该债券本金）。

从投资者的角度，可以将该总收益互换票据拆分成两个部分（见图 6-1）。C 公司的无抵押债券风险比较高，因此预期收益也比较高，但是投资者在常规情况下无法投资于该债券。通过该总收益互换票据，投资者相当于间接地投资于 C 公司的无抵押债券，获得了 C 公司的信用风险暴露，以寻求比较高的预期收益。对投资者而言，这就是总收益互换票据的主要功能。

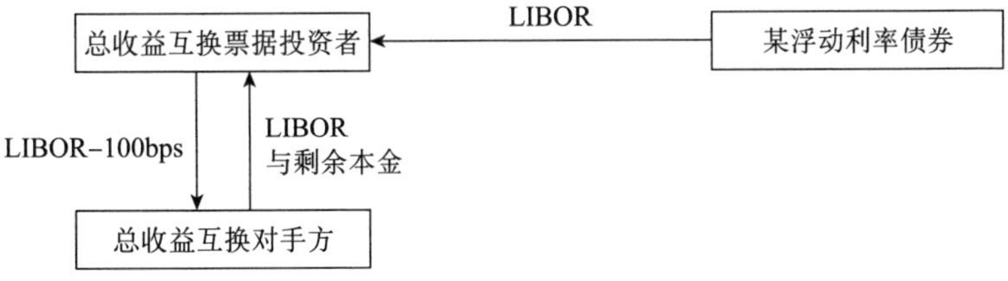

图 6-1　总收益互换票据拆分结构

部分投资风格较为激进的投资者不仅希望通过总收益互换票据分享那些他们被限制参与的信用类资产的收益，还可能要求进一步放大他们对选定信用类资产变化的风险敞口。为了满足这部分投资者的需要，发行方通过增加嵌入总收益互换的名义本金来引入杠杆，从而加大投资者对于信用资产的风险暴露度。基于案例 6-2 来具体说明一个杠杆倍数为 5 倍的总收益互换票据。

【案例 6-2】 杠杆型总收益互换票据

案例 6-1 中的科技公司 C 发行的债券仍然不变，发行人 A 发行的总收益互换票据的发行总额和到期期限维持不变，每季度支付的利息变更为 LIBOR + 5 × 100 个基点，票据到期偿还的本金变更为：

本金偿还额 = 票据面值 + 票据面值 × C 公司债券价格变化率 × 杠杆率

对于上述的杠杆型总收益互换票据，可以将案例 6-1 中总收益互换合约的名义本金扩大 5 倍，达到 50 亿美元，具体的现金流见图6-2。

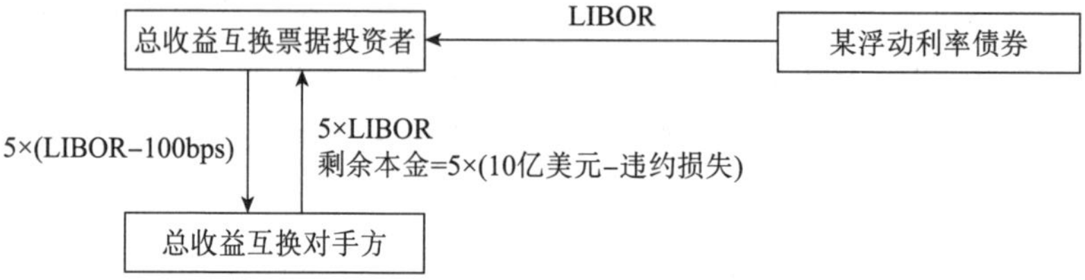

图 6-2 杠杆型总收益互换票据结构

（二）信用价差联结票据

信用价差联结票据（Credit Spread - Linked Notes）是由信用价差远期合约或信用价差期权与普通债券组合构成的。其中的信用价差是指标的物债券的到期收益率与基准债券到期收益率之间的差值。

信用价差联结票据对于投资者的吸引力主要来自三个方面：第一，投资者不必直接投资于信用资产，规避了可能存在的流动性和法规限制问题。第二，即使投资于信用类资产的渠道非常畅通，但是直接投资于信用类资产还会带来利率风险或汇率风险等额外的风险，而投资者可能只希望获取信用风险暴露。第三，可利用信用价差联结票据进行利差久期（Spread Duration）的管理。为了说明信用价差联结票据的具体运作方式，下面通过案例 6-3 和案例 6-4 说明包含信用价差远期合约和信用价差期权构成的票据。

【案例 6-3】 包含信用价差远期的信用价差联结票据

发行人 B 发行了期限为 2 年、发行总额为 10 亿美元的信用价差联结票据，该票据每半年支付 6 个月 LIBOR 加 30 个基点的利息，到期偿还本金的公式为：

本金偿还额 = 票据面值 + 利差久期 ×（200bps - 信用利差）

其中，利差久期是指假设市场利率不变，市场利差变化对债券价格的影响，即 1 个百分点的利差变化导致的价格变化百分比。票据中的信用价差为选定的公司债券（D 公司发行的 2 年期债券）的到期收益率减去基准债券（美国 2 年期国债）的到期收益率所得到的差。200 基点为票据发行时信用价差的初始值。

该案例中的信用价差联结票据的现金流拆分结构见图 6 – 3。

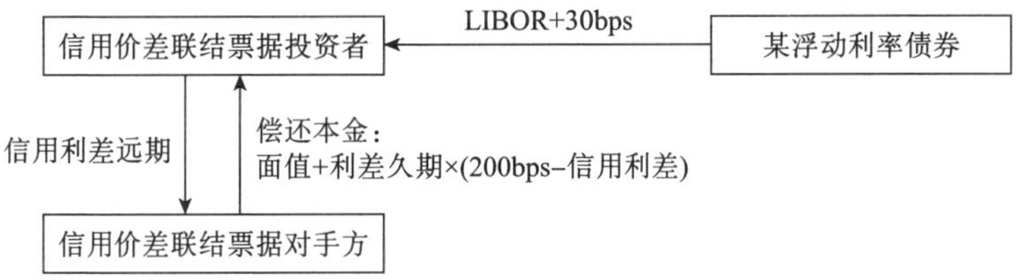

图 6 – 3　信用价差挂钩票据的拆分结构

【案例 6 – 4】　包含信用价差期权的信用价差联结票据

发行人 B 发行的另一款信用价差联结票据的规模、期限、票面息率和信用价差的定义均与案例 6 – 3 一致，但变更了到期偿还本金的计算公式。发行人设定当信用利差高于 190 个基点、小于 210 个基点时，本金支付的公式仍然为：

本金偿还额 = 票据面值 + 利差久期 ×（200bps – 信用利差）

如果信用利差低于 190 个基点，或者大于 210 个基点，则偿还 90% 的面值。对比案例 6 – 3 与案例 6 – 4，我们发现案例 6 – 3 中的投资者可以通过买入执行价格为 190 基点的信用价差看跌期权，并卖出执行价格为 210 基点的信用价差看涨期权来复制案例 6 – 4 中的信用价差联结票据。当信用价差位于 190 基点至 210 基点之间时，看涨与看跌期权到期均不会被执行。一旦信用价差在这个范围之外，总有一个期权将会被执行。

（三）信用违约联结票据

信用违约联结票据（Credit Default – Linked Notes）是由信用违约互换与普通债券构成的。信用违约联结票据的投资者是信用违约互换中信用保护的出售方，并向信用保护购买方收取一定费用（或被称为信用违约互换点差），这部分收取的费用体现为信用违约联结票据较高的票面息率。当信用违约互换标的物出现信用事件时，票据持有人到期所能拿回的本金是偿付信用事件损失后的剩余价值。剩余价值的计算方式可以是事前约定的一个固定数值，也可以是根据违约回收比率（Recovery Rate）测算出的实际剩余价值。另外，对于信用事件的定义，可以参考《中国银行间金融衍生产品市场交易定义文件》中的描述。具体而言，信用事件的定义是指交易双方约定的如下事件中的一种或多种：

◆ 破产。

◆ 支付违约，是指参考实体在适用的宽限期届满前未支付的到期债务金额累计超过交易双方约定的起点金额。

◆ 债务加速到期，指因参考实体的违约导致债务在原到期日之前到期的情形。在债务加速到期情形中，交易双方可约定参考实体的最低违约金额，只有超过该最低违约金额的行为才可认定为发生债务加速到期。

◆ 债务违约，指因参考实体发生除支付违约外的其他违约导致债务可能被宣告提前到期的情形。

◆ 偿付变更，指参考实体与其债务的持有人达成的，或由参考实体宣布的适用于参考实体所有债务的持有人的下述行为：降低应付利率水平或减少应付利息，减少应偿还的本金数额或溢价，推迟本息偿付日期，变动受偿顺序，改变本息偿付币种。

上述偿付变更涉及的金额应不低于交易双方约定的起点金额。但参考实体在正常经营过程中因监管、财会或税务调整采取上述行为，或上述行为不是因为参考实体的资信或财务状况恶化，则不构成偿付变更行为。

【案例6－5】 信用违约联结票据

发行人E发行了期限为3年、总额为20亿美元的信用违约联结票据。该票据的票面息率是LIBOR加上100个基点，按年支付。本金偿还金额与C科技公司发行的债券是否发生信用事件相联系。如果至票据到期未发生信用事件，信用违约联结票据支付全额本金。如果截至到期前发生信用事件，则该票据停止支付利息，并根据违约回收比率偿还剩余本金。

对于发行人来说，通过发行信用违约联结票据将拓展他们可以提供信用保护的资产范围。在信用违约联结票据中，虽然信用违约互换的直接参与方是发行人，但发行人已通过发行信用违约联结票据将信用风险转移给投资者，并且由于投资者在购买信用违约联结票据时支付了本金，一旦选定的信用类资产发生信用事件，可根据违约情况减少对投资者本金的支付。由此可以看出，对于信用违约互换中的信用保护购买方来说，此互换可以看作是有全额现金担保的交易，信用保护购买方和发行人承担的风险极小。因此，发行人可以通过发行信用违约联结票据参与到更多信用风险相对较高的违约互换交易中。

(四) 信用违约联结票据的创新发展

在标准信用违约联结票据的基础上，许多创新型的信用类结构化产品层出不穷。根据不同产品的风险高低，我们可将诸多创新型结构化产品归纳为四个类型（见表6－1）。

表6－1　　信用违约联结票据的创新产品分析

创新类型	信用风险特征	特征描述
保证本金偿还类	较低	这类产品相对于标准的信用违约联结产品风险较低。当选定的风险类资产发生信用事件时，对于投资者最终收回的本金不会产生影响，只是减少投资者收取的利息部分

续表

创新类型	信用风险特征	特征描述
可赎回类	较高	这是信用违约联结票据与嵌入看涨期权的结合。可将这类票据看作是发行人有权延期的信用违约联结票据。在每个可赎回日，若发行人并不赎回票据，则票据支付的票面息率将相应增加，可理解为对信用保护购买支付的费用增加
首次违约类	较高	首次违约类信用联结产品通常选定一个信用资产产品的组合，一旦其中任一单产品发生信用事件，将导致投资者损失本金（或利息），并支付给信用保护购买方。由于资产组合中出现首次违约的风险将高于任一单个产品出现违约的风险，因此该产品比标准信用违约联结票据的信用风险更高
针对海外市场类（特别是发展中国家）	较高	由于法规限制或流动性缺乏的原因，很多投资者没有渠道投资于海外市场，特别是很多发展中国家市场。通过买入选定信用资产为发展中国家的信用违约联结票据，可达成投资者的目标。但投资于此类产品也意味着面临更大的信用风险。增加的信用风险主要来自两个方面：第一，发展中国家本身信用风险相对较高；第二，除了普遍定义的信用事件以外，限制货币兑换等也被纳入信用事件范畴

我国金融市场第一个信用联结结构化产品

光大银行于2006年4月推出了首个信用联结理财产品——光大银行阳光理财“C计划”。其中，普通型预期年收益率将达到2.56%，而VIP型则高达2.82%。该产品与资质优异、业绩稳定的知名大型国有企业信用联结。在理财产品存续期间，如联结企业正常偿还债务本息，投资者就能获得全部收益和本金；如企业出现违约，投资者理财本金将在债务回收范围内承担有限损失。

首期阳光理财“C计划”与两个大型基础设施建设项目（南昌、兰州的铁路贷款项目）相联结。贷款方为国开行，由中国铁道部担保，光大银行集合客户资金作为贷款利息的担保。在这个贷款项目中，银行是权益方，也是监督方。如果企业还本付息，客户将得到全部本金和收益；反之，客户将损失3%的本金，但收益仍在。一旦出现联结企业不能还贷，银行将有责任替客户向企业追债。但该行称，产品涉及的国有大型企业均为精心挑选的优质企业，出现违约概率极低。

五、第二类信用类结构化产品——重新包装信用联结票据及其结构化特征有哪些？

重新包装信用联结票据（Repackaged Credit - Linked Notes）本质上是由普通债券与包括总收益互换、信用违约互换和信用违约期权在内的信用衍生工具组合构成的。重新包装信用联结票据的构成成分与前面介绍的信用联结结构化票据基本一致。此外，重新包装信用联结票据与信用联结结构化票据对于投资者的主要功能也基本相同。对于那些要求投资被限制参与的市场，或是目标信用类资产尚不存在的投资者，以上两类产品均可较好地满足他们的需要。因此，重新包装信用联结票据通常被视为信用联结票据的一个特殊分类。

重新包装信用联结票据与其他信用联结票据的主要区别，是前者的发行人由一个特殊目的机构来充当，而不是那些具有比较高信用等级的金融机构。典型的重新包装信用联结票据的现金流结构见图 6 -4。

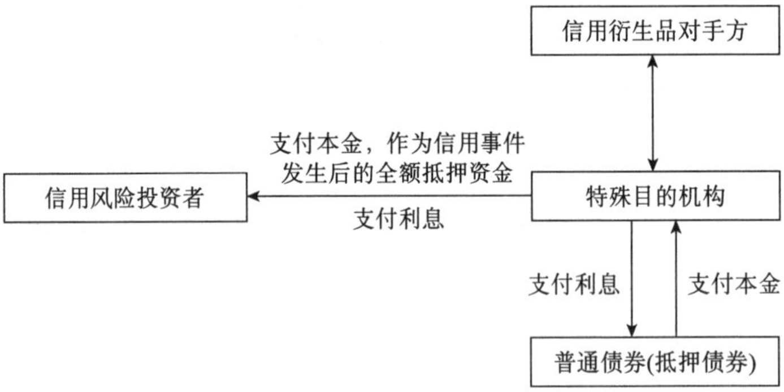

图 6 -4　重新包装信用联结票据的典型结构

从图 6 -4 中可以看到，特殊目的机构是重新包装信用联结票据的运作核心。它根据客户风险和收益要求，买入相关债券和信用衍生工具，在打包重装后以票据的形式发行给投资者。投资者买入票据支付的本金将用作信用衍生工具的全额抵押资金。当选定的信用类资产发生信用事件时，投资者的本金将遭受损失（也可约定以利息承担信用风险）；如果票据到期未发生信用事件，投资者将拿回全额本金。

重新包装信用联结票据有两类包装方式。第一类是特殊目的机构买入高评级债券作为票据的抵押债券，同时通过参与信用衍生工具合约而引入更多的信用风险，达到投资者对某类信用风险暴露的要求。因为票据的投资者是信用保护的卖出方，所以投资者也将获取卖出信用保护的收入。第二类是特殊目的机构买入低评级债券作为票据的抵押债券，同时通过参与信用衍生工具购买信用保护，降低抵押债券的信用风险，因此发行的票据信用风险也相对较低。

【案例 6-6】 重新包装信用联结票据

特殊目的机构 A 从债券的二级市场买入了总额 40 亿元、为期 2 年的浮动利率债券，该债券的票面息率为 LIBOR 加 50 个基点，利息按半年支付。该机构同时买入标的物为信用资产 a 的信用价差远期合约，该远期合约目前对应的信用价差为 200 个基点。机构 A 将这两项资产打包，并针对投资者发行为期 2 年、总额 40 亿元的重新包装信用联结票据。

购买该票据的投资者在有效期内将收取浮动利率 LIBOR 加 50 个基点。票据到期时，如果信用资产 a 的信用价差上升至 200 个基点以上，投资者将能获取面值和远期合约升值部分；如果信用价差小于 200 个基点，则投资者的本金将遭受损失。整个交易结构见图 6-5。

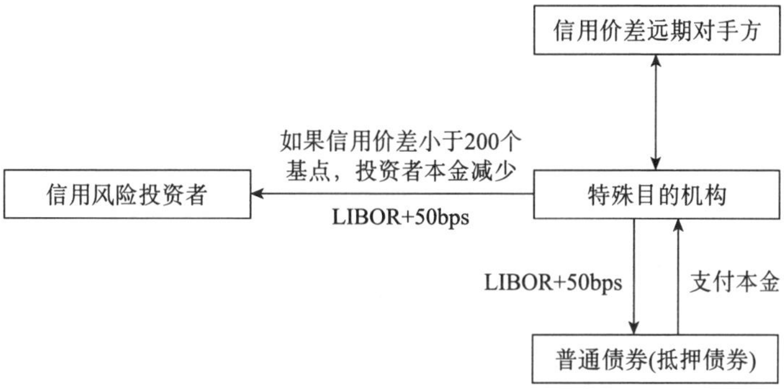

图 6-5 重新包装信用联结票据的案例结构

【案例 6-7】 带有杠杆效应的重新包装信用联结票据

对于风险承受能力较强、要求投资收益较高的客户，特殊目的机构可通过在资产组合中加入杠杆来实现。假定特殊目的机构 B 买入了总额 40 亿元、为期 2 年的浮动利率债券，该债券每半年支付浮动利率 LIBOR 加 50 个基点。该机构同时参与名义本金为 80 亿元的总收益互换合约，并将向投资者发行总额 40 亿元的信用联结票据。

在此案例中可以看到，由于互换合约的名义本金是票据发行额的 2 倍，意味着在整个资产组合中引入了 2 倍的杠杆。如互换合约的标的物价格下降 50%，投资者将会损失所有本金。

六、第三类信用类结构化产品——合成债券及其结构化特征有哪些？

特殊目的机构创设的合成债券通常是模拟市场中已经存在的债券产品。为了达到合成债券与参考的债券产品风险特征较为一致，特殊目的机构将力争降低设立合成债券中引入的衍生交易对手方风险和买入的抵押债券的风险。通过对比重新包装信用联结票据和合成债券之间的概念和特征，可以发现二者在设立目的、定制化特点和流动性方面有所不同。首先，重新包装信用联结票据的设立目的是为了满足投资者希望投资于某类风险资产的需要，或是满足投资者定制化的风险收益组合；合成债券设立的主要驱动力则来自发行方，发行人通过合成债券的发行规避或管理自身的信用风险。其次，重新包装信用票据是为了满足部分客户的产品定制化需求，相对来说规模比较有限；合成债券是模拟市场已有产品，针对的客户群较为广泛，发行的规模相对较大。最后，因为重新包装信用联结票据定制化特征明显，所以持有的投资者通常只能持有到期，该产品在二级市场上交易较为困难；合成债券由于针对的是所有投资者，因此在二级市场流动性较好。

【案例6－8】 合成债券

假定某科技公司Ab从未在市场上发行过债券。某银行Cal希望通过特殊目的机构复制出具有Ab公司发行债券特征的合成债券，希望复制的Ab公司债券期限为5年、发行总额40亿元。特殊目的机构Syn买入总额40亿元的5年期国债，并作为信用保护的卖方参与标的物为Ab公司的信用违约互换。卖出信用保护所获得的收入以利息形式返还给合成债券投资者。整个交易结构见图6－6。

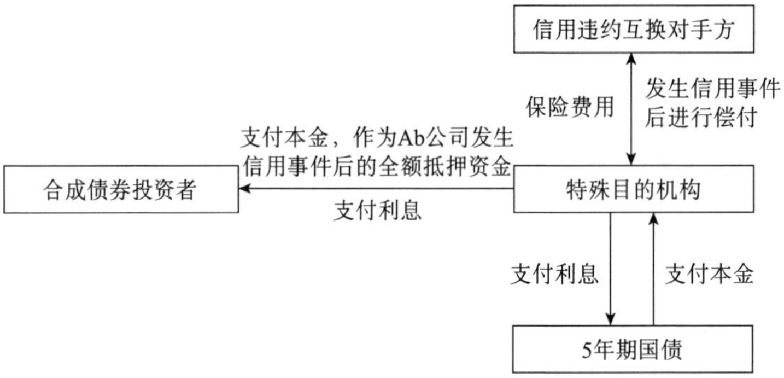

图6－6 Ab公司合成债券的案例结构

合成式人民币债券

点心债是在香港发行的、以人民币计价的债券。因其相对于整个人民币债券市场规模很小，因此被市场称为点心债。点心债具有发行成本较低，且投资者可获得人民币升值收益的特点。但点心债募集所得的资金回流内地是一个复杂而耗时的过程，首先需要详细说明资金回流后的具体用途，并且对于该用途必须已获得相关监管机构（商务部、发改委等）的项目批文；待上述条件齐备后，央行方受理回流申报。

因此，在和央行及相关部门沟通之前，一般不建议企业贸然发债。由于资金回流过程较为缓慢和困难，点心债市场规模十分有限。

为了满足国内企业在香港市场融资的需要，以及香港投资者希望持有人民币资产敞口的要求，合成式人民币债券被引入市场，一经推出就获得香港投资者的追捧。这种合成债券是以人民币计价，以美元结算，将汇率收益与结算货币的利息回报相结合。这种债券的资金调回可走正常的外汇管理流程，无须央行进行个案审批备案。2011 年初，在国内房地产调控政策仍在持续、房地产公司融资渠道受限的背景下，包括中骏置业和恒大地产等多家房地产开发公司通过合成式人民币债券在香港市场成功募集资金。其中，中骏置业于 2011 年 1 月 7 日成为首家成功发售人民币合成债券的内地房地产开发企业。该公司发行的人民币债券受到市场的热捧，获得了高达 8 倍的超额认购，导致公司临时取消了伦敦和纽约的路演行程，提前定价确定了 10.5% 的票息率，并将发行额度从 2 亿美元提高至 20 亿元人民币，债券期限为 5 年。

七、第四类信用类结构化产品——担保债务凭证是怎样的?

担保债务凭证（Collateralized Debt Obligation，CDO）的构造方式，通常是将债务或债券作为抵押品构成资产池，再结合衍生工具分成具有不同风险和收益的票据，分别发行给各类投资者。与标的物相对应，担保债务凭证包括重要的两个分支：担保贷款凭证（Collateralized Loan Obligation，CLO）和担保债券凭证（Collateralized Bond Obligation，CBO）。前者即是信贷资产证券化，后者是指市场流通债券的再证券化。

担保债务凭证最早出现在 20 世纪 80 年代的美国金融市场。然而，一直到 20 世纪 90 年代中期，担保债务凭证才开始大量发行，进入高速发展阶段。经过 20 多年的发展，该产品已成为信用类结构化产品中的重要成员之一。

担保债务凭证的大力发展受益于银行和保险等金融机构对于该产品的极力推行。对于银行和保险等担保债务凭证的发起方来说，担保债务凭证能够在一定程度上满足他们资本金管理、资产负债表管理、信用风险管理、融资和维护客户关系五方面的需要。第一，根据“巴塞尔协议Ⅱ”中对银行资本充足率的要求，银行对于自身持有的资产需保留一定的资本，且持有的资产风险越大，需保留的资本越多。通过参与担保债务凭证的发行，可将表内的债券或贷款转移出去，从而释放监管风险。第二，正如前述，担保债务凭证对应的债券或贷款等资产池将不会再保留在原机构的资产负债表上，这有利于金融机构对资产负债表进行有效管理。第三，金融机构资产负债表中蕴含的信用风险也得到了管理。第四，特殊目的机构发行担保债务凭证所募集的资金，将被用于购买金融机构的债券或贷款等资产池，满足了金融机构的融资需要。这对于一些评级相对较低、融资成本较高的金融机构具有很大的吸引力。第五，金融机构为了避免信用风险的过度集中，通常对于单一客户或项目的贷款金融占总贷款金融的比例有相应限制。但由于参与发行担保债务凭证可将对于某一客户的信用风险转移出去，因此金融机构可持续向该客户贷款，同时又避免了信用风险的过度集中。从投资者的角度来说，担保债务凭证的优势和吸引力主要体现在拓宽投资范围、提升投资者资产组合收益以及该产品流动性较好这三个方面。

担保债务凭证对应的抵押资产范围比较广，可包含债券、贷款、新兴市场债券、商业地产抵押贷款支持证券和住宅抵押贷款支持证券等。此外，担保债务凭证的产品结构可根据市场条件和客户需求进行创新。受这两个方面因素的影响，市场中担保债务凭证的产品种类是名目繁多的。为了明晰每种产品的特征和组织形式，我们将从各类担保债务凭证对应的抵押资产、成立的目的和选用的结构这三个维度来进行区分。

首先，按照抵押资产的组合来分类，担保债务凭证包括高收益的债券、新兴市场公司债券或国家债券、房地产信托基金和资产支持证券等。

其次，按照产品成立的目的和动机分类，担保债务凭证可以划分为资产负债表型和套利型。其中，资产负债表型担保债务凭证的主要发起人是银行和保险机构，这些机构发起该产品的主要目的是为了将表内资产移至表外，从而达到释放监管资本和融资的目的。套利型担保债务凭证的主要发起人则是投资银行或是对冲基金公司，赚取打包的资产池和发行的担保债务凭证之间的价差是他们发起的主要目的。通常来说，套利型产品的抵押资产主要是次级债券和新兴市场债券。

最后，按照产品的结构特征来分类，担保债务凭证可分为现金型担保债务凭证和合成型债务凭证。合成型债务凭证又可进一步细分为基于信用联结票据的担保债务凭证和结合信用违约互换的担保债务凭证。在下面的内容中，我们将详细介绍三类不同结构形式的担保债务凭证特征和应用。

CDO 平方的概念介绍

CDO 平方是指在抵押资产（也被称为基础资产）中包含 CDO 分档的担保债务凭证。其中，现金型 CDO 平方的抵押资产组合由已经存在的现金型 CDO 分档构成；合成型 CDO 平方的资产组合主要是由 CDS 构成，在大多数合成型 CDO 平方中，作为抵押资产的基础 CDO 仅是为了被包含在 CDO 平方中。

以由其他 CDO 中间档构成的 CDO 平方来具体说明该创新产品的概念。设定特殊目的机构 A 以 CDO1、CDO2 和 CDO3 的中间档为抵押资产构成 CDO 平方，该产品同样被分为优先档、中间档和股权档。假定构成 CDO1、CDO2 和 CDO3 之间没有相关联的抵押产品，且 3 个产品的股权档均为 6 000 万元人民币，并可弥补各自抵押资产中 3 家公司违约带来的损失。因此，如果任一基础资产的违约数超过 3 个，则 CDO 平方的股权档将遭受损失。

相比较普通的现金型或合成型 CDO，CDO 平方由于包含了更多信用资产而达成了更高的分散化目的。同时，投资于 CDO 平方还能获得相对更高的收益。由于这两方面的特征，CDO 平方产品受到了投资者的青睐。

八、担保债务凭证具有哪些结构特征？

图 6－7 给出了一个典型的担保债务凭证的交易结构。

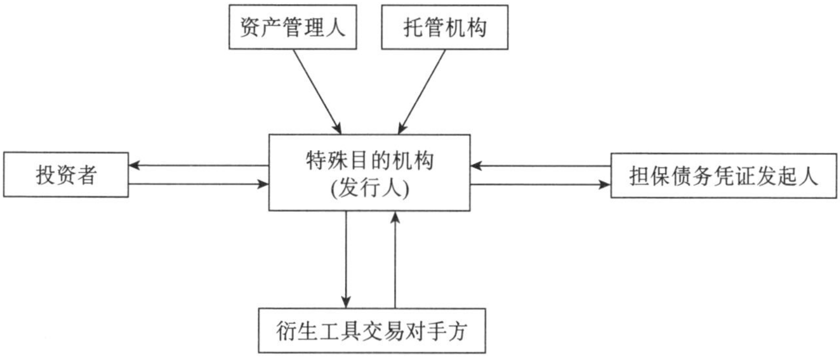

图 6－7　一个典型担保债务凭证的结构

从图 6－7 中可以看到，特殊目的机构不仅是担保债务凭证的发行人，也是构建整个担保债务凭证的核心。特殊目的机构是一个破产隔离实体，它将向担保债务凭证发起人购买各类资产，作为发行担保凭证的抵押资产。特殊目的机构还将从担保债务凭证发起方处定期收到抵押资产对应的利息或其他收入，并支付给购买担保凭证的投资者。此外，为了提高买入的抵押资产的信用评级，或是为了满足投资者特定的风险收益需要，特殊目的机构可以参与衍生工具交易，改变原有抵押资产的收益结构。特殊目的机构买入的资产将由托管机构负责托管。托管机构将根据交易结构确定交易各方的收支情况，并向投资者和监管机构出具资产和负债报告。

特殊目的机构将抵押资产与衍生工具打包，重新包装成债务抵押担保凭证，该担保凭证中包含了不同的分档（Tranche）票据，投资者可以根据自身风险偏好买入不同分档的票据。分档票据主要包含优先档、中间档和股权档三大类，不同的分档级别意味着现金流支付顺序的不同。优先档将首先获得利息和本金偿还收入，中间档次之，股权档只能接受剩余利息收入。同时，如果抵押资产的价格出现下降或是发生违约事件，那么支付给股权档的剩余利息收入将减少。如果违约金额超出股权档的利息收入，则偿付金额将开始消耗股权档的本金。在股权档的本金完全冲抵资产损失之后，中间档的利息收入和本金将开始面临损失。由此可以看出，在三类分档票据中优先档的风险最低，评级也相对最高；股权档承担的风险最高，但相应的潜在收益也最高。

根据业务运行的时间规划，担保债务凭证的业务运行将先后经历组合期、循环期和偿付期三个生命周期。在组合期中，特殊目的机构的资产管理人将根据担保债务凭证拟定的要求和参数购买抵押资产，并与相关衍生工具组合包装成不同分档的担保债务凭证。在循环期中，管理人将对资产组合产生的现金流进行再次投资，而无须向已发行的票据进行偿付。在偿付期中，管理人不会对资产组合产生的现金流进行再次投资，管理人将获得收益用于对票据进行偿付。

九、怎样对担保债务凭证进行评级?

担保债务凭证与传统的债务和债券一样，都将受到资产质量、市场风险、法律风险和资产管理人资质等方面影响，以上方面的风险都将纳入担保凭证的评级体系中。其中，对于担保债务凭证的信用风险评级则较为复杂，评级机构需要综合考虑抵押资产组合的信用风险、压力测评和信用增强措施三个方面。

第一，在抵押资产组合的信用风险方面，评级机构需要评估资产池中单一资产的信用等级、单一资产的违约概率和违约时点、单一资产在对应违约率下的回收率（或回复率）和资产之间的相关性四个方面。

第二，为了掌握抵押资产信用风险的动态变化情况，评级机构还会结合不同宏观和微观环境下参数的变化情况，对信用风险进行压力测试。

第三，一些抵押资产为高收益债券或是新兴国家债券的担保债务凭证的发行人，还会采用信用增强措施来提升担保凭证的信用评级，减少融资成本。信用增强措施的具体方式有很多，主要分为内部信用增强和外部信用增强。内部信用增强包括进行超额抵押、划分优先和次级结构、建立利差账户和开立信用证等；外部信用增强主要通过金融担保来实现。

许多担保债务凭证通常还包含绩效检验条款。绩效检验包括对抵押资产的质量检验和担保测试两个方面。其中，质量检验是要求抵押资产在担保凭证设立初期和整个交易过程中，在抵押资产的分散化、资产组合的平均评级水平和持有的现金资产等方面维持在某一约定水平之上。如果出现某一参数低于约定水平的情况时，将会要求资产管理人调整抵押资产组合，并限制资产管理人的某些交易操作。担保测试的目的在于保证优先档（有时也包括中间档）的利息支付和本金偿还，其对应了利息保障测试和超额担保两个部分。利息保障测试将计算预期利息收入与优先档应付利息的比值。超额担保需要首先结合抵押资产的信用风险和预期回收率计算出调整后的资产面值，再将调整后的资产面值与优先档债券面值进行比较。在担保凭证的整个生命周期内，如果出现担保测试低于约定的利息保障水平或超额担保水平，将导致额外的交易限制以及优先档债券的加速赎回。

十、如何运用各种不同结构类型的担保债务凭证?

（一）现金型担保债务凭证

【案例6－9】 现金型担保债务凭证的案例

假定特殊目的机构A从发起方BAC投资银行买入价值100亿元人民币的债券资产组合，该债券组合由信用评级均为BBB的100个公司所发行的浮动利率债券组成，每笔债券的价值均为1亿元人民币。机构A将买入的资产组合重新包装之后，向投资者分别发行股权档、中间档和优先档三类担保债务凭证（见图6－8）。各分档具体信息如下：

◆ 优先档：发行总额为85亿元人民币，每半年支付利息6%。

◆ 中间档：发行总额为10亿元人民币，每半年支付利息10%。

◆ 股权档：发行总额为5亿元人民币，获取抵押资产在支付优先档和中间档之后的剩余利息收入。

另外，担保债务凭证的合同约定针对优先档的本金保障测试和利息保证测试在整个生命周期内不得低于110%。

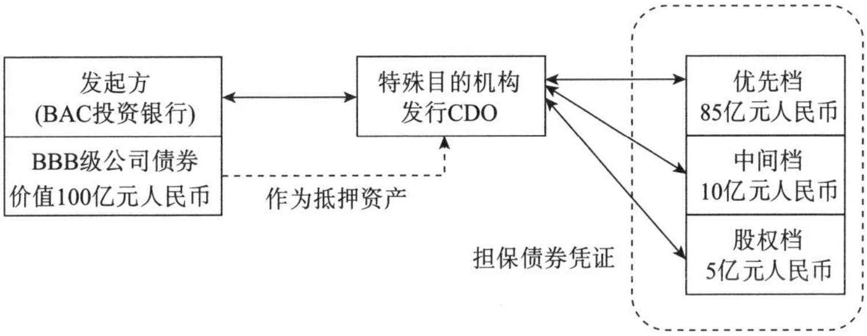

图6－8　现金型担保债务凭证的案例结构

假定抵押资产当期支付的票面息率为8%，支付的利息总额为8亿元，则担保债务凭证的各个档次所获的收益以及实际的收益率见表6－2。

表6－2　　抵押资产产生8亿元利息时各档担保债务凭证的投资收益

档次	本金（亿元）	票面息率（%）	利息额（亿元）	实际收益率（%）
优先档	85	6	$85\times6\%=5.1$	$\frac{5.1}{85}=6$
中间档	10	10	$10\times10\%=1$	—
股权档	5	—	$8-5.1-1=1.9$	$\frac{1.9}{5.1}=37$

假定抵押资产当期支付的票面息率减小至6.5%，对应的利息总额为6.3亿元。这种情况下，担保债务凭证的各个档次所获的收益以及实际收益率见表6－3。

表6－3　　抵押资产产生6.3亿元利息时各档担保债务凭证的投资收益

档次	本金（亿元）	票面息率（%）	利息额（亿元）	实际收益率（%）
优先档	85	6	85×6%＝5.1	$\frac{5.1}{85}=6$
中间档	10	10	10×10%＝1	—
股权档	5	—	6.3－5.1－1＝0.2	$\frac{0.2}{5.1}=4$

如果抵押资产票面息率进一步降低到5.1亿元以下，那么优先档的利息保障测试将被触发，所有的利息支付都将流向优先档债券，而其他档的信用担保凭证将带来亏损。

（二）结合信用联结票据的担保债务凭证

【案例6－10】 结合信用联结票据的担保债务凭证案例

假定发起方BAC投资银行拥有价值100亿元人民币的债券组合，该债券组合由信用评级均为BBB的100个公司所发行的债券组成，每个公司所发行的债券的价值均为1亿元人民币，且违约事件发生后的回收率均为30%。BAC公司将每笔债券与对应的信用衍生工具相结合，构成了一个信用联结票据资产池。整体来看，该资产池的票面息率水平为6个月SHIBOR加上300个基点。BAC将上述信用联结票据资产池卖给特殊目的机构B，以达到信用风险转移、监管资本缓释和融资的目的。机构B将信用联结票据资产池作为抵押资产，向投资者发行3年期的分档担保债务凭证（见图6－9）。各分档具体信息如下：

◆ 优先档：发行总额为85亿元人民币，每半年支付6个月SHIBOR＋100bps。

◆ 中间档：发行总额为10亿元人民币，每半年支付6个月SHIBOR＋200bps。

◆ 股权档：发行总额为5亿元人民币，获取抵押资产在支付优先档和中间档之后的剩余利息收入。

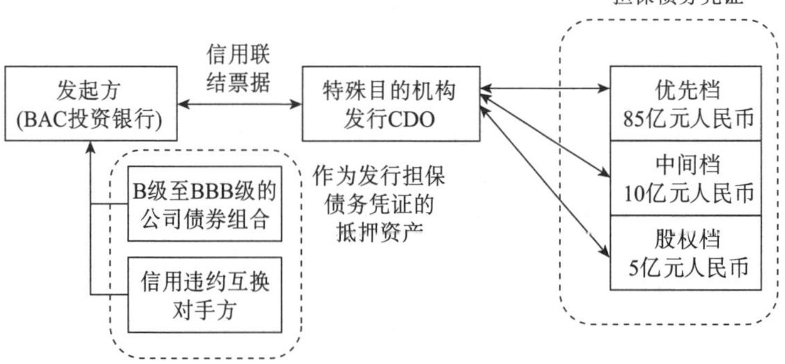

图6－9　结合信用联结票据的担保债务凭证结构

如果担保债务凭证在发行一年后，发起方 BAC 的债券组合中有 3 家公司出现违约事件，根据 30% 的回收率测算，违约事件发生后每笔债券可收回的剩余价值为 3 000 万元。因此在 3 家公司违约之后，债券组合的资产总额将从 100 亿元降低到 97.9 亿元。鉴于 BAC 投资机构已将信用风险转移给担保债券凭证的投资者，而且股权档担保债务凭证将首先承担违约风险，所以，股权档债券的面值总额将减少 2.1 亿元，即从 5 亿元降低至 2.9 亿元，以弥补发行方 BAC 的损失。当股权档本金完全被用于冲抵违约事件带来的损失之后，中间档将面临本金损失风险。根据本案例中的条款可以测算出，中间档和股权档总计 15 亿元的本金可以弥补 21 家公司发生信用违约事件所带来的损失，计算方法是：

15 亿元 ÷ ［每家公司债券本金 1 亿元 ×（1 - 回收率 30%）］≈21（家）

如果债券组合中违约公司数量超过 21 家，优先档本金也将会遭受损失。

（三）结合信用违约互换的担保债务凭证

在基于信用违约互换的担保债券凭证结构中，特殊目的机构将抵押资产的信用保护卖给担保凭证的发起方或是其他第三方机构，并按照风险水平收取信用违约互换的点差。特殊目的机构将根据不同分档的信用风险，将收取的点差支付给各分档投资者。在该担保债务凭证结构中，投资者是基础资产池信用保护的卖出方，担保凭证的发起方或其他市场参与者是信用的保护买方。

不同于之前介绍的现金型担保债务凭证和基于信用联结票据的担保债务凭证，在结合信用违约互换的担保债务凭证中的抵押资产并未从发起人的资产负债表中转移，也没有基于抵押资产发行任何信用联结票据。因此，这就决定了特殊目的机构在发行分档时可以选择不进行融资，这对于一些融资成本较高的机构具有极大的吸引力。

由摩根大通于 1997 年 12 月发起的 BISTRO（Broad Index Secured Trust Offering）产品是第一个合成型证券化产品，它是证券化技术与信用衍生工具结合的一种创新结构。通过发起 BISTRO，摩根大通将持有的资产组合信用风险转移给市场投资者，并且不需要资金支持。该交易中对应的资产组合总额 97.22 亿美元，其中 6.97 亿美元由特殊目的机构以两档票据的形式发行给市场投资者，摩根大通承担了剩余资产的信用风险。该交易的简单结构见图 6 - 10。

在发起 BISTRO 方案之后，摩根大通持有的 97.22 亿美元资产组合的信用风险发生了改变。当资产组合发生违约事件时，摩根大通持有的 3 200 万美元股权档部分首先遭受损失，当违约金额超过 3 200 万美元时，投资者持有的中间档和优先档将先后冲抵违约带来的本金损失。由于当时评级机构对于该结构中优先档的评级是 AA 级，这意味着摩根大通持有的 90 亿美元的超级优先档遭受损失的可能性极低。BISTRO 方案有效降低了摩根大通资产组合面临的信用风险，同时资产并未从资产负债表中剥离。

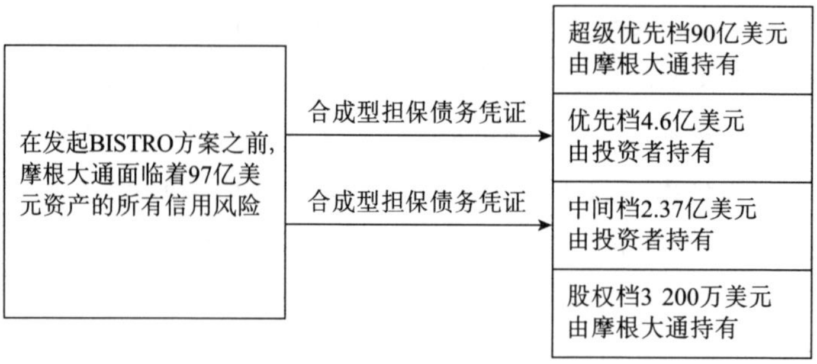

图 6-10　BISTRO 交易结构

【案例 6-11】　结合信用违约互换的担保债务凭证运用案例

假定发起方 BAC 投资银行拥有价值 100 亿美元的人民币债券组合，该债券组合由信用评级均为 BBB 的 100 个公司发行的债券组成，每笔价值均为 1 亿美元，且违约事件发生后的回收率均为 30%。为了规避信用风险，BAC 公司将 100 亿美元资产对应的信用风险分成股权档、中间档、优先档和超级优先档（见图 6-11）。同时，BAC 公司与特殊目的机构拟订信用互换合约，向特殊目的机构购买针对中间档和优先档的信用保护，自己仍保留股权档和超级优先档的信用风险。特殊目的机构以收取的信用违约互换点差向分档投资者支付利息。

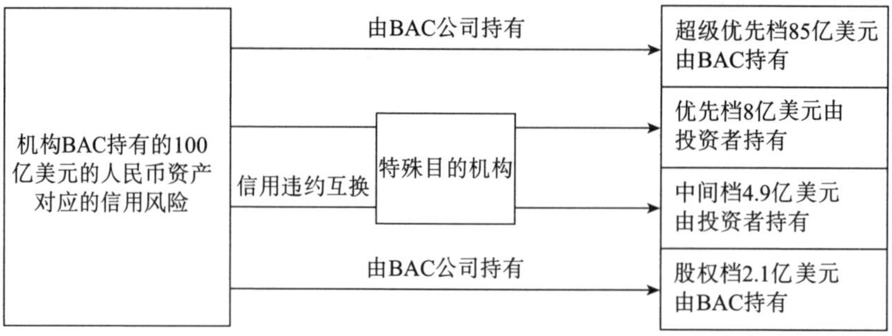

图 6-11　结合信用违约互换的担保债务凭证交易结构

各分档具体信息如下：

◆ 超级优先档：对应的名义本金总额为 85 亿美元，由 BAC 公司持有。

◆ 优先档：对应的名义本金总额为 8 亿美元，以合成型债务担保形式由分档投资者持有。

◆ 中间档：对应的名义本金总额为 4.9 亿美元，以合成型债务担保形式由分档投资者持有。

◆ 股权档：对应的名义本金总额为 2.1 亿美元，由 BAC 公司持有。

当对应的 100 亿美元标的物发生违约事件时，BAC 公司持有的 2.1 亿美元股权档将首先承担信用风险损失，当股权档完全被信用损失消耗殆尽之后，中间档和优先档的担保债务凭证投资者将承担减去回收率之后的信用损失。

（四）不同结构形式担保债务凭证的对比

以上介绍了现金型担保债务凭证、基于信用联结票据型担保债务凭证和结合信用违约互换的担保债务凭证的结构特征和案例。为了使读者更加清晰地区分三者之间的不同和各自独有的特性，我们将三种不同结构形式担保债务凭证的主要特征作如下归纳：

◆ 对发起方资产负债表的影响方面。现金型担保债务凭证会导致抵押资产从发起方资产负债表中剥离；其他两类合成型担保债务凭证均不会对发起方资产负债表中的对应资产产生影响，资产将仍然保留在资产负债表中。

◆ 在监管资本缓释方面。现金型担保债务凭证由于已将资产从发起方的资产负债表中剥离，发起方将达到释放监管资本的目的；基于信用联结票据型则需要根据是否满足某些监管条例或要求，来判定担保债务凭证能否释放监管资本；结合信用违约互换的担保债务凭证对于释放监管资本要求的作用则十分有限。

◆ 在融资方面。现金型和基于信用联结票据的担保债务凭证将对应票据或是信用联结票据卖给投资者，因此具备融资功能。对于结合信用违约互换的担保债务凭证，发起人可选择是否进行融资。在选择不进行融资的情况下，可将发起方与投资者看成信用违约互换的对手方，投资者定期收取信用违约互换点差。

◆ 与特殊目的机构的交易标的物方面。在现金型结构中，发起方将债务或债务等抵押资产卖给特殊目的机构。在结合信用联结票据和信用违约互换的担保债务凭证结构中，与特殊目的机构交易的资产分别是信用联结票据和信用违约互换。

十一、我国金融市场中的担保债务凭证是怎样的？

资产支持证券对应的基础资产类型包括住房抵押贷款、汽车贷款、优质信贷资产以及不良贷款等。下面给出一个结合信用违约互换的担保债务凭证运用案例。

【案例 6-12】 结合信用违约互换的担保债务凭证运用案例

2005 年 12 月，国开行发行了我国第一单信贷资产证券化产品，开启信贷资产证券化先河。该信贷资产支持证券的具体发行条款如下：

◆ 发起机构：国家开发银行。

◆ 发行人：中诚信托投资有限责任公司。

◆ 证券名称：2005 年第 1 期开元信贷资产支持证券。

◆ 分档：本期证券分为 3 档，分别为优先 A 档、优先 B 档和次级档。

◆ 发行总量：优先 A 档：29.24089 亿元。
优先 B 档：10.025448 亿元。
次级档证券：2.506362 亿元。

◆ 信用等级：优先 A 档：AAA 级。
优先 B 档：A 级。
次级档证券：未予评级。

◆ 发行方式：优先 A、B 两档证券采用公开招标方式发行。
次级档证券采用私募方式发行。

◆ 面值：人民币 100 元。

◆ 票面息率：优先 A 档，固定利率，票面息率根据招标结果确定。
优先 B 档：浮动利率，浮动基准为 1 年期定期存款利率（2006 年 7 月 1 日及 2007 年 1 月 1 日为基准利率调整日），票面息率为 1 年期定期存款利率 + 利差，利差根据招标结果确定。
次级档证券：无票面息率。

◆ 证券到期日：2007 年 6 月 30 日。

◆ 预期到期日：优先 A 档：2006 年 12 月 31 日。
优先 B 档：2007 年 6 月 30 日。
次级档证券：2007 年 6 月 30 日。

通过发行开元信贷资产支持证券，有助于国开行对自身资产负债表进行风险管理，实现金融资源的优化配置，同时发行信贷资产支持证券提升了国开行相关资产的流动性，丰富了银行流动性管理的手段。对于投资者来说，持有信贷资产支持证券增强了投资者的资产组合多样性，有助于风险的进一步分散化。另外，投资者还可根据自身风险承受能力，选择投资无须信用等级的分档，这有利于投资者提升组合收益。

第七章 汇率类结构化产品

本章要点

本章将介绍汇率类结构化产品。随着经济全球化进程的加快，众多跨国的金融交流催生了对汇率产品的大幅需求。在这样的背景下，汇率挂钩的结构化产品市场获得了迅速的发展。本章将首先探讨汇率类结构化产品的基本概念、发展状况、包含种类，进而对双货币票据和其他货币联结票据进行深入例证分析。我们还将比较国际市场和国内市场在发展汇率类结构化产品方面的不同思路，并就国内常见的汇率类结构化产品展开讨论。

一、汇率类结构化产品有哪些主要类型?

汇率类结构化产品是指产品的未来收益在一定程度上取决于汇率变化的金融工具。在形式上，汇率类结构化产品通常表现为债券或者票据。但是，汇率类结构化产品区别于普通的债券或者票据的主要之处在于，产品的未来利息支付或（和）本金收回都在一定程度上取决于特定的汇率的变化。因此，汇率类结构化产品通常可以分解为固定收益证券和汇率衍生工具这两个部分。其中固定收益证券的主要功能是给投资者提供一定程度的本金保护或（和）利息收入，而汇率衍生工具的主要功能是给投资者提供一定程度的外汇风险暴露，使投资者可以通过承担外汇风险而获得相对较高的预期收益。

汇率类结构化产品的构造基本上可以分为两类。第一类是双货币结构（Dual Currency Structures)。在双货币结构中，产品利息的计价货币不同于本金的计价货币。第二类是货币联结结构（Currency - Linked Structures)。具有货币联结结构的汇率类结构化产品通常包含某个外汇的远期或者期权，使得产品的利息收入或（和）本金赎回都受到汇率变动的影响，从而为投资者带来某个外汇的汇率风险暴露。在货币联结结构中，根据到期收益的计算方式，又可以把汇率类结构化产品细分为区间触发型汇率联结产品、区间累积型汇率联结产品、收益分享型汇率联结产品和联结一篮子的货币票据等各种类型。

在本章的后面内容中，将先后说明汇率类结构化产品的双货币结构和货币联结结构。在此基础上，通过对各个结构中的各个属性进行进一步的变化，还可以得到用以满足投资者个性化需求的各种汇率类结构化产品。

二、第一类汇率类结构化产品——双货币票据及其结构特征有哪些?

双货币票据（Dual Currency Notes）也被称为双货币债券，其主要特征是票据所产生的利息的计价货币不同于票据本金的计价货币。例如，美国的某家商业银行发行了一款双货币票据，票据利息的计价货币是英镑，但是票据的本金赎回则是用美元来计价。这个票据的主要发行对象是持有美元并想获得英镑汇率风险暴露的投资者。这些投资者通过该票据的交易，可以在一定程度上获得英镑汇率投资的机会。

自从双货币票据诞生以来，其市场得到了很大的发展。一般认为，最早的一批双货币票据创立在 1970 年前后，当时允许主要来自欧洲的投资者能够在外汇市场上建立头寸。随着这一概念在市场上的推广，资本市场产生了一系列创新应用，比如：

◆ 税负管理。双货币票据可以被分解为零息债券和一系列的附息债券（以不同的货币形式)，因此可以被利用来进行一系列税收方面的套利。

◆ 收入（Income）和资本利得（Capital Gain）的区别。双货币票据这一结构同样能够用来突破一些对于资本利得税收方面的限制。例如，在日本的保险法中，日本的保险人只能从投资的收入而不是资本利得中分红。而通常汇率的盈亏也算在资本利得中，因此一些通过货币的主动管理所获得的收益不能够分配给保险投资人。通过设立一个双货币票据，一些汇率的盈亏可以通过在现金流方面来体现，从而绕开了这个类型的限制。

◆ 高收益。类似的双货币票据结构创立之后能够在有限的外汇风险中产生一些高收益。比如在正向双货币结构中，外汇风险只存在于最后的本金中，而不是利息收入中。相反，在反向双货币结构中，外汇风险只存在于利息收入中，而不是在最后的本金中。

◆ 远期汇率的货币化。双货币结构票据的定价过程中事实上隐含着对远期汇率曲线的一个预估。

随着双货币结构作为收益增强机会的逐步消失，市场上又逐渐发展了一些替代的结构，包括：

◆ 可赎回的反向双票据结构。这一结构指的是在双货币票据中结合可赎回条款，具有了隐含的利率期权。

◆ 多货币利息结构或者具有隐含汇率期权的双货币结构。这种结构同样也意味着双货币结构中具有隐含的期权。这种结构的发行人被允许选择利息支付的货币，支付的利率在发行时就已经被确立。这种选择通常在两到多个货币中。

三、双货币票据如何满足投资者的投资需求?

双货币票据涉及两个货币，我们称之为一个货币对（Currency Pair）。投资者在投资于双货币票据时，通常是以货币对中的一种货币作为初始投资本金的计价货币，即基础货币。票据的未来现金流包括利息和本金这两部分。根据这两部分的计价货币是不是基础货币，可以将双货币票据细分为正向双货币票据和反向双货币票据。下面以一个持有美元的投资者为例来解释这两种票据的含义。

◆ 正向双货币票据。持有美元的投资者投资于正向双货币票据，相当于用美元作为初始投资资金，即美元是基础货币；此外，该投资者在未来获得的利息也是以美元计价的利息。但是，在票据到期时，该投资者收回的票据面额则是以美元之外的货币计价的。这种利息计价货币与基础货币相一致的双货币票据就是正向双货币票据。

◆ 反向双货币票据。持有美元的投资者投资于反向双货币票据时，同时是以美元作为初始投资资金，即美元是基础货币。而且，在票据到期时，投资者收回的票据面额也是以美元计价的，但是，在票据存续期间所产生的利息却是以美元之外的货币进行计价。这种利息计价货币不同于基础货币的票据就是反向双货币票据。

可以看到，在正向双货币票据中，汇率风险主要集中于票据未来现金流的尾端。相反，在反向双货币票据中，汇率风险则较为均匀地分散在票据未来现金流发生的各个阶段。

在本质上，双货币票据包含了两个基本资产：一个是普通的债券；另一个是货币互换合约。货币互换合约的主要功能就是将票据的利息或者本金赎回转变为相应的外币。

案例 7－1 展示了一款以美元和英镑作为货币对的正向双货币票据。

【案例 7－1】 正向双货币票据

英国的某金融机构发行了一款正向双货币票据，发行的对象是持有英镑并且希望获得美元汇率风险暴露的投资者。票据的主要条款如下：

◆ 发行人：AA 评级的金融机构。

◆ 期限：5 年。

◆ 投资本金：10 亿英镑。

◆ 票面息率：3.24%（英镑计价，每年支付）。

◆ 本金偿付：12.825 亿美元。

根据这些条款可以看出，投资者做了一笔英镑投资，获得了以英镑计价的利息。然而，投资者获得的本金偿还却是用美元来计价的。案例中的双货币票据的票面息率为 3.24%，比相同期限的其他英镑票据的票面息率高 100～150 个基点。最后的本金偿付为 12.285 亿美元，隐含着 GBP/USD 1.2825 的汇率水平，而票据发行时的市场即期汇率水平是 1.2328。

案例 7－1 中的双货币票据是针对持有英镑的投资者发行的。对这些投资者而言，票据的风险—收益特征表现为如下三点：

◆ 投资者在利息收入方面将没有外汇风险敞口，因为投资者获得利息是以英镑来计价的。

◆ 投资者的外汇风险敞口集中在票据的本金赎回上。

◆ 为了弥补投资者所承担的外汇风险，票据的票面息率高于同期限其他票据的票面息率。

在未来不同的汇率走势下，双货币票据的投资者将有着不一样的收益水平。在表 7－1 中，我们对该双货币票据的收益情况进行了情景分析。其中，实际收益率是根据债券的现金流而计算出来的内部收益率。从表7－1中可以看到：

◆ 如果在最后到期日，英镑的汇率收敛在票据发行条款的隐含汇率水平的话，那么投资者的实际收益水平为 3.24%。

◆ 如果投资者用外汇远期合约将英镑的远期汇率水平锁定在 1.3234，则到期时，本金交割获得的美元在转换成英镑时，转换的汇率是 1.3234 美元/英镑，由此而计算出来的实际收益率则是 2.65%。在这种情况下，投资者完全对冲了英镑的汇率风险，使得最终的投资结果几乎等同于投资一个完全以英镑计价的普通票据或债券。

◆ 如果到期时英镑的汇率水平维持在票据发行时的英镑汇率水平，那么投资者获得的实际收益水平将达到 3.98%。

◆ 如果美元以每年 2% 的水平持续贬值，那么投资者最后获得的英镑本金将变相减少，这种情况下投资者获得的实际收益水平仅为2.13%。

表7-1　双货币票据收益情况的情景分析

双货币票据			情景一：隐含的汇率水平		情景二：远期汇率水平	
期限（年）	本金和利息（£）	本金返还（$）	GBP/USD	债券现金流（£）	GBP/USD	债券现金流（£）
0	-1 000 000 000			-1 000 000 000		-1 000 000 000
1	32 400 000			32 400 000		32 400 000
2	32 400 000			32 400 000		32 400 000
3	32 400 000			32 400 000		32 400 000
4	32 400 000			32 400 000		32 400 000
5	32 400 000	1 282 500 000	1.2825	1 032 400 000	1.3234	1 001 494 756
			实际收益率	3.24%	实际收益率	2.65%
双货币票据			情景三：初始的汇率水平		情景四：美元每年2%贬值	
期限（年）	本金和利息（£）	本金返还（$）	GBP/USD	债券现金流（£）	GBP/USD	债券现金流（£）
0	-1 000 000 000			-1 000 000 000	1.2328	-1 000 000 000
1	32 400 000			32 400 000	1.2575	32 400 000
2	32 400 000			32 400 000	1.2826	32 400 000
3	32 400 000			32 400 000	1.3083	32 400 000
4	32 400 000			32 400 000	1.3344	32 400 000
5	32 400 000	1 282 500 000	1.2328	1 072 714 731	1.3611	974 645 104
			实际收益率	3.98%	实际收益率	2.13%

从以上分析可以看到，双货币票据的收益率溢价主要来自票据本身隐含的货币远期价值。在案例7-1中，在远期市场，美元相对于英镑来说有个较大的贬值预期（远期英镑的报价为1.3234美元，即期英镑的报价为1.2328美元）。因为票据的本金收回是以美元计价的，且额度是固定的，所以投资者在票据到期时有比较大的可能将不能全额收回初始投资的英镑本金。在此情况下，票据的票面息率必须高于市场同期票据的票面息率，才能满足投资者的需求。

另一方面，正向双货币票据中隐含了一个英镑远期合约，远期汇率为1.3234美元/英镑。这个英镑远期合约是投资者预期的反映，投资者认为当前的远期利率过分低估了未来美元相对于英镑的贬值预期。因此，如果说未来美元兑英镑贬值不及预期（如情景三，货币汇率水平维持当前值不变），则投资者可以获得超额的达到3.98%的实际收益率。但如果说未来美元兑英镑贬值超过预期（如情景四），最后1.3611的汇率水平甚至低于初始的远期汇率 1.3234，则投资者的实际收益率就降低到 2.13%。

案例 7－2 展示了一款以澳元和日元为货币对的反向双货币票据。

【案例 7－2】 反向双货币票据

◆ 发行人：AA 评级的金融机构。

◆ 期限：10 年。

◆ 投资本金：200 亿日元。

◆ 票面息率：年化 8% 的票面息率，但通过澳元来支付。利息支付的本金基础为 169 491 525 澳元（是基于发行时候的 1 澳元兑换 118 日元的汇率水平来折算），相当于每年的现金流为 13 559 322 澳元。

◆ 本金偿付：200 亿日元。

这款反向双货币票据的发行对象是持有日元并想获得澳元汇率风险暴露的投资者，其风险特征可以概括为：

◆ 投资者在票据本金上没有汇率风险敞口。

◆ 投资者获得了一个高于同类可比票据的票面息率。

◆ 投资者的主要汇率风险敞口发生在利息收入上。

表 7－2　　反向双货币票据收益情况的情景分析

反向双货币票据			情景一：稳定的汇率水平		情景二：远期汇率水平		情景三：5%的持续贬值	
期限（年）	本金（亿日元）	利息（澳元）	汇率	债券现金流（日元）	汇率	债券现金流（日元）	汇率	债券现金流（日元）
0	－200		118.00	－20 000 000 000	118.00	20 000 000 000	118.00	20 000 000 000
1		13 559 322	118.00	1 600 000 000	109.35	1 520 000 000	112.10	1 520 000 000
2		13 559 322	118.00	1 600 000 000	101.55	1 444 000 000	106.49	1 444 000 000
3		13 559 322	118.00	1 600 000 000	94.23	1 371 800 000	101.17	1 371 800 000
4		13 559 322	118.00	1 600 000 000	86.94	1 303 210 000	96.11	1 303 210 000
5		13 559 322	118.00	1 600 000 000	81.27	1 303 210 000	91.30	1 303 210 000
6		13 559 322	118.00	1 600 000 000	75.85	1 238 049 500	86.74	1 238 049 500
7		13 559 322	118.00	1 600 000 000	70.84	1 176 147 025	82.40	1 176 147 025
8		13 559 322	118.00	1 600 000 000	65.48	1 117 339 674	78.28	1 117 339 674
9		13 559 322	118.00	1 600 000 000	60.89	1 061 472 690	74.36	1 061 472 690
10	200	13 559 322	118.00	21 600 000 000	56.39	20 957 979 103	70.65	20 957 979 103
		收益兑现	8.00%		5.79%		6.39%	

案例中的反向双货币票据提供的票面息率高于同类可比票据的票面息率，高出部分主要来源于票据中含有的汇率远期的价值。这与正向双货币票据是类似的。在表 7－2中，我们对这款反向双货币票据的收益情况进行了情景分析，由此可以在一定程度上了解该票据的风险—收益特征。在表 7－2 中，情景一中的汇率水平与情景二中的

汇率水平相比有将近221个基点的差异。导致这个差异的主要原因是远期澳元有比较强的贬值预期。反向双货币票据的投资者认为这样的远期汇率贬值幅度过大，严重偏离了常规情况，澳元在未来将不贬值到目前的远期汇率所示的水平。所以，投资者通过反向双货币票据来货币化这个预期，也就是说，当投资者的预期在未来变成现实时，投资者将从该反向票据中获得相对较高的投资收益。正如三个情景分析的结果所示，如果汇率维持不变，投资者可以获得8%的收益，但如果汇率在最后到期日和开始时的远期汇率价格一样，则相当于当时购买了一个日元定价的普通票据，实际收益率也是同类产品的5.787%。而只要汇率下滑不及预期，例如在情景三中，则最后的收益率水平为6.39%，高于情景二的5.787%。

四、发行人如何对双货币票据进行定价和风险对冲?

与所有的结构化产品一样，双货币票据的构造通常是以目标投资者的外汇风险暴露需求为基础的。在向这些投资者发行了双货币票据之后，作为投资者的对手方，发行人也承担了双货币票据的外汇风险。为了管理和对冲这部分外汇风险，发行人通常会运用多种多样的方式来对冲该风险。在本部分，我们将介绍发行人如何利用金融衍生工具来对冲其所发行的双货币票据的风险。

在结构化产品的定价和风险管理部分，我们已经介绍了无套利定价法。其基本思想是用现有的基础金融工具和衍生金融工具的某个组合来复制某个结构化产品的收益情况，使得组合的风险—收益特征与结构化产品的风险—收益特征几乎保持一致。在此基础上，就可以得到结构化产品的价格，那就是复制组合的价值；也得到了结构化产品的风险对冲方法，那就是根据结构化产品的头寸情况而在复制组合上做一个相反的头寸。

发行人在给双货币票据进行定价和风险对冲时，就可以使用上述的无套利定价法。具体而言，为了给双货币票据进行定价和风险对冲，发行人可能使用到的金融衍生工具通常包括外汇互换和利率互换，也有可能是一系列的外汇远期合约。

例如，对于英镑/美元正向双货币票据发行（利息用英镑支付，本金用美元支付），发行人将建立一个长期外汇远期合约来对冲美元敞口，创造出一个合成的英镑负债。在反向双货币票据结构的发行中（利息用澳元支付，本金用日元支付），发行人将使用一系列的澳元/日元衍生工具来对冲澳元的利息，从而创造出日元的负债结构。

下面分别以上述的英镑/美元正向双货币结构和澳元/日元反向双货币结构的两个案例来说明他们的对冲机制。

【案例7-3】 发行人如何对冲正向双货币票据的风险

投资银行B设计了一款以英镑/美元为货币对的正向双货币票据，并由某个AA级的金融机构充当发行人。票据的基本条款如下：

◆ 发行人：AA 级的金融机构。

◆ 期限：5 年。

◆ 投资本金：10 亿英镑。

◆ 票面息率：3.24%（英镑计价，每年支付）。

◆ 偿还本金：12.825 亿美元（用美元支付）。

发行人希望能够将该票据中风险完全对冲掉，同时希望通过发行该票据而获得低于美元 LIBOR 的融资利率。因此，发行人与投资银行 B 签订了一个结构化的货币互换产品，约定以下条款：

◆ 在票据发行结束之后，发行人将发行票据所融入的 10 亿英镑给投资银行 B，并从投资银行 B 那里换回 12.328 亿美元（基于发行当时的汇率 1.2328 美元/英镑）。

◆ 在整个交易周期内，发行人基于美元的 6 个月期 LIBOR 减去一个贴水折价的利率，每半年向投资银行 B 支付一次美元利息，并相应地获得3 240万英镑的利息，用来当作票据的利息支付给票据的投资者。

◆ 在票据到期时，发行人支付 12.328 亿美元给投资银行 B，同时从投资银行 B 中获得 12.825 亿美元用来偿还票据投资者的本金。在这时，发行人与投资银行 B 交换都是美元，所以通常通过轧差并进行净额结算。

通过以上交易，发行人将票据的风险完全转移给了投资银行 B。投资银行 B 如果需要对冲其所承担的风险，可以在金融市场中进行进一步的对冲操作。这时通常也需要用到利率类和汇率类的衍生工具。下面给出一种方法，同时运用了货币远期合约和利率互换合约：

◆ 在外汇市场中建立一个美元/英镑的长期限的远期合约（Long Term Foreign Exchange, LTFX），期限为 5 年，以远期汇率 1.3234 美元/英镑买入 12.825 亿美元，用以正向双货币票据到期时对发行人的支付。

◆ 在利率市场中建立一个常规的英镑固定利率对美元 LIBOR 的利率互换合约，约定投资银行支付利率为美元 6 个月期 LIBOR 减去一个贴水折价的美元浮动利息，并获取利率为 3.08% 的、按年支付的英镑固定利息。

【案例 7-4】 发行人如何对冲反向双货币票据的风险

投资银行 B 被要求给一个以日元和澳元为货币对的反向双货币票据的互换进行定价，涉及的主要发行细则有：

◆ 发行人：AA 级的金融机构。

◆ 期限：10 年。

◆ 投资本金：200 亿日元。

◆ 票面息率：8% 的票面息率，用澳元支付每年支付一次。票面息率计算基于

169 491 525澳元的本金（汇率按照1澳元兑换118日元计算），相当于每年支付澳元利息13 559 322澳元。

◆ 偿还本金：200亿日元。

发行人希望能够从上述反向双货币票据的交易中对外汇风险敞口进行免疫，并希望借此产生一个低于美元LIBOR的借贷成本结构。于是银行B与之进入一个结构化的外汇掉期产品中，指定：

◆ 在交易发生日，发行人支付200亿日元给银行B，相应地能获得129 726 924.8美元（基于发行当时的外汇汇率1美元兑154.17日元）。

◆ 在整个交易周期内，发行人A基于6个月的美元LIBOR减去一个贴水折价的利率，每半年支付利息，并相应地获得13 559 322澳元利息，刚好就是给债券投资者的利息支付。

◆ 在交易最后结束时，发行人反过来支付129 726 924.8美元给银行B，同时从银行B中获得200亿日元用来支付最后反向双货币票据本金的偿还。

而银行B相当于在这个外汇掉期产品中也承担了外汇风险，将采用一系列衍生工具交易来对冲这个风险：

◆ 进入一个传统的利率互换（收取5.78%的日元利息，并支付美元6个月的浮动利率LIBOR－贴水）。

◆ 一系列的澳元/日元LTFX合约用以出售115.6亿日元，并购买相应的澳元。

从银行B的角度来说，整个对冲和现金流的结构见表7－3和表7－4。

表7－3

互换收取端		日元/美元 互换协议		净现金流	
		日元年化 5.78% 收益	美元年化 LIBOR 支付	日元	澳元
美元	－129 726 925	－20 000 000 000	129 726 925		
美元	LIBOR－贴水	1 156 000 000	LIBOR－贴水	1 156 000 000	－13 559 322
美元	LIBOR－贴水	1 156 000 000	LIBOR－贴水	1 156 000 000	－13 559 322
美元	LIBOR－贴水	1 156 000 000	LIBOR－贴水	1 156 000 000	－13 559 322
美元	LIBOR－贴水	1 156 000 000	LIBOR－贴水	1 156 000 000	－13 559 322
美元	LIBOR－贴水	1 156 000 000	LIBOR－贴水	1 156 000 000	－13 559 322
美元	LIBOR－贴水	1 156 000 000	LIBOR－贴水	1 156 000 000	－13 559 322
美元	LIBOR－贴水	1 156 000 000	LIBOR－贴水	1 156 000 000	－13 559 322
美元	LIBOR－贴水	1 156 000 000	LIBOR－贴水	1 156 000 000	－13 559 322
美元	LIBOR－贴水	1 156 000 000	LIBOR－贴水	1 156 000 000	－13 559 322
美元	LIBOR－贴水	1 156 000 000	LIBOR－贴水	1 156 000 000	－13 559 322
美元	129 728 814	20 000 000 000	－129 728 814		

表 7－4

期限（年）	净现金流		零息债券收益率		LTFX 汇率	净现金流	现值
	日元	澳元	日元	澳元		澳元	日元
0					118.0000		
1	1 156 000 000	－13 559 322	6.840%	15.290%	109.3514	－2 987 896	－2 591 635
2	1 156 000 000	－13 559 322	6.720%	15.040%	101.5491	－2 175 661	－1 643 969
3	1 156 000 000	－13 559 322	6.590%	14.890%	94.229	－1 291 340	－851 518
4	1 156 000 000	－13 559 322	6.340%	14.780%	86.9368	－262 309	－151 129
5	1 156 000 000	－13 559 322	3.290%	14.520%	81.2713	664 637	337 425
6	1 156 000 000	－13 559 322	6.250%	14.370%	75.8548	1 680 325	750 794
7	1 156 000 000	－13 559 322	6.180%	14.210%	70.8357	2 760 135	1 088 934
8	1 156 000 000	－13 559 322	6.020%	14.120%	65.4772	4 095 670	1 423 741
9	1 156 000 000	－13 559 322	5.910%	13.990%	60.8855	5 427 134	1 670 205
10	1 156 000 000	－13 559 322	5.840%	13.950%	56.3945	6 939 118	1 880 014
						净现金流	1 912 861

可见，从银行 B 的角度来说，通过和发行方 A 的互换协议，它在现金流方面也存在着汇率风险敞口，通过利用 LTFX 协议来覆盖这部分风险，但在澳元/日元的贬值预期下，银行端的现值在早期是负值，但在后期将带来净现金流的流入，总体来看仍是一个正的现金流流入。

五、第二类汇率类结构化产品——以指数货币期权票据（ICON）为代表的货币联结票据有哪些?

双货币票据代表的是汇率类结构化产品中特殊的一类。除此之外，其他的货币联结票据还具有很多结构，但主要性质都是让利息或者本金的价值挂钩于某一汇率水平。这种联结机制类似于此前谈到的利率联结产品。

除了标准的结构化票据形式以外，市场上还出现了隐含有汇率风险头寸的复杂债券，例如：

◆ 借贷者先安排一个固定利率的融资结构，例如期限锁定在 5 年。

◆ 同时，借贷者进入一个互换合约：和另一个对手方约定，借贷者将收取一个融资货币的固定利率（假定以美元融资），但支付另一个货币的浮动利率（假定是日元），年化利率有一定的折价。

◆ 在接下来的第一个利率重置日，对手方都有一个期权，可以选择按照日元的浮动利率来收取利息，或者用美元的浮动利率来收取利息。

在第三步需要留意的是，对手方一旦选择执行这一权利，比如说收取美元的浮动利率，就将在以后的所有付息中收取美元的浮动利率，而不能又切换回日元浮动利率的结构中。

这种结构事实上是在货币互换中隐藏了一个日元的看跌期权（或者说是美元的看涨期权）。借贷者是这个期权的卖方。作为借贷者可以通过这样的方式来降低融资成本。这种安排的一个特别之处在于这个期权将变得非常复杂，特别是两个货币的支付额事实上都依赖于相应的日元和美元利率水平。

如果这种结构再衍生出一些变化，例如不是在第一个利息重置日，而是在每一个利息重置日对手方都可以具有一个独立的、单独的期权，这就意味着借贷者创造出一系列的，而不是一个单独的期权。

市场上的调研发现，这些交易更多的是由发行方驱动，而不是投资者的需求驱动，毕竟不少投资者会认为这种结构过于复杂。但很明显，发行方可以通过增加更多汇率方面的风险敞口，来进一步降低其借贷的融资成本。

在这些复杂的货币联结票据中，比较流行并且能够比较好地体现其结构化特征的当属指数货币期权票据（Indexed Currency Option Notes，ICON）。ICON 是这样一个结构，它在包含一个固定利息的票据结构的同时，也拥有一个货币的期权。

最初的 ICON 的发行人是日本的长期信用银行。ICON 发行人给予投资者一个较通常更高的票面息率，但投资者的代价是要赋予发行人一个货币的选择期权，相当于一个欧式的 10 年期美元看跌期权（或者是日元的看涨期权），触发价在 169 日元兑 1 美元的价位上。

很显然，如果日元相对于美元非常强势，日元/美元下行突破了 169 日元/1 美元的阈值的话，投资者将承受损失，即本金偿还额度不及投资额。但相反如果日元相对于美元的升值比较温和，没有突破 169 日元/1 美元，则投资者可以在获得等量的本金偿还的同时，享受到高票息的好处。

对于发行方日本长期信用银行来说，很可能又出于减少其融资成本的目的，将该债券中隐含的期权费剥离出来，或者说证券化后出售给一个金融中介，比如说交易的发起者或者协助发行机构。期权的购买者或会补偿给发行方一笔前端费用，可以帮助发行方降低成本。

【案例 7－5】 指数货币期权票据

该指数货币期权票据由 BT 信托公司为日本长期信用银行发行，发行额度为 1.2 亿美元，发行期限是 10 年期，票面息率为 11.50%。

该债券最后的本金偿还挂钩于日元/美元的汇率水平。如果日元升值超过 169 日元/1 美元时，则本金偿还额度 R 可以表示为：

$$R = \$120\,000\,000 \times \left[1 - \frac{(169 - S)}{S}\right]$$

其中，R是以美元计价的本金偿还额度，而S是最后到期日的日元/美元汇率报价。

如果到期时日元汇率比169日元/1美元更弱的话，则投资者将会收到债券的面值偿还。

在上述结构中，日本长期信用银行给出了一个较高的11.50%的固定利率作为借贷成本，但它可以通过美元的利率互换合约，转化为一个实际低于通常LIBOR的浮动利率来。这个折价甚至可能达到45到50个基点左右。从效果上来说，互换合约的作用相当于将该ICON中隐含的汇率期权头寸给剥离出来，进而证券化成产品，以便于将该成本转嫁出去。

首先给出一些情景假设：

◆ 10年期的美国国债收益率在10.50%。

◆ 10年期的日元国债收益率在6.50%。

◆ 在1985年11月即该ICON发行之时，日元/美元汇率为202日元/1美元。

则这个期权头寸的证券化步骤如下：

BT信托公司对应发行了一个242.40亿日元的债券（按照ICON面值1.2亿美元和当时202日元/1美元汇率来折算），给出的融资利率是6.65%，高于当前风险收益，同时将募得的这笔资金在汇率市场换成1.2亿美元，去匹配长期信用银行的债券总额。而这笔美元放贷给对手方，利息是10.70%。

很显然，未来BT信托公司将面临用该ICON的本金偿还去还日元债券的风险，最差的情况是汇率在169日元/1美元，因为这意味着BT信托公司只收取到202.8亿日元，但要还贷242.4亿日元，差额为39.6亿日元，分摊到每年差不多是2.93亿日元。也就是说，BT公司不仅要对冲日元债券的利息（242.20亿面值6.65%收益率下得到的16.10163亿日元），还要加上这个2.93亿日元，总共是每年19.04亿日元左右。

如果是在一个日元强劲升值的预期下，假定未来的远期汇率水平见表7-5。

表7-5　远期汇率水平

期限（年）	远期汇率
1	194.6878
2	187.6400
3	180.8476
4	174.3013
5	167.9918
6	161.9110
7	156.0500
8	150.4010
9	144.9560
10	139.9560

在这种情况下，从BT信托公司端看到的现金流状况见表7-6。

表7-6　　现金流状况

期限（年）	日元债券的利息（日元）	极端情况日元本金缺口摊销（日元）	按远期汇率折算回来的美元支出（美元）	对手方支付的美元收入（美元）	盈利（美元）
0	6.65%	202	120 000 000	10.70%	
1	1 611 960 000	293 454 573	9 787 026	12 840 000	3 052 974
2	1 611 960 000	293 454 573	10 154 629	12 840 000	26 853 781
3	1 611 960 000	293 454 573	10 536 024	12 840 000	2 303 976
4	1 611 960 000	293 454 573	109 831 729	12 840 000	1 908 271
5	1 611 960 000	293 454 573	11 342 307	12 840 000	1 497 693
6	1 611 960 000	293 454 573	11 768 284	12 840 000	1 071 716
7	1 611 960 000	293 454 573	12 210 282	12 840 000	629 718
8	1 611 960 000	293 454 573	12 668 896	12 840 000	171 104
9	1 611 960 000	293 454 573	13 144 779	12 840 000	-304 779
10	1 611 960 000	293 454 573	13 638 443	12 840 000	-798 443
			按10.50%美元利率折现率折算		25 564 688

从现金流量表中可以看到，如果在日元强劲升值的预期下，但不过分强劲升值，且能保持在大多数情况下有一个年度盈利的情况，只要当日元升值幅度过大，年度盈利才为负。而按照10.50%的无风险收益率折算，相当于有一个0.25亿美元的现金流在10年后流入，又可以摊销在10年中，每年有156万美元的额度流入。

这个额度可以用来降低ICON发行方日本长期信用银行的成本，比如原成本是每年利息1 380万美元（1.2亿美元的11.50%年利率），如果计入这个156万美元的年度净流入，则实际的融资利息为1 224万美元，实际的融资利率为10.20%，事实上比当前的无风险利率10.50%还要低。当然，这是在所有的额度流入都计入ICON发行方——日本长期信用银行的假设下，事实上这种情况不太可能发生，一部分将留存到BT信托公司的层面。

在以上结构中，事实上是对投资者在169日元/1美元的期权进行了定制，但期权性质意味着ICON票据的投资者在本金偿还方面，仅在日元升值超过预期时承担亏损，但不能在日元升值不及预期时获取收益。

下面考虑另一个IBM发行的“Heaven and Hell”票据的案例。

【案例7-6】 IBM的“Heaven and Hell”的票据

Heaven and Hell票据（以下简称HH票据）的首次发行是由野村国际联合IBM信用公司发行的。IBM想要发行一个5 000万美元为期10年期的债券，最后到期日为1995年12月4日。为了招徕投资者，IBM给出了一个相当诱人的年化10.75%的票面息率，用美元支付，相当于高出美国国债收益率 84 个基点。在此前一笔可比较的债券发行中，IBM 只是支付了比无风险收益率高 14 个基点的幅度，毕竟 IBM 的信用等级很高。高收益率的背后则要求投资者接受本金偿还额度挂钩于一定的汇率水平：

$$R = \$50\ 000\ 000 \times \left[1 + \frac{(169 + S)}{S}\right]$$

其中，R 代表最后偿还的美元总数，而 S 对应着 1995 年 11 月 21 日（接近于票据最后到期日）的日元/美元的汇率水平。很显然，和案例 7－5 的传统 ICON 票据相比，这样的设定使得投资者可能在日元强劲升值、超过 169 日元/1 美元时承担亏损，但也能在日元温和升值、不超过 169 日元/1 美元时有所盈利，而且如果日元/美元汇率届时高于 84.5 日元/1 美元，根据公式可以计算出投资者将得不到任何本金的返还。

同样，IBM 也将其中的汇率头寸通过野村国际来证券化并相应得到部分收益，从而降低融资成本。对于野村国际来说，这个发行结构相当于是在传统的票据中隐含了一个汇率远期，他们需要通过发行相关的债券来对冲掉这个可能的外汇风险。

首先我们给出一些情景假设：

◆ 10 年期的美国国债收益率在 10.00%。

◆ 10 年期的日元国债收益率在 6.50%。

◆ 在 HH 票据发行之时日元/美元汇率为 204.25 日元/1 美元。

这个远期头寸的证券化步骤如下：

野村国际对应发行一个 102.125 亿日元的债券（按照 HH 票据面值 5 000 万美元和当时 204.25 日元/1 美元汇率来折算），给出的融资利率是 6.70%，高于当前无风险收益，同时将募得的这笔资金在汇率市场换成 5 000 万美元，去匹配 IBM 信用公司的债券总额。这笔美元在对手方放贷可以收回 10.25% 的年利率。

很显然，在最后到期日，野村国际将在 169 日元/1 美元的汇率水平将该 5 000 万美元转化为日元，也就意味着将有 84.5 亿日元，但要匹配 HH 票据 102.125 亿日元的本金偿还，将留下 17.625 亿日元的缺口，在无风险利率 6.50% 的折算比例下，摊销到每年将近是 1.3 亿日元，加上原日元债券每年 6.84 亿日元的利息（102.125 亿日元以 6.70% 的利率计算），总共是 8.14 亿日元的水平。

如果是在一个日元强劲升值的预期下，假定未来的远期汇率水平如表 7－7 所示。

表 7－7　　远期汇率水平

期限（年）	远期汇率
1	197.751
2	191.459
3	185.367
4	179.469

续表

期限（年）	远期汇率
5	173.759
6	168.230
7	162.877
8	157.695
9	152.677
10	147.819

在这种情况下，来看从野村国际端看到的现金流状况（见表7－8）。

表7－8　　现金流状况

期限（年）	日元债券的利息（日元）	最后日元的本金缺口摊销（日元）	按远期汇率折算回来的美元支出（美元）	对手方支付的美元收入（美元）	盈利（美元）
0	6.70%	204.25		10.25%	
1	684 237 500	130 609 517	4 120 571	5 125 000	1 004 429
2	684 237 500	130 609 517	4 255 987	5 125 000	869 013
3	684 237 500	130 609 517	4 395 858	5 125 000	729 142
4	684 237 500	130 609 517	4 540 322	5 125 000	584 678
5	684 237 500	130 609 517	4 689 524	5 125 000	435 476
6	684 237 500	130 609 517	4 843 649	5 125 000	281 351
7	684 237 500	130 609 517	5 002 837	5 125 000	122 168
8	684 237 500	130 609 517	5 167 234	5 125 000	－42 234
9	684 237 500	130 609 517	5 337 065	5 125 000	－212 065
10	684 237 500	130 609 517	5 512 465	5 125 000	－387 465
			按10.00%美元利率折现率折算		7 291 912

从现金流量表中可以看到，如果在日元强劲升值的预期下，但不过分强劲升值，且能保持在大多数情况下有一个年度盈利的情况，只有当日元升值幅度过大，年度盈利才为负。而按照10%的无风险收益率折算，相当于有一个729万美元的现金流在10年后流入，又可以摊销在10年中，每年有45.75万美元的额度流入。

这个额度可以用来降低IBM在发行前端的成本，比如原成本是每年利息537.5万美元（5 000万美元的10.75%年利率），如果计入这个45.75万美元的年度净流入，则实际的融资利息为491.75万美元，实际的融资利率为9.835%，事实上比当前的无风险利率10.00%还要低。

从以上两个案例可以总结出指数货币期权票据的主要特点，就是将本金的偿还额度挂钩于某一货币汇率的走势，从而提供一定的高票面息率。而进一步，在其中的货币头寸价格又被抽离出来，用以降低整体的融资成本。这可以视为是指数货币期权票据的通用特点。

六、基于 ICON 的结构特征可以做哪些新的变化？

前面介绍了指数货币期权票据的基本构造，这种通过在传统票据中引入汇率风险头寸进而将其剥离证券化予以出售，反过来减少融资成本的结构化方法在各个方面得到了进一步衍生和应用。比如说：

◆ 支付额度的变动不仅仅集中于本金中，而是衍生到每一期的利息支付中，相当于创造了一系列的汇率期权或汇率远期。

◆ 区间票据，其中支付额度只在利率水平浮动超过一个特定的区间后，才开始关联于汇率水平并开始浮动。

◆ 在双货币票据结构的发行中包含以上特性。

◆ 本金支付额度的变化不只是关联于汇率水平，同时也关联于利率水平。

这些 ICON 的变体主要在日本交易者之间盛行，被日本的各大证券公司大力开发并推行，我们可以从一个经典案例中来看看它们的应用情况。

【案例 7－7】 本金额度可变动的反向双货币票据

在 1986 年的 4 月 15 日，奥地利控管银行（Oesterreichische Kontrollbank，OKB）发行了一个 200 亿日元、本金额度可变动的债券，期限为 10 年期，票面息率为每年 8%，用日元支付。而本金偿还使用美元支付，额度按照以下公式来测算：

$$R = \$114\ 155\ 252 \times \left[1 + \frac{(S - 169)}{S}\right]$$

其中，R 代表最后偿还的美元总数，而 S 对应着票据最后到期日的日元/美元的汇率水平。很显然，这里面隐含的是一个汇率远期的头寸，如果汇率届时高于 84.5 日元/1 美元，根据公式可见投资者将得不到任何本金的返还。

同一段时间，野村证券也协助法国对外贸易银行（Banque Francaise du Commerce Exterieur，BFCE）发行了一个反向双货币票据。这笔票据的票面息率为 7.50%，以固定汇率 179 日元/1 美元来支付。而本金偿还将用日元支付，当汇率水平高于 84.5 日元/1 美元，将以票面金额返还；但当汇率水平低于 84.5 日元/1 美元以下时，则将以低于票面金额偿还。

这两家银行的这两个票据都打包给野村证券，由其协助发行，同时这两个票据的发行中所隐含的汇率头寸也可以都由野村证券来加以证券化。

衍生工具对冲机制如下：

OKB 和 BFCE 都是发行了一个 200 亿日元的票据，但二者互为补充，因为 OKB 最后的本金偿还是美元支付，而 BFCE 是日元支付；相反，OKB 的利息支付是日元，但 BFCE 是美元支付。因此，野村证券可以将二者撮合起来，做一个结构化上的对冲。

首先给出一些情景假设：

◆ 10 年期的日元国债收益率为 6.50%。

◆ 10 年期的美国国债收益率为 8.50%。

◆ 在两个产品发行之时日元/美元汇率为 175.2 日元/1 美元。

可以看到，日元和美元的无风险利率之间存在着利差，但日元存在着一个较为强烈的升值预期，二者因素综合考虑，在一定的汇率结构下仍存在着一定的套利机会。假定未来的远期汇率水平如表 7 – 9 所示。

表 7 – 9　　远期汇率水平

期限（年）	远期汇率
1	171.970
2	168.800
3	165.650
4	162.630
5	159.640
6	159.690
7	153.810
8	150.970
9	148.190
10	147.819

在这种情况下，我们来分析野村证券在 BFCE 和 OKB 两端得到的现金流匹配情况。

首先，假定 BFCE 向野村借贷美元，支付给野村是 8.30% 的美元固定利率（低于美元无风险利率），每年给野村 9 474 886 美元，而野村为 BFCE 发行的反向双货币票据，实际上是募资日元，给出了 7.50% 的利率（高于日元无风险利率），但实际转换为美元的利息是 8 379 888 美元，相当于每年野村从这笔对等交易中就能获取到 1 094 998美元。

在 OKB 端的利润则是浮动的，仍然以美元计价，假设 OKB 支付给野村也是每年 8.30% 美元的利率，相当于 9 474 886 美元，而野村为其发行的票据，固定是每年 16 亿日元的利息，要按照一定的远期汇率水平折算成美元（见表 7 – 10）。

表 7 – 10

期限（年）	OKB 票据支付的日元利息（日元）	对应的 OKB 票据支付的美元利息（美元）	给 OKB 融资时的美元利息（美元）	对手方支付的美元收入（美元）
1	1 600 000 000	9 303 949	9 474 886	170 937
2	1 600 000 000	9 478 673	9 474 886	– 3 787

续表

期限（年）	OKB票据支付的日元利息（日元）	对应的OKB票据支付的美元利息（美元）	给OKB融资时的美元利息（美元）	对手方支付的美元收入（美元）
3	1 600 000 000	9 656 588	9 474 886	-181 702
4	1 600 000 000	9 838 283	9 474 886	-363 397
5	1 600 000 000	10 022 551	9 474 886	-547 665
6	1 600 000 000	10 211 551	9 474 886	-736 665
7	1 600 000 000	10 402 445	9 474 886	-927 559
8	1 600 000 000	10 598 132	9 474 886	-1 123 246
9	1 600 000 000	10 796 950	9 474 886	-1 322 064
10	1 600 000 000	10 999 588	9 474 886	-1 524 702

比较从OKB和BFCE两端的现金流匹配，可以得到净现金流（见表7-11）。

表7-11　　现金流状况

期限（年）	从BFCE端获取的收益（美元）	从OKB端获取的收益（美元）	净盈利（美元）
1	1 094 998	170 937	1 265 935
2	1 094 998	-3 787	1 091 211
3	1 094 998	-181 702	913 296
4	1 094 998	-363 397	731 601
5	1 094 998	-547 665	547 333
6	1 094 998	-736 665	358 333
7	1 094 998	-927 559	167 439
8	1 094 998	-1 123 246	-28 248
9	1 094 998	-1 322 064	-227 066
10	1 094 998	-1 524 702	-429 704
	按8.50%美元利率折现率折算		8 369 408

在美元无风险利率8.50%的折算比例下，计算在最后一年的净现金流盈利为8 369 408美元，但最后的到期日，OKB和BFCE给野村的本金偿还值为228 310 504美元（两倍的114 155 252美元）；此外，OKB和BFCE付给野村的发行费分别为3亿日元和3.5亿日元，加起来相当于3 710 045美元。

集合这三部分收益，野村实际的总收益是240 399 957美元，而野村在承销两家银行债券时，需要承担的风险即最后支付的总支出为：

$$R = \frac{20\ 000\ 000\ 000}{179} \times \left[1 + \frac{(S-169)}{S}\right] + \frac{20\ 000\ 000\ 000}{S}$$

因此，野村最后的盈利表将根据S即汇率的变化有所不同（见表7-12）。

表 7-12

即期汇率	野村获得的现金流（美元）	野村需要支付的现金流（美元）	净盈利（美元）
300	240 389 957	227 188 083	13 200 874
200	240 389 957	229 050 280	11 338 677
150	240 389 957	230 912 477	9 476 480
100	240 389 957	234 636 872	5 752 085
90	240 389 957	235 878 337	4 510 620
85	240 389 957	236 608 610	3 780 347
84.5	240 389 957	236 686 391	3 702 566
80	240 389 957	235 937 500	4 451 457
60	240 389 957	197 222 222	43 166 735

可见，野村在不同的汇率情景下都能获得正收益，客观上存在着回馈部分收益给 OKB 和 BFCE，从而使两家机构能够以低于无风险利率的水平去融资。

七、除了 ICON 之外，货币联结票据还有哪些发展形态？

货币联结票据的结构通常隐含着汇率远期或汇率期权的头寸，而这些隐含的汇率远期和期权头寸转而在市场上被对冲掉，以帮助发行人实现交易中的汇率风险免疫。

在资本市场上，对于这样隐含远期或期权性质的需求一直在变化，在各国政府的货币政策显著变化时，需求可能会呈指数级增长。总体来看，投资者对于一些特定汇率属性的需求确实明显。前面介绍了这类结构化产品的基本结构，如 ICON 和其主要的一些变体，其中更多的变种包括以下方面。

◆ 更短的期限。

◆ 更加偏向于将风险敞口加在利息上，而不是最后的本金。

◆ 有保障性的最低利息水平等。

还有一些特别的汇率联结结构拥有特定的风险收益特征，下面还是通过几个案例来进行分析。

【案例 7-8】 货币联结的商业票据

一个典型的货币联结型的商业票据通常会如下构造：

◆ 发行人：A1+/P1 等级的发行人。

◆ 额度：100 万美元。

◆ 期限：90 天。

◆ 票面息率：和货币的汇率水平挂钩，但有最小利息收益和最大利息收益。

◆ 最小的票面息率：2.50%年化。

◆ 最大的票面息率：6.00%年化。

通常来说，是由投资者来选择最小的票面息率，而发行人可以选择最大的票面息率。在以上这个案例中，汇率大致是锁定在146日元/1美元和160日元/1美元的范围内。

当日元相对于美元升值时，投资者可以收到比传统商业票据更高的收益；反之，当日元贬值时，投资者的收益可能低于一般的商业票据，但有一个最低值2.50%。

这种结构可以分拆为：

◆ 一个90天的商业票据。

◆ 进入一个远期合约，在商业票据的到期日出售美元的本金和利息。

◆ 通过一个货币区间期权来锁定一个上下利率限度。

【案例7-9】 美元/日元的货币联结票据

发行结构如下：

◆ 发行人：AAA级机构。

◆ 面额：1亿美元。

◆ 发行价格：100%的面值。

◆ 本金偿还额度：100%的面值。

◆ 票面息率：票面息率根据以下公式计算：

2.85 + (lndex - 102.00)

其中，Index代表日元/美元在利率锚定日时候的汇率水平。

◆ 利率锚定日：在最后到期日前两天。

◆ 最小票面息率：2.50%年化。

◆ 最大票面息率：12.50%年化。

从结构上可以看到，这个票据可以分解为：

◆ 一个1年期的固定利息债券。

◆ 一个1年期日元价差看跌期权相当于：购买了一个日元的看跌期权，执行价为1美元兑换102日元；卖出一个日元的看跌期权，执行价为1美元兑换112日元。

由于可以类比的1年期的国债收益率在5.75%，也就是说投资者预期美元将比105.25日元/1美元更强势，因此能够带来更多的收益。

以上我们看到了几个货币联结票据的案例，相比此前提到的ICON来说，这些票据更多地是为了迎合投资者试图获得短期的汇率风险敞口而设立的，而不像ICON等票据期限较长，可能存在着真实的外币融资需求。

八、中国金融市场中汇率类结构化产品的现状及其类型如何?

长期以来国内采取的是钉住美元的汇率管制制度（Pegging System），直到近年来才逐渐放松对汇率的管制，允许相当幅度的变化，由此也促生了我国的汇率类结构化产品。

但前面介绍的双货币结构、ICON 票据结构等，在国内尚不十分活跃，一方面固然是因为汇率放松的时间还比较短，另一方面，我国企业的经营结构上尚不存在着非常强烈的外币融资需求。但类似于案例 7－9 的货币联结票据，特别是短期化的票据在银行理财产品中十分活跃，因为它们很好地迎合了个人投资者或者部分机构投资者在获得汇率风险头寸方面的需求。

以下总结了在银行理财产品中汇率类结构化产品的发展概况。根据 Wind 发布的信息，汇率类结构化产品的发行数量在总体上呈现上涨的趋势。自 2005 年 7 月开始，人民币进入了波动幅度逐渐变大的对美元长期升值阶段，持续升值至 2008 年进入相对平稳时期；进入 2010 年，人民币继续升值的步伐，延续至 2013 年末；随后，人民币对美元及其他主要货币的汇率的双向波动幅度逐渐加大，既有升值阶段，也有贬值阶段。

在这过程当中，汇率类结构化产品发行数量既出现了随着人民币升值而逐渐增加的情况，也出现了逐渐减少的情况。但是，随着人民币在 2015 年以后波动幅度日益扩大，汇率市场化程度日益提高，汇率类结构化产品发行数量也随之快速增长。总体而言，中国的投资者通过对汇率的判断，认识到将资产配置于外汇的潜在收益性，而国内金融机构则可以通过越来越便捷的交易工具和手段，为投资者提供适当的汇率类结构化产品，满足投资者资产配置的需求（见图 7－1）。

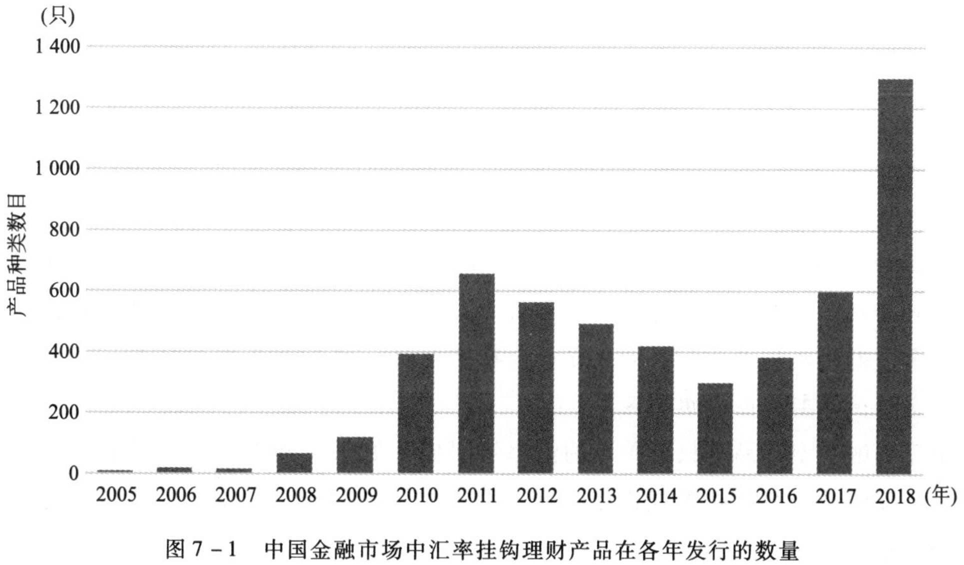

图 7－1　中国金融市场中汇率挂钩理财产品在各年发行的数量

前面我们总结了我国汇率类理财产品的发展，在各式各样关联于不同币种的理财产品中，一般可以按照其到期收益的决定形式和特征，区分为以下几类：

（一）区间触发型汇率挂钩产品

区间触发型汇率挂钩产品的主要特点在于存在着一个事先设定好的货币汇率标准或者范围。一旦挂钩的货币汇率触及该标准，投资者的收益计算将产生区别。具体来说这类产品又可以细分为双障碍触发型产品和单障碍触发型产品两种。

顾名思义，双障碍触发型就是存在着两个方向的障碍（或者标准），从而形成一个上限、一个下限的封闭区间。通常规定，如果汇率运行没有突破该区间，则投资者可以得到一个拟定的收益，但如果突破该区间，则投资者可能收益为0。如果要求汇率运行不突破，与路径有关，那相当于是一个美式期权；但如果要求汇率在某个核算日内不突破，那相当于是一个欧式期权。结合这个期权的变化，结构化产品还有可能出现很多变体。下面以一个案例来说明。

【案例7-10】 星展银行“星汇”系列1301期（见表7-13）

表7-13　　“星汇”系列1301期产品

项　目	条　款　内　容
产品名称	“星汇”系列1301期6个月人民币结构化投资产品
发行银行	星展银行
产品期限	约6个月
挂钩标的物	澳元对美元
投资币种	人民币
收益决定条款	（1）如果监察期内所有时刻，即期澳元对美元汇率始终低于障碍汇率，且在定价日的定价时间，即期澳元对美元汇率等于或者高于执行汇率，则为年收益率A% （2）如果监察期内所有时刻，即期澳元对美元汇率始终低于障碍汇率，且在定价日的定价时间，即期澳元对美元汇率低于执行汇率，则为0.00% （3）如果监察期内任何时刻，即期澳元对美元汇率曾经等于或高于障碍汇率，则为0.00%

可以看到，在案例7-10中，这款理财产品设立了一个上限（障碍汇率）和一个下限（执行汇率）；如果汇率运行高于障碍汇率，则收益率为0，如前所述，这相当于一个美式期权；而对于下限的执行汇率而言，只要最后定价日的汇率高于它，就能取得收益率，因此又相当于一个欧式期权。也就是说，这个产品中虽然是一个上下限区间的概念，但其期权性质略有区别。

单障碍触发型产品则只有单一的汇率障碍值，如果挂钩汇率在产品的整个有效期内曾经突破该障碍值，则投资者获得事先设定的较高的收益水平；反之，只能获得较低的收益水平。

（二）区间累积型汇率挂钩产品

区间累积型汇率挂钩产品是将票据的收益率与汇率在设定区间内的天数挂钩，而不是汇率水平本身。通常来说，它会给出一个类似于区间触发型的汇率上下限水平，但汇率运行允许在该上下限浮动，而票据的收益率决定于汇率没有触及该上下限的天数。同样用一个案例来说明。

【案例 7-11】 多区间累计汇率挂钩类结构化产品（见表 7-14）

从收益决定条款中可以看到，这个波动区间不止一个，而是三个。我们需要计算汇率运行在各个波动区间的天数，再根据一定的加权法则进行计算，最后决定最终收益率。

（三）收益分享型汇率挂钩产品

这一类型的结构化产品和此前两个不同，投资者对未来汇率走势的预期不再是汇率区间震荡，而是认为汇率可能会有一个方向性的趋势。因此，该产品设计能够迎合投资者希望分享货币升值带来收益的需求。

表 7-14　多区间累计汇率挂钩类结构化产品

项　目	条　款　内　容
产品名称	多区间累计汇率挂钩类结构化产品
发行银行	荷兰银行
产品期限	6 个月
挂钩标的物	澳元对美元
投资币种	美元
收益决定条款	产品预设三个波动区间： 第一波动区间：（期初汇率 -0.0150，期初汇率 +0.0150） 第二波动区间：（期初汇率 -0.0300，期初汇率 +0.0300） 第三波动区间：（期初汇率 -0.0450，期初汇率 +0.0450） 除发生提前终止事件或客户行使提前赎回权之外，于到期日，到期所得 =100% 本金 × [1 +（第一波动区间累计天数 1/定息日总数）×4.5% +（第二波动区间累计天数/定息日总数）×3.75% +（第三波动区间累计天数 3/定息日总数）×2.75%] 其中，波动区间累计天数： 自参考汇率落入某波动区间开始至参考汇率突破该波动区间结束的累计天数 一旦参考汇率突破某一波动区间，则该波动区间停止累计天数 定息日总数：投资期限内，共有 133 个定息日 该产品到期保本，收益取决于澳元对美元汇率的未来波动情况。产品的收益设计预期澳元对美元汇率未来处于一定范围内波动。最好情况下，该汇率在投资期限内所有定息日均在第一波动区间内，此时投资者可以获得 4.5% 的到期收益率，即 9% 的年收益率；最差情况下，该汇率始终不落在任何计息波动区间内，此时投资者投资收益为 0，仅收回 100% 的本金

（四）挂钩一篮子货币票据

类似于收益分享型汇率挂钩产品，除了和单一的货币挂钩外，银行理财产品还可能和多种货币汇率的一篮子价格挂钩。如何定义产品的到期收益率也很关键。有些产品的到期收益取决于一篮子货币中表现最差的；还有些产品则反其道而行之，取决于一篮子货币中表现最好的；有些产品还可以设计成产品周期内价格的平均表现。

【案例 7－12】 挂钩一篮子货币汇率平均表现的结构化产品（见表 7－15）

表 7－15　　挂钩一篮子货币汇率的收益分享型理财产品

项　目	条　款　内　容
产品名称	中行汇聚宝“资源丰富型国家货币篮子汇率挂钩”产品
发行银行	中国银行
产品期限	12 个月
挂钩标的物	一篮子货币
投资币种	美元
收益决定条款	投资收益率由两个部分组成： 一是保底收益率 1.125%，等同于目前一年期美元定期存款利率，这部分收益为投资者提供了十分稳妥的投资保障 另一部分是附加收益率（33.33% ×“一篮子货币”对美元平均升值幅度），这个附加收益率的上限是 7.125% 可见，该产品最高年收益率为 8.25%，最低年收益率为 1.125% 其中的“篮子货币”，由加拿大元、澳大利亚元和新西兰元三种货币组成，权重相等

可见，这个产品挂钩的是一篮子货币（具体是加拿大元、澳大利亚元和新西兰元）在一个周期内的平均汇率表现。总体来看，其波动性在多资产分散风险的前提下，可能会比单一资产货币汇率挂钩的产品要小。

第八章　商品类结构化产品

本章要点

商品类结构化产品的主要特征是产品的现金流支付与作为标的物的商品价格或者商品价格指数相联结，通常也被称为商品价格挂钩的结构化产品。通常情况下，商品类结构化产品的利息支付或（和）本金偿还联结于特定的一些商品的价格或一个商品指数（一篮子的商品价格）中。本章将介绍商品类联结票据的主要运行机制，包括商品类票据投资的发展、主要类型、如何为之定价并进行交易等方面的内容，也将介绍商品类结构化产品在对抗通货膨胀、分散投资以及降低投资波动性等方面的功能。

一、为什么要投资商品及创立商品类的结构化产品?

对于熟悉国内期货市场的投资者而言，商品投资并不新奇。投资商品仅仅是博取高杠杆的价格波动吗？商品类投资相比起利率、汇率、股权等金融资产来说历史悠久得多。特别是投资者对于和日常生活息息相关的农产品、软商品以及工业需求的金属、化工产品价格的避险和投机需求非常旺盛，本章引入的商品类结构化产品的创立也是迎合投资者对于这部分资产独特的投资需求。

相对于此前介绍的其他金融工具关联的结构化产品，商品类的结构化产品有着自己较为明显的特点。区别主要来自两个方面：一是商品和商品价格往往影响着商业的非金融因素（比如利润和采购成本等），而利率、汇率甚至股权等金融工具和资产，涉及更多的是资本操作和资本流动方面的因素。这也说明商品投资和实体经济结合的紧密性。二是商品投资的驱动因素和其他金融资产投资的驱动因素有较大区别。举个例子，投资者在计算固定收益投资或者股权投资时所熟悉的现金流折现模型在商品投资中往往并不适用，也是这个道理。

但分析商品关联的交易特征，我们还是需要对商品联结证券的金融需求先进行分类，概括起来，可以分为四个方面：

◆ 投机性——投资者希望从商品未来价格的走势中获利。

◆ 抵御通货膨胀——投资者寻求“抵御通货膨胀”的投资，以保存他们货币资产的购买力，特别是在高通货膨胀时期。

◆ 简单的商品风险头寸——投资者寻求一种在商品中的风险头寸敞口，而这种风险敞口可能很难通过股权投资有效获得。

◆ 商品作为独立的资产类别——投资者投资商品，意图是使其资产组合多元化。

回顾历史，在通货膨胀高企的年代，一大批商品关联的结构化产品得到了迅速发展，有效地响应了市场对抗通货膨胀证券的需求。然而，对这类结构化产品的需求主要目的是为了保存购买力，因此在通胀压力骤减的年代就不太受到重视。

我们此前提到，市场上的商品投资，可能具有金融需求，也可能具有工业需求。金融需求区别于工业需求，我们认为可以体现在两个方面：

◆ 在机构投资者的资产池中，商品的出现作为一个独立和单独的资产类别受到了重视。

◆ 投资者需求是对商品价格的简单风险暴露，而非涉及进一步的经营运营风险。

国内 A 股市场上江西铜业（600362）、海南橡胶（601118）等股票是投资者比较熟悉的，其二级市场价格也经常随着商品价格的波动而波动，因为这些公司的主营业务就是生产或者消费相关联的大宗商品。因而投资者或许会有疑问：我们为什么不能通过购买这种类型公司的股票来获得商品价格方面的风险敞口？

最初的商品投资确实是通过投资运营商品类的公司的股权来完成的（这些公司包括大宗商品的生产者和消费者）。但这种投资属于间接投资，所面临的风险不只是商品自身的价格波动，还包括该公司的运营风险。一个简单的事实是：这些运营商品的公司股票的波动和权益市场的关联性更大，这意味着这种获得商品价格风险暴露的方法不太完美。因此，对商品本身价格直接的投资方式开始更受到青睐。

判断一个资产类别需要考虑的基本要素

判断一类投资是否可以作为一个独立的资产类别，需要从四个方面进行考察：一是持有该资产是否会产生一定的收益，比如持有债券能够获得利息收入，买入公司股票有分红收入。二是资产价值的变动会不会带来回报，比如一处房产价格可能有涨有跌。三是价格变动具有波动性，而且波动性和其他资产类别不太一样。比如在通货膨胀后期，股票价格往往向下调整，而商品价格有可能节节攀升。四是流动性，我们比较一个对冲基金的份额购入和卖出显然就不如一般股票或债券容易。因此，只要某类投资在这四个方面都显著区别于其他资产，就可以作为一个独立的资产类别。

商品投资现在作为一个独立的资产类别受到关注，原因是它具有独特的投资属性（比如收益大小、收益的波动性、收益投资和其他投资资产的相关性）。在考察商品能否作为一个资产类别的过程中，我们必须区别实质商品投资（投资于商品资产）和纸面商品投资（投资商品相关的衍生工具）。事实上，所有账面商品投资都具有以上所要求的属性。

商品投资提供收益相关的结构。如果是实质商品投资的话，这部分收益可以来自将商品本身进行出租。如果是对持有商品相关的衍生工具，比如商品期货的话，那么这部分持有收益则包括：

◆ 购买期货合约所节省的现金的利息收益。

◆ 在商品展期中的展期收益。展期收益主要指的是在商品期货移仓换月时出售近期合约、购入远期合约所获得的收益。如果该商品处于升水市场（即远期合约价格高于近期合约价格），则展期带来负收益；相反，如果商品处于贴水市场（即远期合约价格低于近期合约价格），则展期带来正收益。

商品价格同样具有价格收入，但这部分相对来说比较复杂。基本的价格收入来自商品价格的变动。这可能来自实质商品本身价格的变动，或者来自其衍生工具，如期货价格的波动。

商品价格的价格收入有趣的方面在于，一些商品价格具有均值回归的属性。这和其他金融资产类别形成了比较大的区别，其他资产类别一般不具有这样的特点。这在一定程度上反映了商品作为一个消费品，供需的变化对商品价格影响很大。比如，某一商品价格的上升会鼓励更多的资源用于生产该商品，加大了供应；或者寻求其他的替代品来替代该商品的消费需求。随着时间的缓慢推移，这两个方面都会对商品价格产生压力，使得价格下跌，回到原来均衡的位置。

如果这种商品的价格表现在交易策略中有效地加以利用，则有望从这种均值回复的过程中获利。一个简单的假设是我们构造一个等权重的商品资产组合，然后有规律地出售其中价格上涨的那部分商品，并购买价格下跌的另一部分商品。有些研究者发现，这样的操作策略有助于提高收益。这也表明对商品投资的主动管理可以增强收益。

商品价格同样表现出一种正偏性（Positive Skewness）。总体来看，商品的这一偏度比起其他金融资产来说要更大一些，也在一定程度上体现了价格变化总体是正的。

商品价格同样具有明显的波动性，据研究发现，其波动性甚至比股票权益组合的波动性还要大。但商品价格指数的波动性有效地降低，因为通过包含多种不同的商品，组合中有了一个多元化的效果。

除此之外，对股票组合中的波动性分析还显示，它们之间的价格具有正向的相关关系。这一点 A 股市场的投资者感受比较明显，总体来说，个股和大盘是同涨同跌，只是幅度略有区别而已。但商品并没有出现类似的情况，商品之间的相关性很低，这表明其背后的价格驱动因素比较多元化。

进一步考察商品市场的流动性。一般来说，除了贵金属和能源产品等少数产品之外，商品本身的流动性并不高。但商品衍生工具市场，比如商品期货市场的流动性相当不错，可以和股票权益市场相当。

总体来说，商品投资具有作为一个资产类别的所有属性。表 8－1 分别就美国市场的通胀高涨期（1983～1991 年）和通胀低落期（1991～1999 年）商品投资者的收益情况和价格波动进行了总结，并和债券市场和股票市场进行了类比。

表 8－1　　分阶段总结美国市场的商品投资收益情况

时间	年化收益率（%）						
	CPCI（大通商品指数）	GSCI（高盛商品指数）	DJ－AIG（道·琼斯商品指数）	S&P（标准普尔股票指数）	SSB Bonds（所罗门债券指数）	ML Bonds（美林债券指数）	CPI（消费物价指数）
1983 年 12 月～1991 年 1 月	11.73	16.05		14.98	13.97	11.22	4.52
1991 年 1 月～1999 年 7 月	4.95	0.9	－2.49	19.86	9.35	7.59	2.82
时间	年化波动率（%）						
	CPCI（大通商品指数）	GSCI（高盛商品指数）	DJ－AIG（道·琼斯商品指数）	S&P（标准普尔股票指数）	SSB Bonds（所罗门债券指数）	ML Bonds（美林债券指数）	CPI（消费物价指数）
1983 年 12 月～1991 年 1 月	4.7	3.76		4.92	3.4	1.29	0.1
1991 年 1 月～1999 年 7 月	3.9	5.12	3.07	3.87	2.33	1.06	0.12

可以看到，商品投资长期来看具有正的收益值，结合它的波动性特征，可以提供给投资者一个专业的资产类别。

然而，商品投资还具有其他方面的好处：

◆ 商品投资可以带来多元化的好处和效果，因为它的收益能力和其他传统资产组合的收益能力相关性很低。

◆ 商品投资具有独特的价格驱动因素，比如通胀。

表 8－2 总结了商品投资和其他指数收益的相关性。可以看到，和我们传统认为的不太一样，商品价格和通货膨胀的相关性并不是很大，但商品价格和股票价格的相关性同样很低。对债券价格来说，商品与之的相关性甚至为负。因此，将商品投资加入资产组合中，确实可以达到：

◆ 真实收益波动性降低。

◆ 组合总体波动性降低。

◆ 产生的总收益可以比拟债券和股票收益。

◆ 可以作为一个抗通胀的工具，虽然相关性不是为正，但仍然可以作为一个风险分散的工具。

表 8－2　　美国市场各类资产类别相关性分析

指数	CPCI（大通商品指数）（总收益）	GSCI（高盛商品指数）（总收益）	DJ－AIG（道·琼斯商品指数）（总收益）	S&P（标准普尔股票指数）	SSB Bonds（所罗门债券指数）	ML Bonds（美林债券指数）	CPI（消费物价指数）
CPCI	1.0000						
GSCI	0.8910	1.0000					
DJ－AIG	0.4810	0.4440	1.0000				
S&P	－0.0450	－0.0340	－0.1330	1.0000			
SSB Bonds	－0.1860	－0.0780	－0.1590	0.3020	1.0000		
ML Bonds	－0.1210	－0.0470	－0.0145	0.3040	0.9360	1.0000	
CPI	0.0230	0.0600	－0.0140	－0.0850	0.0530	0.1130	1.0000

总体来说，商品投资提供给金融投资者具有吸引力的收益、波动性特征以及流动性。从一个资产组合的角度来说，加入商品后投资属性将得到增强。

二、商品类结构化产品的主要类型及其结构特征如何？

我们在投资一个市场的时候，通常要了解这个市场具有怎样的结构特征。众多研究发现，当前商品投资的快速增长主要来自投资者驱动。然而，投资者在进行实际商品投资的时候会遇到很大的问题，主要集中在储存商品、为商品价值做保险、运输商品等各个方面，还包括如何租赁和借贷手中的商品等。这些因素都促使了纸面商品交易市场的发展，并突出了商品类结构化产品的作用。

就本章的主题——商品类结构化产品来说，它又可以分为两大类：其一是由商品的生产或消费企业所发行的商品联结债券，它本质上是企业基于商品的一种融资交易行为；其二则是和商品价格挂钩的结构化票据。

商品联结债券的发行通常具有以下一些原因。首先，是对未来销售或者购买相关商品的一个有效对冲。其次，是商品生产者利用他们的大宗商品资源作为一个融资手段，将部分从商品价格中升值或贬值带来的潜在收益让渡给投资者，即将潜在收益转让的同时，也转让风险，以降低借贷成本。

最初类型的商品联结债券，其标的物并不是商品类的衍生工具，而是直接基于匹配投资者和具有商品头寸的发行人的实际商品需求头寸。然而，对商品联结债券的需求迅速发展，很快就超出了发行这类债券的融资方面的需求，于是更多的商品联结债券被创立，更多的是一种纯金融方面的交易，使得投资者能够获得商品头寸上面的风险敞口。

纯金融方面商品交易的核心在于发行人愿意承担商品联结债券的发行，因为它们的商品风险敞口在衍生工具市场上得到了对冲。因此，这种新的类型的商品联结债券结构，就是特定的衍生工具头寸从资本市场到另一个市场的转移。

而商品类结构化产品的另一大类——商品挂钩的结构化票据，可以和商品实体需求企业毫不相关，而仅仅是为了适应投资需求和定制型地给出商品头寸的风险敞口。这类票据在迎合投资者风险偏好的时候，发行人本身也承担了反向的风险头寸，因此，如果要对所发行的商品挂钩结构化票据进行风险免疫的话，发行人可能也需要在衍生工具市场上寻求对冲。这一点和商品联结债券的发行方——商品类生产消费企业的风险转嫁行为非常类似。

一般认为，最早的商品挂钩的结构化票据在 20 世纪 80 年代中期的瑞士法郎市场中出现。一批基于瑞士法郎的商品联结债券，同时附加有原油的权证被创立。第二个阶段发生在 20 世纪 80 年代末期，一大批基于美元的原油价格相关的商品挂钩的结构化票据出现。

这里提到了一个能源商品价格权证的概念。权证要么是单独发行，要么和债券联合起来发行。在很多情况下，关联于债券的权证发行都是意图从商品期权的零售和批发价格之间的价差中牟利。比如说，一方面，权证的发行人满足了投资者对于商品价格波动的特别需求（获取零售价格）；另一方面，在批发市场上购买相对应的头寸来对冲掉对投资者的风险（支付批发价格）。

三、基于商品的融资交易是怎样的?

前面提到，商品类结构化产品的一大类型是商品联结债券，其最初的本质是商品的生产和消费者的一种融资行为。就其债务偿付方式来看，这种基于商品的融资交易又可以分为两大类：第一类，债务的偿付是通过一个固定数量的商品（或者和商品市场价值等价的货币资产）来完成，我们称之为固定债务偿付。第一类，债务的最终偿付额度同商品在债券到期日的价值有关，类似于给出一个可转换债券或集合了一个权证。如果商品价格升值超过一个拟定的幅度，投资者可以获得超额的收益，我们又称之为可变债务偿付。

首先我们来看一下固定债务偿付的商品融资交易。这类商品联结债券作为固定收益证券，其本金和利息跟一个相关的商品价格挂钩。下面用一个案例来说明。

【案例 8－1】 黄金联结债券

假设当前有一个黄金生产商，为了生产经营需要一笔贷款。因为其本身在黄金上有一些头寸，所以倾向于选择一种基于黄金的融资交易。比如借贷一定数量的黄金，到期日之后以等量的黄金再加上一定数量的额外黄金（作为利息）来偿还。但借贷来的黄金要转化为货币资产以支付原材料费用、人工成本等，因此，整个融资步骤将被细分为：

◆ 在黄金生产商和市场上，一个黄金交易商商定借贷一定数量的黄金。

◆ 黄金生产商将这笔黄金再反卖给黄金交易商，来得到一笔和当时黄金价格相当的现金。

◆ 在未来，黄金生产商以等量的黄金再加上额外的黄金利息换给黄金交易商。

以上这个流程看起来有些复杂，特别是第一步和第二步，本质上只是黄金生产商和黄金交易商借贷一笔现金，之所以这样展开流程设计是为了更好地凸显这笔融资的目的是基于黄金实物，而不是基于现金。

很显然，对于黄金生产商来说，在这笔融资交易的最后到期日，需要还贷的黄金数目是已知的，但所对应的现金价格却存在着不确定因素。如果未来黄金价格相对于借贷日走高，也就意味着要偿还比原借贷额度更高的现金。相反如果未来黄金价格走低，则可以从中获利。换句话说，从现金角度看，这笔贷款相当于附加了一份黄金期货的空头合约。

而对于交易商而言，在这样的一个交易中，也反向承担了黄金期货的多头风险。通常来说，会先建立一个黄金远期合约，约定在债券最后到期日出售黄金现货，来提前规避黄金价格波动风险。图 8－1 是整个黄金贷款的示意图。

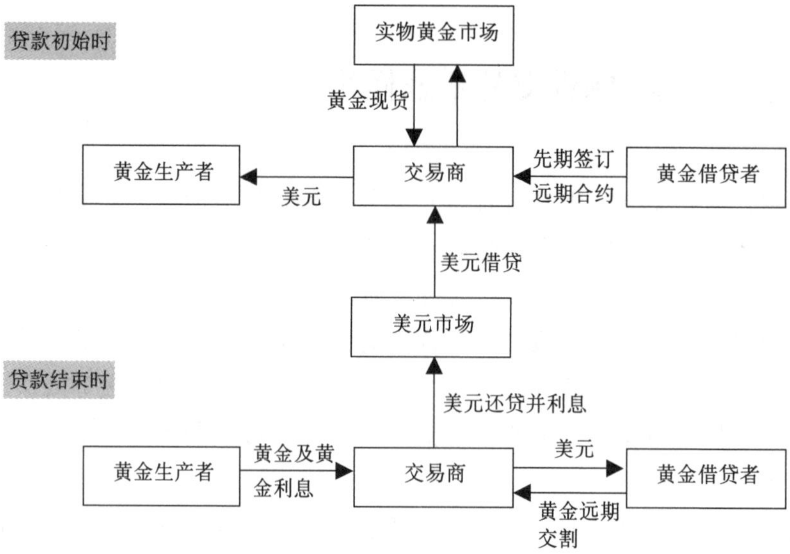

图 8－1　黄金贷款的结构示意图

这样的商品贷款结构在黄金市场中尤其常见，主要是因为在黄金现货市场中有很多对手方愿意借贷黄金，特别是很多国家的央行具有相当的黄金储备，并试图从中获取一定的收益。

下面用更具体的一个案例来说明问题。

【案例 8－2】 波塞冬黄金公司发行的黄金关联债券

澳大利亚黄金生产商波塞冬金融有限公司，准备发行一个 10 年期的黄金关联债券，其中的主要条款为：

◆ 发行人：波塞冬金融有限公司。

◆ 担保方：波塞冬黄金有限公司。

◆ 黄金数目：500 000 盎司。

◆ 发行期限：10 年（2004 年到期）

◆ 发行数目：194 376 000 美元（总共发行 20 000 份债券，每份代表 25 盎司的黄金，按照当时 390.19 美元/盎司的黄金价格，再乘以一个发行价格得到）。

◆ 发行价格：99.6315 美元。

◆ 票面息率：前 1～5 年：每份债券（即对应每 25 盎司的黄金）给出 0.33125 盎司的黄金利息。

后 5～10 年：每份债券（即对应每 25 盎司的黄金）给出 0.47500 盎司的黄金利息。

◆ 利息支付：利息每半年支付，按照付息前 3 个交易日的平均黄金价格折算成美元来支付。

◆ 本金偿还：本金同样以美元支付，支付额度以最后到期日前 20 天的平均黄金价格乘以黄金数目产生。

◆ 可赎回条款：债券持有者在5年后可以以99.75%的折算额度比例来赎回该债券。

对于投资者来说，购买这样一份债券相当于可以获得对黄金价格的一个风险头寸。显然，不同的黄金价格可能给该债券带来不同的收益。表8－3是一个关于黄金价格和债券收益率的简单测算。

表8－3　　黄金价格和债券收益率的简单测算

黄金价格（美元/盎司）	利息收入（美元）		赎回金额（美元）		总收益（%）	
	1～5年	6～10年	选择赎回	持有到期	选择赎回	持有到期
90.19	29.88	42.84	2 249.11	2 254.75	－25.94	－12.40
190.19	63.00	90.34	4 742.86	4 754.75	－12.02	－4.74
290.19	96.13	137.84	7 236.61	7 254.75	－3.55	－0.14
390.19	129.25	185.34	9 730.36	9 754.75	2.69	3.22
490.19	162.38	232.84	12 224.11	12 254.75	7.67	5.91
590.19	195.50	280.34	14 717.86	14 754.75	11.86	8.17
690.19	228.63	327.84	17 211.61	17 254.75	15.48	10.14
790.19	261.75	375.84	19 705.36	19 754.75	18.70	11.88

以上两个案例都是关于固定债券偿付的融资交易。所谓的固定，指的是相对应的商品偿还份额固定，但随着商品价格的波动，实际以现金折算的偿还额度还是一个浮动的范畴。

总结一下，其优点可以体现在几个方面：

◆ 因为发行方所支付的利息和本金偿还实际上和发行人所持有的商品头寸相关，所以可以减少发行人现金流的波动性。

◆ 相比起纯粹的衍生工具来说，这样的对冲方式时间更长，更加有效。

◆ 降低融资成本。这种类型的商品联结债券通常采用不可追索的结构，一定程度上可以在信用增强的前提下减少融资成本。

另外一大类型的商品联结债券是可变债务偿付的。一般来说，偿还债务的金额都是有利于债券投资者的，往往以期权或者权证的形式出现。而债券的发行人则可以通过出售这样的隐含期权来降低融资成本。

根据债券嵌入的期权价值，这种类型的债券又可以更细致地分为以下几种：

◆ 债券可转换为一定数量的商品。

◆ 债券再附加上一个可以在一定价格上购买一定数量的权证。

◆ 债券的票面息率将在商品价格超过一个预定水平后有所上升。

下面以两个案例来看一下它们的特性。

【案例8－3】 具有可转换属性的商品联结债券

合约条款如下：

◆ 发行人：白银生产商。

◆ 发行期限：10～15年。

◆ 债券对应的白银数目：30盎司/1 000美元面值的债券（以当时接近于33.33美元每盎司的白银价格计算）。

◆ 本金偿还：在到期日，投资者可以选择初始的本金面值偿还，或者按照所对应的白银数目来偿还。

◆ 利息支付：8.50%的年化收益率。

这样一个白银的可转换商品联结债券，如果未来白银的价格远高于发行时候的33.33美元/盎司，则投资者可以选择按照30盎司的数目来偿还，从而可以得到更高的收益率。如果白银的价格反而低于发行时，则可以选择以债券的原票面价值返还。对于发行方来说，最大的好处是他的票面息率可以降低到8.50%，远低于当时13%～14%的年化收益率。

【案例8－4】 原油联结的商品债券

在1986年年终，标准石油公司通过一个原油的商品联结债券来融资3亿美元的资金，具体解剖其融资结构可以分为：

标准石油公司首先发行了一个票面为3亿美元、票面息率为6.30%的15年债券。由于票面息率相对于当时的利率水平来说过低，该债券大幅折价发行，以75%的折价实际募资2.25亿元。

同时，该公司还发行了一个0.75亿美元的原油联结票据，其中，0.375亿美元在1990年12月到期，另外0.375亿美元在1992年3月到期。

这0.75亿美元的原油联结票据隐含着一个执行价为25美元/桶的原油期权，上限是40美元/桶。也就是说，如果原油价格低于25美元/桶，则投资者拿到票面0.75亿美元的偿还；如果原油价格在25～40美元/桶的价格水平，则投资者可以拿到一个反映原油高价格的高额偿还。

在标准石油公司总共3亿美元的融资规模中，有0.75亿美元的资金是为了降低整体融资成本的期权票据。如果原油价格低于25美元/桶，则该债券的实际融资成本锁定在6.30%；但如果原油价格高于25美元/桶，则该债券的融资成本则会上升。但在40美元/桶的保护下，最后的融资成本应该小于市场可比的融资利率。

可以看到，不管是哪种期权嵌入方式，对商品融资方来说，这种融资方式都能有效地降低融资成本，也能迎合投资者特殊的风险偏好需求。

四、挂钩商品的结构化票据是怎样的?

前面介绍了基于商品的融资交易。这些交易的一个共性在于融资方往往是在相应的商品本身具有一定的头寸，而这些交易中衍生工具的引入初衷主要是融资，而不是为了帮助融资方证券化其商品头寸，或者对冲其商品价格波动的风险。

但另一种商品类结构化产品，即我们接下来要介绍的商品挂钩的结构化票据，与上述基于商品价格挂钩的融资交易有着明显区别，发行人希望通过这一结构化票据的发行帮助他们对冲商品价格波动带来的风险。

◆ 从票据投资者的角度来说，他们通过购买这样一份票据可以获得商品价格波动的风险敞口。方式大致有两种：一种相当于购买了一份商品的远期合约，其收益相对来说是线性的；另外一种相当于购买了一份商品的期权合约，其收益结构相对来说是非线性的。当然，票据发行方也承担了作为对手方的风险敞口。

◆ 票据发行方可以利用增加嵌入衍生工具的交易特性来调整融资成本。票据发行人也承担了作为对手方的风险敞口，但他们可以通过其他衍生工具交易把这部分风险转嫁给衍生工具交易商，进而转让到商品衍生工具的资本市场中。也就是说，票据发行人在整个过程中并没有承担商品价格波动真正的风险敞口，不仅如此，他们还可能利用在资本市场中远期或期权价格相对于在商品联结结构化票据中嵌入的远期或期权价格的溢价来进行套利，进而降低真实的融资成本。

有市场需求，才有市场产品。这种类型的结构化票据在市场上的需求大致可以归结为几点：

一是部分投资者往往寻求商品价格的风险敞口，但又不想承担商品生产者的信用风险敞口。而我们提到的这种商品挂钩的结构化票据一般都是为高信用等级的发行人设立的，因此将商品价格风险和信用风险进行了有效剥离，迎合了市场需求。

二是投资者对于承担商品价格风险敞口的周期、类型和程度有着特别需求，但这类需求比较难在商品挂钩的融资交易中得到满足。而商品挂钩的结构化票据则能够利用商品的现货和衍生工具市场将投资者需求和发行方需求很好地进行撮合。

三是票据发行人同样有着特别需求。很多融资方认为此前所述的基于商品挂钩的融资交易弹性不足。这里所谓的弹性主要是指在整个交易的风险控制过程中往往要在债券发行的一段时间后再重新结构化。因此也促使了两个方面的发展：第一是从公开市场融资转向银行融资，即金融重新“着媒”化；第二是加大商品衍生工具的使用，并以表外的方式来管理衍生工具价格风险。这两种发展都促使了商品挂钩衍生工具的发展。

前文提到，投资者购买一份商品挂钩的结构化产品，可能获得两种风险敞口特性：一个是远期特性，一个是期权特性。我们据此将商品挂钩的结构化票据又细分为商品远期挂钩的结构和商品期权挂钩的结构两种。下面用几个案例来介绍一下。

【案例 8－5】 BISON 结构化票据

瑞典出口信用银行发行了一个名为 BISON（Bull Index Silver Opportunity）的结构化票据，其本金的偿还额度主要是和白银的商品价格挂钩。具体的合约条款参数如下：

◆ 发行额度：100 000 000 美元。

◆ 期限：1 年。

◆ 票面息率（年化）：6.50%。

◆ 本金偿还：计算公式为：Amount × [1 + (SPM － 4.46)/4.46]，其中，SPM 代表在最后到期日白银的价格（以美元/盎司计价）。

◆ 互换利率（年化）：6.78%。

很显然，这个结构化票据中的本金偿还额度是可变的，波动来自白银价格的走势。表 8－4 呈现了投资者购买这份票据的收益率跟随 SPM 白银价格的变化而变动（见表 8－4）。

表 8－4　投资者的收益结构

SPM（美元/盎司）	本金偿还额度（美元）	收益率（%）
1.46	32 735 426	－60.76
1.96	43 946 188	－49.55
2.46	55 156 951	－38.34
2.96	66 367 713	－27.13
3.46	77 578 475	－15.92
3.96	88 789 128	－4.71
4.46	100 000 000	6.50
4.96	111 210 762	17.71
5.46	122 421 525	28.92
5.96	133 632 287	40.13
6.46	144 843 049	51.34
6.96	156 053 812	62.55
7.46	167 264 574	73.76
7.96	178 475 336	84.98
8.46	189 686 099	96.19

从投资者的角度来看，投资这样的票据包含了两方面的要素：

第一，投资到 1 亿美元的债券产品中，每年有 6.50% 的利息返还。

第二，建立了一个白银远期合约的多头，投资者同意以 4.46 美元/盎司的价格在债券的最后到期日购买白银。

因此，如果白银的价格在债券的最后到期日收在 4.46 美元/盎司，则投资者能够兑现 6.50% 的年化收益率，但如果白银最后的价格不足 4.46 美元/盎司，则投资者实际的年化收益率要小于 6.50%。

【案例 8-6】 FUELS 结构化票据

1989 年 4 月，瑞士出口信用银行通过所罗门兄弟发行了一款被称为 FUELS（Fixed US Dollar Energy-Linked Securities）的票据产品。其中的一些关键条款定义如下：

◆ 发行额度：100 000 000 美元。

◆ 期限：1 年。

◆ 票面息率：20%。

◆ 发行价格：100.875 美元。

◆ 手续费：0.875%。

◆ 本金偿还：本金偿还额度通过以下公式来确定：如果在债券的最后到期日原油价格指数高于此前拟定的偿还执行价，偿还的金额就为全额返还；如果原油价格指数低于偿还执行价时，债券持有人将获得少于本金投资的偿还额度。具体计算公式为：1 000 ×（Redemption Strike/Reference Price）。

在这个偿还公式中，Reference Price 指的是 1990 年 6 月在纽约商品交易所交易的 WTI 和西得克萨斯州轻质原油期货合约的算术平均价；而 Redemption Strike 指的是合约在票据发行之始，WTI 轻质原油的结算价（在 1989 年 4 月 19 日）。

可见，本金偿还的公式计算中隐含了一个 1 年期欧式的看跌期权，标的物就是 WTI 轻质原油价格。这个看跌期权的卖方是投资者，买方则是票据的发行机构。

以上介绍的两个案例都是基于某个确定的商品价格走势的结构化产品，而当前在市场上出现了越来越多的和一篮子商品的价格指数挂钩的结构化票据。我们来看下面的案例。

【案例 8-7】 商品指数挂钩的结构化票据

这里给出的案例仍然来自瑞典出口信用银行，它发行了一个 3 年期的零息票的票据，具体的合约条款如下：

◆ 发行金额：100 000 000 美元。

◆ 期限：3 年。

◆ 票面息率：0%。

◆ 发行价格：100.875 美元。

◆ 本金偿还：指数挂钩的本金偿还额度（IPA）将按照以下公式进行计算：

IPA = FA ×［0.9557 ×（GSCI Ending Value/2 590.81）］，其中 FA 代表票据的面额，而 GSCI Ending Value 指的是在最后到期日前 15 天 GSCI（高盛商品指数）的

价格。

通过表 8－5 可观察到高盛商品指数不同的价格水平给投资者带来的最终收益的影响。

表 8－5　　　　投资者的收益结构

高盛商品指数价格水平	IPA（10 万美元）	投资者年化收益率（%）
1200	44 270	－23.79
1400	51 640	－19.77
1600	59 020	－16.12
1800	66 400	－12.76
2000	73 780	－9.64
2200	81 150	－6.72
2400	88 530	－3.98
2600	95 910	－1.38
2800	103 290	1.08

可见，这个商品指数挂钩的票据产品里面隐含了一个商品远期合约，其标的物是高盛商品指数。

从以上案例可以看出，商品挂钩的结构化产品其用意在于证券化发行方的商品风险头寸，但客观上也通过远期和期权性质为投资者获得相应的风险暴露头寸提供了便利。

五、金融市场中有哪些著名的用于结构化产品设计的大宗商品价格指数？

不少研究发现，在当前商品类结构化产品的市场发展中，投资者对于大宗商品价格指数的兴趣越来越浓。市场关联于大宗商品价格指数的兴趣主要来自于商品价格指数能够提供多元化的对不同商品总的风险暴露。另外，商品投资的业绩评估也往往需要一个基准，用来衡量组合管理者是否相对于市场能够获得超额收益。

我们可以用 A 股市场上投资者的投资经验作为参考。在对当前的市场状况进行总体描述的时候，投资者都会以上证指数或者沪深 300 指数作为标的物。目前 A 股市场上有超过 2 000 多只股票，很显然投资者很难对每个股票的基本面和技术面走势都非常清楚。如果希望对整个股票市场有一个风险暴露，投资者可以选择购买沪深 300 ETF 或者股指期货。

同样，比如在商品期货市场，我国境内目前有超过 30 多个商品期货品种，国外市场有些交易所的商品期货品种甚至高达100多种，有色金属、能源石化、农产活畜、金融期货不尽相同，走势也差别很大。如果我们需要获得关联于整个商品市场的总的风险头寸，应该关注的不是某一个商品的头寸，而是商品价格指数。

国际主要的商品期货品种

农产品期货：芝加哥期货交易所（CBOT）是全球最大的农产品期货交易所，交易玉米、大豆、小麦、豆粕、豆油等多种农产品期货合约。芝加哥商业交易所（CME）的木材期货，纽约期货交易所的食糖、棉花、可可、咖啡期货也都十分活跃。

畜产品期货：20世纪60年代芝加哥商业交易所推出了生猪、活牛等活牲畜期货合约。

有色金属期货：有色金属指除黑色金属（铁、铬、锰）以外的所有金属，其中金、银、铂、钯因其价值高又被称为贵金属。世界上的有色金属期货交易主要集中在伦敦金属交易所、纽约商业交易所和东京工业品交易所。

能源期货：能源期货包括原油、取暖油、燃料油、汽油、天然气等多个品种，其中原油期货合约最为活跃。目前，原油期货是全球最大的商品期货品种，美国纽约商业交易所、英国伦敦国际石油交易所是最主要的原油期货交易所。

上文已经使用了一些常用的价格指数，比如CPCI（Chase Physical Commodity Index，大通商品指数），CRB（Commodity Research Bureau，商品调查局指数），Dow - Jones AIG（道·琼斯商品价格指数）以及GSCI（Goldman Sachs Commodity Index，高盛商品价格指数）等等。

商品价格指数通常是这样设计的，它可以代表和跟踪一篮子商品或商品期货合约的价格变动。这里面所隐含的逻辑是指数收益能够模拟一个投资者在市场中持有一篮子的未经杠杆化的头寸，主要驱动因素来自商品投资允许商品不同风险头寸予以暴露、商品价格指数能够用来作为商品投资的绩效衡量标准。

从实际来看，商品价格指数在商品市场中的地位和作用逐渐可以比拟商品衍生工具的交易（如期货、期权和远期）。我们发现，市场上越来越多的结构化产品是基于商品价格指数，而不是单个商品本身。

以上介绍了好几个商品价格指数，可以类比于国内A股市场中的上证指数、沪深300指数、上证50、深证100指数等，它们在选样、取价和计算方面有着不少的区别。

不同的商品价格指数的区别在于：

（一）指数的组成

不同的商品价格指数有些范围比较窄，有些范围比较宽。范围较窄的指数（窄基指数）通常只是覆盖了主要的商品，比如能源和金属，而范围较宽的指数（宽基指数）在覆盖这些商品之外，也衍生到其他软商品，比如谷类、活畜以及其他农产品等。窄基指数通常限定在一个特定的类别，或者集中在和社会工业增加值和 GDP 有直接关联的流动性较好的商品中。通常来说，窄基指数受到天气因素的变化比较少。而宽基指数建立在对所有具有经济体量的商品上，相对于窄基指数来说通常更难复制，但往往能够提供对通胀更精确的保护，其中在商品篮子中的资产可以不断变化。一些商品价格指数用的是实际的商品价格，但其他一些指数用商品期货合约来作为标的物。这其中的区别是：后者具有更好的流动性，并且价格相对透明。

（二）指数的权重分布

1. 经济权重：基于基本的经济数据（比如世界的生产量和总价值）。

2. 等权重：基于固定的权重。

3. 市场权重：基于在期货市场上的交易量得到的权重。

4. 优化权重：基于一些经济计量学模型来优化一些标准（收益水平、收益的波动性、通胀的相关性等）。

（三）指数重置

指数重置包括两个独立的因素：一个是期货合约的展期，另一个是组合权重重置。当商品指数的计算标的物选择的是期货合约时，期货合约会到期，而必须展期到下一个远期合约。这个展期的过程往往是捕捉商品市场中持有收益的过程。而商品指数重置的另一个因素来自个别商品头寸的调整，比如说有一些新商品出现，又比如说价值出现比较大的变化。

（四）收益的计算

收益可以通过算术平均和几何平均来计算。几何平均收益的计算，可以避免高价商品价值变动带来更大的扰动。

（五）是否考虑杠杆

一个含杠杆的商品价格指数通常都是基于期货合约作为标的物的，因为期货合约有一个最低保证金的要求，所以可以拥有一个杠杆系数。而这意味着含杠杆商品指数相对于非杠杆商品指数来说可能会有收益的增加。

非杠杆指数通常假定：

1. 投资到现金或实物商品资产中。

2. 投资到期货合约，但基本不使用杠杆，即用完全的现金投资，而不运用保证金融资的行为。

（六）总收益和超额收益

商品价格指数的收益可以通过两种方法计算：

1. 总收益——指数的总体收益。
2. 超额收益——指数的总体收益减去无风险利率（通常用国债收益率代表）

表 8－6 显示出不同商品指数的区别。

表 8－6　不同商品指数的构成对比

项　目	构　成			
指数缩写	CRB	CPCI	GSCI	Dow Jones－AIG
中文名称	商品研究局指数	大通商品指数	高盛商品指数	道·琼斯商品指数
主要覆盖领域	全面覆盖	主要覆盖领域为能源、活畜、谷物、工业金属和贵金属、软商品等等	全面覆盖，但能源产品权重很大	全面覆盖，且该指数中任一类相关商品的比重都有所控制
权重	四个权重级别	经济因素权衡	经济因素权衡	最近 5 年的全球平均产量与全球平均贸易量相结合
重新调整依据	价格、静态	价值、动态	数量、动态	价值、动态
收益的计算	几何平均	算术平均	算术平均	算术平均

六、中国金融市场有哪些商品类结构化产品？

以上举的例子大多数是成熟资本主义市场，特别是美国市场的商品类结构化产品。我国自身的商品类结构化产品的发展来看，基于商品融资交易的商品联结债券的发行很少，但商品挂钩的结构化产品在市场上有一定的市场份额。

在我国，商品联结债券的规模不大有着各种各样的原因。首先，从一般的债券市场来说，这几年债券市场的发展很快，企业债、公司债规模稳步扩大，但在社会融资总量中的占比远不及欧美等成熟资本主义市场，其中由商品生产和消费企业发行的商品联结债券就更少了。其次，对于国内的投资银行来说，在结构化这类债券的时候所遇到的监管体制、法律法规、人才储备等都面临着各种各样的问题。再次，在衍生工具方面，虽然我国在商品期货市场上的成交量位居世界前列，但缺乏更加丰富的交易工具，如商品期权、远期、互换等，客观上也较难为投资者提供定制性的转移风险。

商品挂钩的结构化产品则可以和现货头寸不相关，银行理财机构可以满足投资者的特殊风险偏好，从而为一些具有商品投资需求的投资者设计相关产品。

在我国，商品类结构化产品的发行主体是商业银行。根据Wind发布的信息，自2013年以来，我国商业银行发布的挂钩于大宗商品的结构化产品数量越来越多，2018年发行的商品类结构化产品是1 429个，比2013年的发行数量增长了41倍。

从挂钩的标的来看，大多数商品类结构化产品的基础资产是黄金或者相关的贵金属，发行的主要目的是利用贵金属规避通货膨胀的避险属性，为投资者提供避险的工具。此外，黄金等贵金属具有比较高的流动性，并且有相应的期货和期权在场内交易，便于发行人管理产品的风险。

中国金融市场商品挂钩理财产品的发行数量见图8－2。

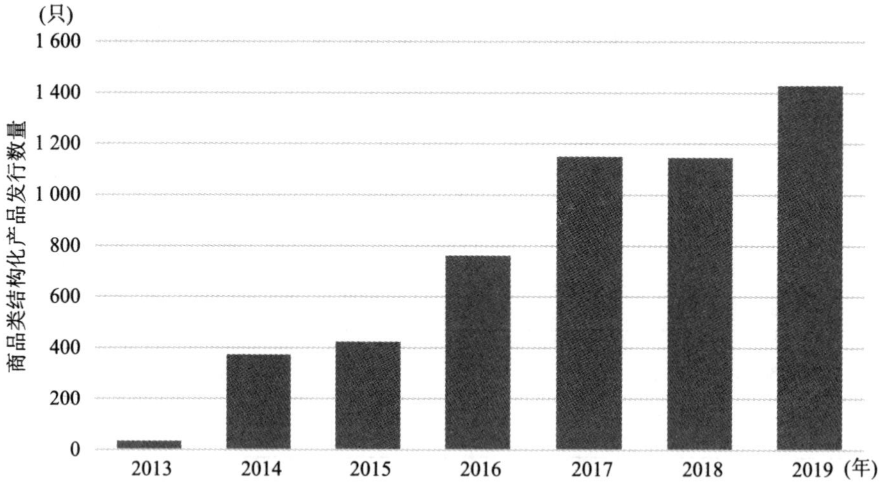

图8－2 中国金融市场商品挂钩理财产品在各年发行的数量

下面以国内某商业银行发行的以黄金为标的资产的结构性存款作为国内商品类结构化产品的示例。

【案例8－8】 国内某商业银行发行的挂钩黄金的结构性存款

根据相关研究部门的研究结果，黄金在未来一段时间将保持相对平稳的行情，不会大幅上涨或者下跌。因此，国内某商业银行设计并发行了一款挂钩黄金价格的结构性存款，其主要条款如表8－7所示。

表8－7　某商业银行设计并发行的挂钩黄金价格的结构性存款

项　目	条　款　内　容
名称	XX银行挂钩黄金4个月结构性
挂钩标的	标价挂钩黄金价格水平为观察日伦敦洲际交易所发布的下午定盘价
存款期限	123天
起存金额	存款起点5万元人民币，超过存款起点的金额部分，应为1万元人民币的整数倍

续表

项　目	条　款　内　容
本金及利息	XX 银行向存款人提供本金完全保障，并按照挂钩标的的表现，向存款人支付浮动利息
发行规模	每期上线 30 亿元人民币
收益计算基础	实际存款天数/365
提前到期	存款存续期内，存款人与 XX 银行均无权提前终止本存款
申购/赎回	存款存续期内不提供申购和赎回
基准价格	1 450 美元/盎司
利息计算方式	如果到期日的黄金价格比基准价格的涨跌幅超过 15%，则投资者获得的利息率为 2.35%，否则为 4.28%

可以看到，如果到期时黄金的价格相比起初发生了大幅波动，或者上涨超过了 1 667.5美元/盎司 [=1 450 × (1 + 15%)]，或者下跌跌破了 1 232.5 美元/盎司 [=1 450 × (1 – 15%)]，则投资者获得的存款利率是较低的 2.35%；反之，如果到期时黄金价格在 1 232.5 美元/盎司和 1 667.5 美元/盎司之间，则投资者获得的存款利率是较高的 4.28%。因此，这样的产品比较适合于预期黄金未来价格保持平稳的市场环境。

对于投资者而言，该结构性存款的利率挂钩于黄金的价格，具有一定的风险性。但是，这款产品属于商业银行的保本类结构性存款，投资者的本金将获得商业银行的完全保障，本金几乎没有风险。因此，这款产品的总体风险水平是比较低的，适合于大部分的投资者。

对于发行人而言，所承担的主要风险是当黄金价格在到期时处于既定的区间，作为发行人的商业银行必须支付相对较高的利息。通常而言，这种情况下的利息率明显高于同期限的国债收益率，才能吸引众多的投资者。正因如此，支付高利息才成为发行人必须重视并且要努力规避或者对冲的风险。

为了对冲产品中内在的风险，发行人可以利用场内交易所提供的黄金期货或者期权。具体而言，由于高利率对应的黄金价格区间是 [1 232.5，1 667.5]，低利率对应的黄金价格区间是 (–∞，1 232.5) 和 (1 667.5，+∞)，可以看出产品中内嵌的衍生品结构是现金或无价值 (Cash – or – Nothing) 看涨期权和看跌期权的多头构成的组合，期权的标的是黄金价格。风险对冲的主要目的就是通过交易黄金期货和期权，把这两个期权的多头组合所具有的 Delta、Gamma、Vega 等风险进行对冲，使这几个风险指标的净敞口处于发行人可以接受的范围之内。

参 考 文 献

1. ［美］法伯兹，［英］戴维斯，［英］乔德里著，钱峰、沈颖郁译．结构金融导论（威立金融译丛）［M］．东北财经大学出版社，2011.

2. ［英］安德鲁·卡萨皮斯（Andrew Kasapis）．精通信用衍生品——信用衍生品和结构化信用产品进阶指南（第二版）［M］．人民邮电出版社，2012.

3. 朱国华、毛小云．金融互换交易［M］．上海财经大学出版社，2006.

4. 郑振龙、陈蓉．金融工程（第二版）［M］．高等教育出版社，2010.

5. Satyajit Das, *Structured Products & Hybrid Securities*, John Wiley & Sons (Asia) Pte Ltd, 2001.

6. *Guide to Structured Products*, Banque BNP Paribas.

7. *Structured Products Handbook*, Oesterreichische National Bank.

8. Michael Bennett, *A Global Issuer's Perspective on Structured Products*, Euromoney Handbooks, Part of Euromoney Trading Ltd.

9. Adrian Blundell – Wignall, *An Overview of Hedge Funds and Structured Products: Issues in Leverage and Risk*, OECD, 2007.

10. Chin – Chong Liew, I – Ping Soong, Simon Zhang, *China Derivatives and Structured Products*, ASAF Journal, Issue #10.

11. Mohamed Bouzoubaa, Adel Osseiran, *Exotic Options and Hybrids: A Guide to Structuring, Pricing and Trading*, John Wiley & Sons, Ltd, 2010.

12. Andreas Blumke, *How to invest in Structured Products*, Wiley & Sons Ltd, 2009.

13. Robert T. Kleiman, Anandi P. Sahu, *Hybrid Securities: A Basic Look at Monthly Income Preferred Stock*, AAII Journal, July 1997.

后　记

新版《金融衍生品系列丛书》适合于对金融衍生品感兴趣的投资者阅读，同时也可作为期货业内及相关领域从业人员的专业参考书使用。

新版《金融衍生品系列丛书》是在第一版丛书的基础上修订而来的。本次修订承继了第一版丛书的特点与体例，仍采用问答形式，并通过“小贴士”“延伸阅读”等内容增加信息量，提高阅读的趣味性、可读性、通俗性。另外，在内容上将《股指期货》纳入丛书体系。本次修订在第一版的基础上增加了新的金融衍生品品种的介绍，选取了新的金融衍生品实操案例，也更新了各种数据，以便更加符合金融衍生品市场发展现状。

与证券、债券等金融工具相比，期货作为风险管理工具，专业性更强，杠杆率更高，风险更大，这在客观上要求投资者具备更专业的投资知识、经济实力以及风险承受能力。

“期市有风险，入市需谨慎！”

作为《金融衍生品系列丛书》之一，本书由中国期货业协会组织编写，中国期货业协会原副会长李强负责拟定大纲并修改定稿。参加本书的编纂人员有郭剑光、粟坤全，同时还要感谢本书第一版编写人员彭聪、赖科对本书的贡献。

因编写水平有限，书中难免存在错误与不足，敬请业内人士与广大投资者批评指正。

《金融衍生品系列丛书》编委会

2020 年 3 月